Zur Auslegung und Anwendung des § 46 a StGB

Europäische Hochschulschriften
Publications Universitaires Européennes
European University Studies

Reihe II
Rechtswissenschaft

Série II Series II
Droit
Law

Bd./Vol. 3335

PETER LANG
Frankfurt am Main · Berlin · Bern · Bruxelles · New York · Oxford · Wien

Sebastian Kasperek

Zur Auslegung und Anwendung des § 46 a StGB

(Täter-Opfer-Ausgleich, Schadenswiedergutmachung)

PETER LANG
Europäischer Verlag der Wissenschaften

Die Deutsche Bibliothek - CIP-Einheitsaufnahme

Kasperek, Sebastian :

Zur Auslegung und Anwendung des § 46 a StGB : (Täter-Opfer-Ausgleich, Schadenswiedergutmachung) / Sebastian Kasperek. - Frankfurt am Main ; Berlin ; Bern ; Bruxelles ; New York ; Oxford ; Wien : Lang, 2002
(Europäische Hochschulschriften : Reihe 2, Rechtswissenschaft ; Bd. 3335)
Zugl.: Marburg, Univ., Diss., 2001
ISBN 3-631-38610-9

D 4
ISSN 0531-7312
ISBN 3-631-38610-9

www.peterlang.de

Meinen Eltern

Wer Gesetze schafft, muß streng,
wer Gesetze handhabt, milde sein.

Chinesisches Sprichwort

Vorwort

Die vorliegende Arbeit ist vom Fachbereich Rechtswissenschaften der Philipps-Universität Marburg im Sommersemester 2001 als Dissertation angenommen worden. Ihr liegt die bis Februar 2001 veröffentlichte Rechtsprechung und Literatur zugrunde.

Dank sagen möchte ich zunächst Herrn Professor Dr. Dieter Rössner, der die Arbeit interessiert und engagiert begleitet hat und mir mit mancher Anregung und durch seine stete Gesprächsbereitschaft hilfreich zur Seite stand.
Herrn Professor Dr. Georg Freund danke ich für die zügige Erstellung des Zweitgutachtens.

Besonderen Dank schulde ich schließlich meinen Eltern, die mich nicht nur während der Promotionsphase, sondern auf meinem gesamten bisherigen Lebensweg in jeder Hinsicht unterstützt haben. Ihr Vertrauen hat mir großen Rückhalt gegeben.

Marburg, im Juli 2001 Sebastian Kasperek

Inhaltsverzeichnis:

Einleitung

Am 1. Dezember 1994 ist das Gesetz zur Änderung des Strafgesetzbuches, der Strafprozeßordnung und anderer Gesetze (Verbrechensbekämpfungsgesetz)[1] in Kraft getreten. Es enthält zahlreiche Neuerungen auf dem Gebiet des Straf- und Strafverfahrensrechts, die u.a. der Bekämpfung fremdenfeindlicher Gewalt und Propaganda sowie der organisierten Kriminalität dienen und die Durchführung von Strafverfahren verbessern, insbesondere beschleunigen sollen[2].

In diesem parteipolitisch umstrittenen Umfeld stieß ein weiteres Ziel des Gesetzes, nämlich dem Täter-Opfer-Ausgleich (TOA) und der Schadenswiedergutmachung insbesondere im Interesse der Opfer von Straftaten ein stärkeres Gewicht als bisher einzuräumen[3], über alle Parteigrenzen hinweg auf breite Zustimmung[4]. Dies zeigt, daß nach der vorangegangenen intensiven Diskussion dieser Thematik, u.a. auf dem 59. Deutschen Juristentag 1992 in Hannover, sowie den geleisteten Vorarbeiten - an dieser Stelle seien lediglich der von Baumann u.a. vorgelegte Alternativentwurf Wiedergutmachung sowie der vom Abgeordneten J. Meyer u.a. und der Fraktion der SPD eingebrachte Entwurf eines Gesetzes zur Reform des strafrechtlichen Sanktionensystems erwähnt - die Zeit reif war für eine gesetzliche Verankerung von Täter-Opfer-Ausgleich und Schadenswiedergutmachung.

Zentrale Vorschrift der diesbezüglich geschaffenen Regelungen ist der neu eingefügte § 46 a StGB. Mit der Auslegung und Anwendung dieser Norm beschäftigt sich die vorliegende Arbeit. Sie umfaßt drei Teile.

Der erste Teil der Arbeit ist der Entstehungsgeschichte des § 46 a StGB gewidmet. Am Anfang steht eine Erörterung der Gründe für die (Wieder-)Entdeckung von Wiedergutmachung und Täter-Opfer-Ausgleich als Alternativen zum herkömmlichen strafrechtlichen Sanktionensystem. Daran anschließend wird, ausgehend von ersten Modellprojekten und der Implementierung im Jugendstrafrecht, die Entwicklungslinie von früheren Gesetzentwürfen bis zur gesetzlichen Normierung von Täter-Opfer-Ausgleich und Schadenswiedergutmachung in § 46 a StGB nachgezeichnet. Abgeschlossen wird dieser Teil durch einen kurzen Überblick über weitere straf- und strafverfahrensrechtliche Normen, die einen Bezug zur Thematik von Täter-Opfer-Ausgleich und (Schadens-)Wiedergutmachung aufweisen.

---

[1] Vgl. Bundesgesetzblatt, Jahrgang 1994, Teil I, S. 3186 ff.
[2] Vgl. die Begründung des Gesetzentwurfs der Fraktionen der CDU/CSU und F.D.P., BT-Drs. 12/6853, S. 18 ff.
[3] Vgl. BT-Drs. 12/6853, S. 1, 19, 21.
[4] Meier, JuS 1996, S. 436; König/Seitz, NStZ 1995, S. 2; Brauns, S. 299.

Der zweite Teil der Ausarbeitung stellt § 46 a StGB und die mit der Auslegung und Anwendung der Norm verbundenen Probleme in den Mittelpunkt der Betrachtung. Einen Schwerpunkt dieses Abschnittes bildet die Herausarbeitung der Anwendungsvoraussetzungen des § 46 a StGB. In diesem Kontext wird auch der Frage nach dem Verhältnis zwischen Nr. 1 und Nr. 2 des § 46 a StGB nachgegangen. Im Hinblick auf den Anwendungsbereich des § 46 a StGB wird insbesondere die Ausgrenzung bestimmter Delikte im Rahmen teleologischer Auslegung thematisiert. Im Anschluß an die Auseinandersetzung mit den Rechtsfolgen der Norm erfolgt eine umfassende Darstellung und Diskussion der bisher zu § 46 a StGB veröffentlichten Rechtsprechung.

Im dritten und letzten Teil der Arbeit soll, basierend auf einer kritischen Würdigung der derzeitigen Gesetzesfassung, ein Reformvorschlag für § 46 a StGB de lege ferenda vorgestellt werden.

Erster Teil: Die Entstehungsgeschichte des § 46 a StGB

A) Die (Wieder-) Entdeckung von Wiedergutmachung und Täter-Opfer-Ausgleich als Alternativen zum herkömmlichen strafrechtlichen Sanktionensystem

Aus historischer Perspektive ist die Beilegung interpersoneller Konflikte durch eine private Buß- oder Sühneleistung des Täters an das Opfer durchaus kein neuer Gedanke, denn das Wiedergutmachungsprinzip stand in vielen frühen Rechtsordnungen gleichberechtigt neben vergeltenden oder strafenden Sanktionen[5].
Einhergehend mit der weitgehenden Verdrängung der Privatbuße durch die öffentliche Strafe ist der Wiedergutmachungsgedanke in der neuzeitlichen Rechtsentwicklung aber fast vollständig verlorengegangen.
Dies änderte sich erst mit der zum Ende der sechziger Jahre aufkommenden und seither nicht abebbenden internationalen Diskussion um eine Krise des strafrechtlichen Sanktionensystems[6], die sich vor allem um die eher entsozialisierende als resozialisierende Wirkung von Freiheitsstrafen[7], aber auch um die anderen gängigen strafrechtlichen Sanktionen und deren Wirkung auf Tatbeteiligte und Gesellschaft drehte. Die Kritik an den herkömmlichen repressiven Sanktionen Freiheitsstrafe und Geldstrafe rückte sozial konstruktivere Alternativen wie Wiedergutmachung und Täter-Opfer-Ausgleich oder gemeinnützige Arbeitsleistungen wieder ins Blickfeld der Strafrechtswissenschaft[8], wobei sich der prägnante, schlagwortartige Begriff des Täter-Opfer-Ausgleichs im deutschsprachigen Schrifttum erst seit den späten siebziger Jahren findet[9].

Begünstigt wurde diese Entwicklung durch die seit dem Ende der siebziger Jahre immer lebhafter geführte Diskussion um eine stärkere Opferorientierung im Strafrecht. Während die kriminologische Lehre vom Opfer, die Viktimologie[10], ihren Aufschwung nahm, wurde der Verletzte als Subjekt wiederentdeckt[11] und die unbefriedigende Rechtsstellung des Verletzten im Strafverfahren thematisiert[12].
Es entstanden auf die Belange von Opfern zugeschnittene Gesetze wie das Gesetz über die Entschädigung für Opfer von Gewalttaten (Opferentschädigungsgesetz)

---

[5] Vgl. die Darstellungen bei Frehsee, S. 12 ff; Frühauf, S. 8 ff.
[6] Jescheck 1988, S. 674; Pfeiffer, ZRP 1992, S. 339.
[7] Jescheck 1988, a.a.O.
[8] Eser, Maihofer-FS, S. 133; Bannenberg, S. 32.
[9] Kaiser, Kriminologie, S. 1058.
[10] Siehe dazu H.J. Schneider, Viktimologie (1975); Kaiser, Kriminologie, S. 531 ff.
[11] Schöch, NStZ 1984, S. 385.
[12] Vgl. Schöch, NStZ 1984, S. 385 ff.; Weigend, ZStW 96 (1984), S. 761 ff. sowie die Überlegungen des 55. Deutschen Juristentages 1984, s.u. Erster Teil, B.

vom 11. Mai 1976[13] und das Erste Gesetz zur Verbesserung der Stellung des Verletzten im Strafverfahren (Opferschutzgesetz) vom 18. Dezember 1986[14].

Vornehmlich seit Beginn der achtziger Jahre boten Organisationen wie die Deutsche Bewährungshilfe (DBH) und die Deutsche Vereinigung für Jugendgerichte und Jugendgerichtshilfen (DVJJ) Praktikern und Wissenschaftlern ein Forum für Fragen der Täter-Opfer-Problematik[15]. Anläßlich der Bundestagung Bewährungshilfe 1982 regte die Arbeitsgruppe „Resozialisierung und Opferproblematik" die Einberufung eines ständigen Arbeitskreises „Täter-Opfer-Ausgleich" bei der Deutschen Bewährungshilfe e.V. an[16], der sich 1983 konstituierte und 1984 wegweisende „Leitgedanken und Handlungsvorschläge" für eine „opferbezogene Strafrechtspflege" vorlegte[17].
Darin wird der Wiedergutmachungsgedanke als Chance für eine friedenstiftende Konfliktregulierung begriffen und vorgeschlagen, die anerkannten Strafzwecke der Repression im Interesse der Gesellschaft und der Prävention im Interesse des Täters und der Gesellschaft um das Element der Restitution im Interesse des Opfers und des Täters zu erweitern[18].
Der Arbeitskreis zeigt u.a. verschiedene Einbruchstellen des Opferbezugs im Gesetz auf, gibt darüber hinaus aber auch konkrete Empfehlungen für grundsätzliche Entscheidungen des Gesetzgebers im Sinne einer opferbezogenen Kriminalpolitik: So wird vorgeschlagen, die berechtigten Interessen des Verletzten sowie die Möglichkeiten einer friedenstiftenden Konfliktlösung in der Strafzumessungsnorm des § 46 Abs. 1 S. 2 StGB zu berücksichtigen[19].
Im Hinblick auf das Verhältnis zwischen Wiedergutmachung und Geldstrafe wird die Einfügung eines § 40 a StGB angeregt, der u.a. festlegt, daß Wiedergutmachungsforderungen bei nur beschränkter Zahlungsfähigkeit des Täters der Eintreibung der Geldstrafe vorgehen[20].
Des weiteren empfiehlt der Arbeitskreis die Abschaffung des in der Rechtswirklichkeit untauglichen Privatklageverfahrens und fordert den Ausbau des Sühneverfahrens vor dem Schiedsmann durch einen neu einzufügenden § 153 f StPO, der - beschränkt auf Vergehen - nach erfolgreichem Sühneversuch eine endgültige Verfahrenseinstellung vorsieht[21].
Die wegen ihrer rein vergeltenden Funktion zum Fremdkörper im Strafrechtssystem gewordene Nebenklage solle ersatzlos wegfallen; die Interessen des Opfers sollen in Fällen schwerer Kriminalität durch einen Anspruch auf kosten-

---

[13] Bundesgesetzblatt, Jahrgang 1976, Teil I, S. 1181 ff.
[14] Bundesgesetzblatt, Jahrgang 1986, Teil I, S. 2496 ff.
[15] Vgl. z.B. BewHi Nummer 2/1982, S. 111 ff. mit dem Schwerpunktthema „Neue Modelle strafrechtlicher Sanktionen".
[16] Vgl. BewHi 1983, S. 55 ff. (57).
[17] Vgl. Rössner/Wulf, Opferbezogene Strafrechtspflege.
[18] Rössner/Wulf, S. 82 f.
[19] Rössner/Wulf, S. 124 f.
[20] Rössner/Wulf, S. 127.
[21] Rössner/Wulf, S. 128 ff.

lose Beiziehung eines Rechtsanwalts seines Vertrauens (sog. Opferanwalt) gewahrt werden[22].

Etwa seit den frühen neunziger Jahren entwickelte sich eine - nicht auf den strafrechtlichen Bereich beschränkte - Diskussion um Formen außergerichtlicher oder alternativer Streitbeilegung, in deren Verlauf der bis dato nur im angloamerikanischen Sprachraum verwendete Begriff der „Mediation" auch in die deutsche Rechtssprache Eingang fand. Mediation bedeutet wörtlich „Vermittlung". Man versteht darunter ein flexibles Streitbeilegungsverfahren, in dem ein Dritter - der Mediator - eine Verhandlung zwischen Parteien unterstützt[23].
In der deutschen Strafrechtspraxis ist der Begriff der Mediation für diese Form der Konfliktvermittlung wenig geläufig, es dominiert der Begriff des Täter-Opfer-Ausgleichs. Rössner[24] weist für den Bereich strafrechtlicher Konflikte zu Recht auf die Besonderheit hin, daß eine autonome Konfliktregelung nach einer Straftat davon lebt, daß im Hintergrund Zwangsmittel bereitgehalten und im Notfall zum Schutz des Schwachen aktiviert werden. Insofern unterscheidet sich die Vermittlung im strafrechtlichen Bereich von anderen Mediationsverfahren durch eine eingeschränkte Freiwilligkeit[25].

Die mittlerweile internationale Mediationsbewegung wurde maßgeblich durch eine Reihe nordamerikanischer Projekte angestoßen. So wurden in den U.S.A. bereits Mitte der siebziger Jahre erste experimentelle Mediationsprogramme zur außerjustiziellen Erledigung von interpersonellen Konflikten ins Leben gerufen[26]. Neben auf Konfliktlösung abzielenden Modellen entstanden allerdings auch etliche Projekte, deren zentrales Anliegen nicht der Mediationsaspekt, sondern die bloße Wiedergutmachung des Schadens (restitution) darstellte[27].

Die seither nicht abebbende Diskussion um Fragen alternativer Reaktionen auf (insbesondere Jugend-)Delinquenz wurde - v.a. in den neunziger Jahren - durch das Schlagwort der „restorative justice" geprägt[28]. Der restorative justice Ansatz legt besonders Wert auf die Schadenswiedergutmachung. Der Täter kommt nicht als der zu Bestrafende ins Blickfeld, sondern als jemand, der ein Unrecht begangen hat, der die Tat bereut und den Schaden und sein Unrecht wiedergutmachen will. Die Konzeption fordert eine Übernahme von Verantwortung für die Tat und die Anerkennung des anderen zugefügten Leides sowie

---

[22] Rössner/Wulf, S. 130 ff.
[23] Vgl. Haft, S. 244; Bannenberg/Weitekamp/Rössner/Kerner, S. 14; Breidenbach in Breidenbach/Henssler, S. 1.
[24] Rössner in Mediation für die Praxis, S. 47; ebenso Bannenberg/Weitekamp/Rössner/Kerner, S. 17.
[25] Vgl. Bannenberg/Weitekamp/Rössner/Kerner, S. 17 sowie oben Zweiter Teil, B I 3 d, 4 e.
[26] Vgl. Weigend, S. 257 ff.; A. Hartmann, S. 96 f.
[27] A. Hartmann, S. 97.
[28] Vgl. Matt, DVJJ-Journal 1999, S. 44 ff.

der eigenen Verfehlung. Die soziale Mißbilligung der Tat soll dem Täter gegenüber in einer Art und Weise ausgedrückt werden, daß gleichzeitig seine Person anerkannt und respektiert wird. Das Ziel ist nicht Strafe, sondern Ausgleich. Es geht nicht um Stigmatisierung oder Ausgrenzung, sondern um Reintegration („reintegrative shaming")[29]. Der restorative justice Ansatz verweist zentral darauf, daß Mediation ein kommunikatives Unternehmen ist. Es gilt, in den moralischen Diskurs einzutreten, und zwar konkret, konversationell, face-to-face. Dabei ist jeweils auch die soziale Eingebettetheit zu beachten, d.h. es geht immer um die Triade Täter-Opfer-Gemeinschaft (community)[30].

In der Praxis haben sich recht unterschiedliche Formen der Umsetzung dieser Gedanken herausgebildet. Neben dem mittlerweile auch im deutschen Recht geläufigen Täter-Opfer-Ausgleich finden sich international vielfältige, oft lokal begrenzte Ansätze einer restorative justice. Erwähnt seien hier lediglich die häufig von Religionsgemeinschaften initiierten, TOA-ähnlichen „Victim-Offender Reconciliation Programs" in Nordamerika oder die im australischen Raum praktizierten „reintegration ceremonies", (meist) nicht gerichtlich eingebettete Verfahren, bei denen jugendliche Täter und Opfer einschließlich ihrer Bezugspersonen unter Anleitung eines Koordinators zusammengeführt werden, um sich mit Tat und Täter auseinanderzusetzen und entsprechende Ausgleichshandlungen festzulegen[31].

B) Empfehlungen des 55. Deutschen Juristentages 1984 zum Ausgleich zwischen Verletztem und Beschuldigtem

Im September 1984 beschäftigte sich die strafrechtliche Abteilung des 55. Deutschen Juristentages in Hamburg mit der Person des Opfers / Verletzten als Beteiligten des Strafverfahrens.
Rieß widmete sich in seinem Gutachten[32] u.a. der Frage, wie bereits im Strafverfahren die Schadenswiedergutmachung durch den Täter mit Hilfe strafrechtlicher Mittel Relevanz gewinnen könne[33]. Dabei räumte er den Schadensersatzansprüchen des Geschädigten Vorrang vor der Geldstrafe ein, indem er die Einführung einer mit privilegiertem Rang ausgestatteten „Wiedergutmachungsauflage" forderte[34].
Das in der Justizpraxis bedeutungslose Adhäsionsverfahren könne dem Opfer allein zu einer bloßen Titulierung seines Anspruchs verhelfen, womit ihm oft nicht

[29] Vgl. Matt, DVJJ-Journal 1999, S. 45.
[30] Vgl. Matt, DVJJ-Journal 1999, S. 47.
[31] Vgl. dazu Matt, MschrKrim 80 (1997), S. 255 ff. (257).
[32] Die Rechtsstellung des Verletzten im Strafverfahren, Gutachten C für den 55. Deutschen Juristentag, 1984.
[33] Vgl. NJW 1984, S. 2674.
[34] Vgl. NJW 1984, a.a.O.

gedient sei. Aus diesem Grunde seien besondere straf- und strafverfahrensrechtliche Institute der Schadenswiedergutmachung auszubauen. Rieß votierte dafür, die Ersatzleistung des Täters an das Opfer als materiellrechtlichen Strafaufhebungsgrund auszugestalten[35].

Bei der Abfassung der Beschlüsse sprach sich die Abteilung Strafrecht dafür aus, daß der Verletzte bessere Möglichkeiten zum Ausgleich des ihm entstandenen materiellen und immateriellen Schadens erhalten müsse[36].
Im Hinblick auf den Ausgleich zwischen Verletztem und Beschuldigtem war die überwiegende Mehrheit der Teilnehmer der Ansicht, die Wiedergutmachung durch den Täter habe eigenständige strafrechtliche Bedeutung; ihr Sinn erschöpfe sich nicht in der Erfüllung eines zivilrechtlichen Ersatzanspruchs[37]. Die Empfehlung, auf Maßnahmen, die die tatsächliche Schadloshaltung des Verletzten bewirken, besonderes Gewicht zu legen, wurde angenommen[38].
Die strafrechtliche Abteilung votierte dafür, die Schadenswiedergutmachungsauflage bei der Strafaussetzung zur Bewährung und nach § 153 a StPO häufiger als bisher anzuordnen und empfahl die Erwägung, dies gesetzlich, mindestens durch eine Soll-Vorschrift, zum Ausdruck zu bringen[39].
Hinsichtlich der Einführung besonderer Verfahrensgänge und Verfahrensvarianten sowie der Schaffung anderer Möglichkeiten, um den Ausgleich zwischen Täter und Verletztem zu verbessern, befürworteten die Teilnehmer eine nähere Prüfung[40]. Sie zogen dabei verschiedene Modelle in Betracht, und zwar besondere Verfahrensarten innerhalb der Justiz (strafrechtliches Restitutionsverfahren) ebenso wie Ausgleichs- und Sühnemöglichkeiten im normalen Strafverfahren; des weiteren unterschiedlich ausgestaltete Ausgleichsversuche durch besondere Sühnestellen / Schiedsleute[41].
Zur Sammlung weiterer Erfahrungen mit einem Täter-Opfer-Ausgleich empfahl die strafrechtliche Abteilung die Durchführung und finanzielle Förderung entsprechender Modellversuche, schwerpunktmäßig im Jugendstrafrecht[42].

C) Die Umsetzung von Täter-Opfer-Ausgleich und Wiedergutmachung in Modellprojekten

Etwa seit Mitte der achtziger Jahre entstanden erste Modellprojekte zum Täter-Opfer-Ausgleich, zunächst überwiegend im Jugendstrafrecht[43].

---

[35] Vgl. NJW 1984, S. 2674.
[36] Beschluß I 1 c der Abteilung Strafrecht (vgl. NJW 1984, S. 2679 ff.).
[37] Beschluß IV 1 der Abteilung Strafrecht.
[38] Beschluß IV 2 der Abteilung Strafrecht.
[39] Beschluß IV 3 a, b der Abteilung Strafrecht.
[40] Beschluß IV 13 der Abteilung Strafrecht.
[41] Beschluß IV 14 der Abteilung Strafrecht.
[42] Beschluß IV 15 der Abteilung Strafrecht.

Zu nennen sind die zwischen 1985 und 1987 gegründeten und von Forschung begleiteten jugendstrafrechtlichen Modellprojekte in Braunschweig sowie in Reutlingen / Tübingen („Handschlag"), Köln („Waage") und München / Landshut („Ausgleich")[44]. In Tübingen nahm das erste Täter-Opfer-Ausgleichsprojekt im allgemeinen Strafrecht 1984 seine Arbeit auf[45].

Die Projektinitiative ging in der Regel von einzelnen Gerichtshelfern und interessierten Juristen und / oder Sozialarbeitern vor Ort aus.
Träger der Ausgleichsprojekte sind sowohl freie Träger (z.B. gemeinnützige Hilfsorganisationen, Vereine der Straffälligen- oder Opferhilfe sowie eigens gegründete TOA-Vereine) als auch Jugendämter, Jugendgerichtshilfen, Gerichts- und Bewährungshilfen sowie Soziale Dienste der Justiz.
Die Kriterien für die Fallauswahl sind bei allen Projekten ähnlich[46]:
Vorausgesetzt wird in der Regel ein geständiger Täter, zumindest aber ein eindeutiger Sachverhalt. Das Opfer soll eine natürliche Person sein bzw. eine Personalisierung muß zumindest möglich sein. Weiterhin müssen Täter und Opfer freiwillig an dem Ausgleichsprojekt teilnehmen und es darf sich bei der in Rede stehenden Tat nicht um ein reines Bagatelldelikt handeln.
Die Projekte sehen verschiedene Instanzen der Fallzuweisung - Staatsanwaltschaft und Richter in verschiedenen Verfahrensstadien, Polizei, Jugendgerichtshilfe - vor, wobei in der Praxis die Fallzuweisung durch Staatsanwälte dominiert[47].
In der Deliktsstruktur der TOA-Fälle findet sich ein breites Spektrum von Straftaten mit Schwerpunkt im Bereich der Körperverletzungsdelikte[48].
Im Mittelpunkt des Täter-Opfer-Ausgleichs steht die Aufarbeitung des Tatgeschehens, wobei sich das konkrete Vorgehen nach dem Einzelfall richtet. Nach Zuweisung des Falles wird in der Regel Kontakt zum Täter aufgenommen, um dessen Ausgleichsbereitschaft auszuloten; sofern diese besteht, folgen im allgemeinen Vorgespräche mit Täter und Geschädigtem[49].
Als zentraler Bestandteil des TOA-Verfahrens wird von allen Modellprojekten ein gemeinsames Gespräch zwischen Täter und Opfer (sog. Schlichtungs- oder Ausgleichsgespräch) angestrebt[50]. Gleichwohl werden auch indirekte Ausgleichs-

---

[43] Vgl. die ausführlichen Darstellungen bei Bannenberg, S. 85 ff.; Schreckling, Praxis des TOA, S. 13 ff.; Hering/Rössner, S. 97 ff. sowie die umfangreiche aktuelle Bestandsaufnahme in TOA in Deutschland, S. 121 ff.
[44] Vgl. Bannenberg, S. 91 ff.
[45] Vgl. die Auswertung von Rössner in Hering/Rössner, S. 99 ff.
[46] Vgl. Bannenberg, S. 137, 210; Rössner, 19. StrVTag, S. 168; Schreckling, S. 17 ff.
[47] Bannenberg, S. 136, 215; Hartmann/Stroezel in TOA in Deutschland, S. 156 f.
[48] Vgl. Hartmann/Stroezel in TOA in Deutschland, S. 160 ff.
[49] Bannenberg, S. 139, 210; Schreckling, S. 20.
[50] Hinweise zum Schlichtungsgespräch bei Rössner/Bannenberg in Hering/Rössner, S. 36 f.

formen praktiziert, insbesondere wenn das Opfer zwar eine Wiedergutmachung, aber keine persönliche Begegnung wünscht[51].
Bei erfolgreichem Verlauf der Konfliktschlichtungsbemühungen treffen die Beteiligten eine von ihnen selbst bestimmte, einvernehmliche Wiedergutmachungs- oder Ausgleichsvereinbarung. Zumeist legen sie darin ganz unterschiedliche Arten materieller und immaterieller Wiedergutmachungsleistungen fest, wobei neben der Entschuldigung die Schadensersatz- und Schmerzensgeldleistungen dominieren[52].
Ein erfolgreicher TOA wird von Staatsanwaltschaft oder Gericht regelmäßig zugunsten des Täters berücksichtigt; die Einstellungsquote ist in allen Deliktsbereichen[53] sehr hoch[54].

D) Täter-Opfer-Ausgleich und Wiedergutmachung im Jugendstrafrecht, kodifiziert im Jugendgerichtsgesetz (JGG)

Im jugendstrafrechtlichen Sanktionensystem finden Täter-Opfer-Ausgleich und Wiedergutmachung als Reaktionsform auf Straftaten an verschiedenen Stellen Berücksichtigung:

I) Vor dem Hintergrund positiver Erfahrungen aus einer Reihe jugendstrafrechtlicher Modellprojekte fand der Täter-Opfer-Ausgleich durch das Erste Gesetz zur Änderung des Jugendgerichtsgesetzes (1. JGG ÄndG) vom 30. August 1990[55] Eingang in die neugefassten §§ 45, 47 JGG. Diese Vorschriften eröffnen die Möglichkeit, ein förmliches Verfahren zu vermeiden („Diversion"), wenn dies erzieherisch angezeigt ist[56].

1) § 45 Abs. 2 S. 2 JGG stellt das Bemühen des Jugendlichen, einen Ausgleich mit dem Verletzten zu erreichen, einer erzieherischen Maßnahme gleich, deren Durchführung oder Einleitung nach § 45 Abs. 2 S. 1 JGG obligatorisch zum Absehen von der Verfolgung führt, wenn der Staatsanwalt weder die Beteiligung des Richters noch eine Anklageerhebung für erforderlich hält.

2) Das sog. formlose richterliche Erziehungsverfahren nach § 45 Abs. 3 JGG kommt zur Anwendung, wenn der Staatsanwalt zwar nicht die Erhebung der Anklage, wohl aber die Anordnung einer richterlichen Maßnahme für erziehe-

---

[51] Vgl. Hartmann/Stroezel in TOA in Deutschland, S. 179 ff.
[52] Vgl. Hartmann/Stroezel in TOA in Deutschland, S. 186; Bannenberg, S. 264.
[53] Außer bei den Verbrechen der Erwachsenen, da im allgemeinen Strafrecht eine Einstellung bei Verbrechensdelikten rechtlich nicht möglich ist.
[54] Vgl. Hartmann/Stroezel in TOA in Deutschland, S. 190 ff., insbes. S. 194 f.
[55] Bundesgesetzblatt, Jahrgang 1990, Teil I, S. 1853 ff.
[56] Eisenberg, § 45, Rdn. 17.

risch geboten hält. Zu diesen in § 45 Abs. 3 S. 1 JGG enumerativ aufgeführten Maßnahmen zählt die TOA-Weisung nach § 10 Abs. 1 S. 3 Nr. 7 JGG sowie die Erteilung von Auflagen nach § 15 JGG[57]. Im Unterschied zu § 45 Abs. 2 S. 2 JGG erfaßt § 45 Abs. 3 JGG also den Fall vom Jugendrichter auf Anregung der Staatsanwaltschaft *angeordneter* TOA-Bemühungen.
Vorausgesetzt wird ein Geständnis des Beschuldigten. Ist der Jugendliche der vom Jugendrichter erteilten TOA-Weisung oder den Auflagen nachgekommen, so sieht der Staatsanwalt nach § 45 Abs. 3 S. 2 JGG von weiterer Verfolgung ab.

3) Nach Erhebung der Anklage kann der Richter im Hinblick auf das erkennbar gewordene Bemühen des Jugendlichen, einen Ausgleich mit dem Verletzten zu erreichen, das Verfahren gemäß § 47 Abs. 1 S. 1 Nr. 2 i.V.m. § 45 Abs. 2 S. 2 JGG einstellen. Gemäß § 47 Abs. 1 S. 1 Nr. 3 JGG besteht eine Einstellungsmöglichkeit für den Fall, daß der Richter eine Entscheidung durch Urteil für entbehrlich hält und gegen den geständigen Jugendlichen eine in § 45 Abs. 3 S. 1 JGG bezeichnete Maßnahme - u.a. TOA-Weisung - verhängt.
Die Entscheidung ergeht durch Beschluß und bedarf der Zustimmung des Staatsanwaltes, § 47 Abs. 2 S. 1, 2 JGG.
§ 47 Abs. 1 S. 2 JGG schließlich eröffnet dem Richter mit Zustimmung des Staatsanwalts die Möglichkeit einer zunächst vorläufigen Einstellung, um sicherzustellen, daß der Jugendliche etwaigen Weisungen, Auflagen oder erzieherischen Maßnahmen im Zusammenhang mit einem noch durchzuführenden TOA binnen einer gesetzten Frist tatsächlich nachkommt.

II) Mit dem 1. JGG ÄndG wurde der Täter-Opfer-Ausgleich („das Bemühen, einen Ausgleich mit dem Verletzten zu erreichen") außerdem als ausdrückliche Weisung in den gesetzlichen Katalog des § 10 JGG mit aufgenommen, vgl. § 10 Abs. 1 S. 3 Nr. 7 JGG.
Als Bestandteil der in § 9 JGG abschließend aufgeführten Erziehungsmaßregeln dient die Weisung der Erziehung des Jugendlichen. Die TOA-Weisung zielt deshalb einerseits darauf ab, bei dem Jugendlichen einen Lernprozeß einzuleiten, andererseits soll auch der immaterielle und materielle Schaden des Verletzten ausgeglichen werden[58].
Gegen die Ausgestaltung des TOA als Weisung - mit der Möglichkeit der Erzwingung, vgl. § 11 Abs. 3 JGG - wird zu Recht eingewandt, daß sie dem als freiwillige konstruktive Bewältigung gedachten Wesen dieses Ausgleichs nicht entspricht[59].

---

[57] Dazu sogleich Erster Teil, D II, III.
[58] Vgl. Richtlinie 4 S. 4 zu § 10 JGG.
[59] Vgl. etwa Eisenberg, § 10, Rdn. 27 a; Bannenberg, S. 11; Rössner/Klaus in TOA in Deutschland, S. 114 f., 117; Steffens, S. 59.

III) Schon in der Neufassung des JGG aus dem Jahre 1953 enthielt die Kategorie der die Ahndung von Straftaten bezweckenden Zuchtmittel (§§ 13 ff. JGG) ausdrücklich Elemente von TOA und Wiedergutmachung, und zwar als Auflagen gemäß § 15 JGG.

1) Gemäß § 15 Abs. 1 S. 1 Nr. 1 JGG kann dem Jugendlichen auferlegt werden, den durch die Tat verursachten Schaden nach Kräften wiedergutzumachen. Wiedergutmachungsfähig sind alle Verletzungen von Individualrechtsgütern, wobei sowohl materielle als auch immaterielle Schäden erfaßt sind[60]. Als Wiedergutmachungsleistung kommen neben oder anstelle der Zahlung eines Geldbetrages Arbeits- oder andere Ersatzleistungen in Betracht[61]. Die Auflage setzt voraus, daß die Leistung zivilrechtlich eine Grundlage hat[62].

2) Nach § 15 Abs. 1 S. 1 Nr. 2 JGG kann dem Jugendlichen die Auflage erteilt werden, sich persönlich bei dem Verletzten zu entschuldigen. Diese Auflage kommt nur in Betracht, wenn der Jugendliche dazu bereit ist; sie kann ihrer höchstpersönlichen Natur entsprechend nicht erzwungen werden[63].

E) Alternativentwurf Wiedergutmachung (AE-WGM) von Baumann u.a. (1992)

Im Jahre 1992 veröffentlichte ein 18-köpfiger Arbeitskreis deutscher, schweizerischer und österreichischer Strafrechtslehrer den Alternativentwurf Wiedergutmachung (AE-WGM). Die Verfasser legten einen aus 25 Paragraphen bestehenden Gesetzesvorschlag vor, der eine Grundlage für die Integration der Wiedergutmachung in das bestehende Strafrechtssystem bilden sollte.

Nach der materiell-strafrechtlichen Konzeption des AE-WGM soll die Wiedergutmachung als dritte Spur neben den Strafen und Maßregeln der Besserung und Sicherung in den Rechtsfolgenteil des Strafgesetzbuchs aufgenommen werden[64]. Gesetzessystematisch soll der Einbau der Wiedergutmachung entweder unter der gemeinsamen Überschrift „Wiedergutmachung und Strafen" oder unter einem eigenen Titel in den §§ 38 ff. StGB erfolgen[65].
Ziel der Wiedergutmachung ist nach § 1 Abs. 1 S. 2 AE-WGM die Wiederherstellung des Rechtsfriedens.

---

[60] Ostendorf, § 15, Rdn. 4.
[61] Eisenberg, § 15, Rdn. 4; Ostendorf, § 15, Rdn. 5; vgl. auch Richtlinie 1 zu § 15 JGG.
[62] Eisenberg, § 15, Rdn. 6; Brunner/Dölling, § 15, Rdn. 4.
[63] Brunner/Dölling, § 15, Rdn. 9; Eisenberg, § 15, Rdn. 13.
[64] AE-WGM, Vorbem. zu den §§ 1-9, S. 37.
[65] AE-WGM, Vorbem. zu den §§ 1-9, S. 39.

Die Idee der Wiedergutmachung soll im gesamten Strafrecht zur Geltung gebracht werden, also ohne Beschränkung auf bestimmte Delikte[66].
Es gilt das Prinzip der Freiwilligkeit der Wiedergutmachung, § 1 Abs. 1 S. 1 AE-WGM.
Die Wiedergutmachung soll gemäß § 1 Abs. 1 S. 3 AE-WGM in erster Linie zugunsten des Verletzten erfolgen; wenn dies nicht möglich ist, keinen Erfolg verspricht oder für sich allein nicht ausreicht, so kommt Wiedergutmachung auch gegenüber der Allgemeinheit in Betracht (symbolische Wiedergutmachung).
Die denkbaren Wiedergutmachungsleistungen werden in § 2 Abs. 1 AE-WGM beispielhaft aufgezählt und umfassen materielle Leistungen, Arbeitsleistungen und immaterielle Leistungen.
Den sanktionenrechtlichen Kernpunkt des Alternativentwurfs stellt § 4 AE-WGM dar. Nach § 4 Abs. 1 AE-WGM führt eine Wiedergutmachung der Tat durch den Täter zu einem Absehen von Strafe, wenn nicht eine Bestrafung zur Einwirkung auf den Täter oder auf die Allgemeinheit unerläßlich ist.
Das Prinzip „Wiedergutmachung statt Strafe" wird dadurch für die Fälle eingeschränkt, in denen unabwendbare spezialpräventive Bedürfnisse oder unabweisbare generalpräventive Gründe vorliegen[67]. Davon ist nach § 4 Abs. 2 AE-WGM in der Regel nur auszugehen, wenn die Straferwartung ohne Wiedergutmachung mehr als ein Jahr betragen würde.
Für die nach dieser Regelung verbleibenden - seltenen - Fälle einer Bestrafung des Täters trotz Wiedergutmachung ist die Strafe obligatorisch nach § 49 Abs. 1 StGB zu mildern, § 5 Abs. 1 AE-WGM. Dies gilt nach § 5 Abs. 2 S. 1 AE-WGM auch dann, wenn die Wiedergutmachungsleistung die Folgen der Tat nicht vollständig, aber erheblich ausgleicht.
Die Wiedergutmachungsleistung muß nach § 6 Abs. 1 AE-WGM grundsätzlich bis zur Eröffnung des Hauptverfahrens erbracht sein, um Sanktionsrelevanz zu erlangen.

Die im Alternativentwurf enthaltenen prozessualen Regelungsvorschläge (§§ 10 bis 22 AE-WGM) haben in erster Linie das Ziel, die verfahrensmäßigen Rahmenbedingungen für die neuartige Sanktionsform zu schaffen und diese durch geeignete Verfahrensgestaltungen zu fördern[68].
Unter den Voraussetzungen des § 4 AE-WGM kann die Staatsanwaltschaft im Falle bereits erfolgter Wiedergutmachung bei Vergehen, die nicht mit im Mindestmaß erhöhter Strafe bedroht sind, mit Zustimmung des Gerichts, des Beschuldigten und des Verletzten von der Erhebung der öffentlichen Klage absehen und das Verfahren einstellen, § 11 Abs. 1 S. 1 AE-WGM.
Gemäß § 13 Abs. 1 AE-WGM schiebt die Staatsanwaltschaft bei Anklagereife die Entscheidung über die Klageerhebung bis zu drei Monate auf, wenn zu erwarten ist, daß in dieser Zeit eine - gegebenenfalls durch eine Schlichtungs-

---

66 AE-WGM, Vorbem. zu den §§ 1-9, S. 37.
67 Vgl. AE-WGM, Begründung zu § 4, S. 51 f.
68 Vgl. AE-WGM, Vorbem. zu den §§ 10-22, S. 61.

stelle vermittelte (§ 13 Abs. 2, 3 AE-WGM) - Wiedergutmachung zustande kommt.
Ist ohne Wiedergutmachung Anklage erhoben, so soll bei Eröffnungsreife das Eröffnungsgericht im Falle begründeter Erwartung sanktionsrelevanter Wiedergutmachungsleistungen ein gerichtliches Wiedergutmachungsverfahren einleiten, § 16 AE-WGM. Dieses kann in einem bloßen Aufschieben der Eröffnungsentscheidung (§ 16 Abs. 1 AE-WGM), aber auch in der Einschaltung einer Schlichtungsstelle (§ 16 Abs. 2 S. 1 Nr. 1 AE-WGM) oder in der Durchführung einer richterlichen Wiedergutmachungsverhandlung (§§ 16 Abs. 2 S. 1 Nr. 2, 17, 18 AE-WGM) bestehen. Letztere ist für schwierigere und komplexere Wiedergutmachungssituationen gedacht, etwa wenn rechtliche Fragen zu klären sind, der Sachverhalt noch weiterer Aufklärung bedarf oder die Autorität des Richters aus anderen Gründen zur Wiedergutmachung notwendig erscheint[69].

Nach erfolgter Wiedergutmachung stellt das Gericht - unter den Voraussetzungen des § 4 AE-WGM - entweder das Verfahren ein (§ 11 Abs. 2 i.V.m. Abs. 1 AE-WGM) oder spricht den Angeschuldigten durch Beschluß schuldig und sieht von Strafe ab, wenn es von dessen Schuld überzeugt ist und dieser zustimmt, § 19 Abs. 1 S. 1 AE-WGM.
Liegt hingegen trotz eines gerichtlichen Wiedergutmachungsverfahrens keine Wiedergutmachung vor, die eine Verfahrenseinstellung oder das Absehen von Strafe gemäß § 19 AE-WGM rechtfertigt, so entscheidet das Gericht gemäß § 20 Abs. 1 AE-WGM über die Eröffnung des Hauptverfahrens.
Für Beschuldigte und Verletzte sind eingehende Hinweise und Unterrichtungen über Möglichkeiten und Folgen der Wiedergutmachung vorgesehen (§§ 10, 13 Abs. 1 S. 2, Abs. 2 S. 2, 14, 15, 16 Abs. 1 S. 2 AE-WGM).

F) Empfehlungen des 59. Deutschen Juristentages 1992 zu Wiedergutmachung und Täter-Opfer-Ausgleich

Auf dem 59. Deutschen Juristentag im September 1992 in Hannover befaßte sich die strafrechtliche Abteilung mit der Frage, ob sich bei den strafrechtlichen Sanktionen ohne Freiheitsentzug Änderungen und Ergänzungen empfehlen.

In seinem dieser Thematik gewidmeten Gutachten[70] plädierte Schöch für eine verstärkte Berücksichtigung der Schadenswiedergutmachung und des Ausgleichs zwischen Täter und Opfer im System der Strafzwecke[71]. Schöch stellte fest, daß Wiedergutmachung als strafrechtlicher Begriff nicht identisch mit dem zivilrechtlichen Schadenersatz sei und daß es neben der opferbezogenen

[69] AE-WGM, Begründung zu § 17, S. 83.
[70] Empfehlen sich Änderungen und Ergänzungen bei den strafrechtlichen Sanktionen ohne Freiheitsentzug ?, Gutachten C zum 59. Deutschen Juristentag, 1992.
[71] Vgl. NJW 1992, S. 3011.

Wiedergutmachung (Schadensersatz bzw. Arbeitsleistungen gegenüber dem Verletzten) auch eine symbolische Wiedergutmachung geben müsse, die insbesondere bei Delikten gegen die Allgemeinheit einschlägig sei und in Geldzahlungen an gemeinnützige Einrichtungen bzw. gemeinnütziger Arbeit bestehe. Wert müsse jedoch auf die Freiwilligkeit der Wiedergutmachungsleistung gelegt werden. Bei vollständiger Wiedergutmachung genüge zur strafrechtlichen Ahndung ein Schuldspruch unter Strafverzicht (dies bei Verwirkung einer Freiheitsstrafe von nicht mehr als einem Jahr) bzw. eine Strafmilderung nach § 49 Abs. 1 StGB bzw. eine Strafaussetzung zur Bewährung gemäß § 56 Abs. 1 StGB[72].

Bei der Abfassung der Beschlüsse befand die strafrechtliche Abteilung des Juristentages mit großer Mehrheit, daß sich eine verstärkte Berücksichtigung der Schadenswiedergutmachung und eines Ausgleichs zwischen Täter und Opfer in das System der Strafzwecke gut einfüge[73].
Eine konkrete Empfehlung, die Wiedergutmachung im Sinne des Alternativentwurfs Wiedergutmachung als dritte Spur neben Strafen und Maßregeln in den Abschnitt „Rechtsfolgen der Tat" des StGB aufzunehmen, wurde jedoch mehrheitlich abgelehnt[74].
Stattdessen sprach sich die strafrechtliche Abteilung dafür aus, die im geltenden Recht vorhandenen Ansätze im Sinne eines verstärkten Anreizes für Wiedergutmachung und Täter-Opfer-Ausgleich auszubauen[75].
Angenommen wurde die Empfehlung, der Schwerpunkt solle im Ermittlungsverfahren liegen. In Anlehnung an §§ 153, 153 a StPO, aber mit erweitertem Anwendungsbereich, solle die Wiedergutmachung zusammen mit dem Täter-Opfer-Ausgleich speziell geregelt werden. Die Staatsanwaltschaft solle mit Zustimmung der Verfahrensbeteiligten von der Erhebung der öffentlichen Klage absehen können, wenn ein TOA oder die Wiedergutmachung des Opferschadens allein oder in Verbindung mit zusätzlichen Auflagen und Weisungen die Verhängung von Strafe entbehrlich machten[76].
Man votierte ferner dafür, Wiedergutmachung und TOA aus § 46 Abs. 1 StGB herauszulösen und zum selbständigen fakultativen Strafmilderungsgrund zu erheben[77].
Eine Empfehlung, die sog. symbolische Wiedergutmachung in die Regelungen über TOA und Wiedergutmachung einzubeziehen, wurde dagegen von der strafrechtlichen Abteilung mehrheitlich abgelehnt[78].

---

[72] Zitiert nach NJW 1992, S. 3011.
[73] Beschluß IV 2 der Abteilung Strafrecht (vgl. NJW 1992, S. 3021 ff.).
[74] Beschluß V, 1. Alt., 5 der Abteilung Strafrecht.
[75] Beschluß V, 2. Alt., 5 der Abteilung Strafrecht.
[76] Beschluß V, 2. Alt., 5 a, 2. Unteralt. der Abteilung Strafrecht.
[77] Beschluß V, 2. Alt., 5 c der Abteilung Strafrecht.
[78] Beschluß VI 3, 1. Alt. der Abteilung Strafrecht.

Vielmehr war man der Ansicht, die symbolische Wiedergutmachung bedürfe keiner besonderen Regelung, weil der für Wiedergutmachung und Täter-Opfer-Ausgleich kennzeichnende enge Bezug zur Tat und zum Verletzten fehle[79].

G) Gesetzentwurf der Abgeordneten J. Meyer u.a. und der Fraktion der SPD vom 11.11.1993

Am 11.11.1993 legten der Abgeordnete Dr. Jürgen Meyer u.a. und die Fraktion der SPD den Entwurf eines Gesetzes zur Reform des strafrechtlichen Sanktionensystems vor[80].

Der Entwurf schlägt u.a. eine stärkere Berücksichtigung des Gedankens des Täter-Opfer-Ausgleichs vor. Dieser soll v.a. als - teils obligatorischer, teils fakultativer - Strafmilderungsgrund im neu einzufügenden § 24 a StGB-Entwurf (StGB-E) seinen Ausdruck finden.

Nach § 24 a Abs. 1 StGB-E greift bei bestimmten Eigentums- und Vermögensdelikten eine obligatorische Strafmilderung ein, wenn dem Täter vor der Entdeckung der Tat eine vollständige Wiedergutmachung des entstandenen Schadens und eine Aussöhnung mit dem Opfer gelungen ist.

Die Wiedergutmachung kann sowohl opferbezogen durch Schadensersatz oder Arbeiten für den Verletzten als auch symbolisch durch Geldzahlungen an gemeinnützige Einrichtungen oder gemeinnützige Arbeit geleistet werden, § 24 a Abs. 3 StGB-E.

Eine Aussöhnung zwischen Täter und Opfer ist nach Abs. 4 der Vorschrift anzunehmen, wenn der Verletzte dies nach Aufklärung über die damit verbundenen Rechtsfolgen schriftlich bestätigt oder eine solche Bestätigung aus rechtlich zu mißbilligenden Gründen verweigert.

Bei anderen als den in § 24 a Abs. 1 StGB-E genannten Delikten sieht der Entwurf auch bei Erfüllung der in Abs. 1 genannten Voraussetzungen lediglich eine fakultative Strafmilderung vor, vgl. § 24 a Abs. 2 StGB-E.

Eine fakultative Strafmilderung kommt weiterhin nach § 24 a Abs. 5 StGB-E für Straftaten, bei denen kein Schaden zum Nachteil einer bestimmten Person eingetreten ist, in Betracht, sofern der Täter symbolische Wiedergutmachung im Sinne von § 24 a Abs. 3 StGB-E geleistet hat.

Der Gesetzentwurf der SPD wurde im Rechtsausschuß des Deutschen Bundestages abgelehnt[81] und verfiel dem Diskontinuitätsgrundsatz.

---

79 Beschluß VI 3, 2. Alt. der Abteilung Strafrecht.

80 BT-Drs. 12/6141.

81 Vgl. 135. Sitzung des Rechtsausschusses, 12. Wahlperiode (16.06.1994), Protokoll Nr. 135, S. 22 ff., 31.

H) Gesetzentwurf der Fraktionen der CDU/CSU und F.D.P. vom 18.02.1994

Am 18.02.1994 legten die Fraktionen der CDU/CSU und F.D.P. den „Entwurf eines Gesetzes zur Änderung des Strafgesetzbuches, der Strafprozeßordnung und anderer Gesetze (Verbrechensbekämpfungsgesetz)“ vor[82].
Artikel 1 Nr. 1 bis 4 dieses Gesetzentwurfs enthielt Änderungen des Strafgesetzbuches, mit denen dem Täter-Opfer-Ausgleich und der Schadenswiedergutmachung vor dem Hintergrund der damit im Bereich des Jugendstrafrechts gewonnenen positiven Erfahrungen in größerem Umfang als bisher Eingang in das Erwachsenenstrafrecht verschafft werden sollte[83].

Der Koalitionsentwurf sah eine Verankerung des Täter-Opfer-Ausgleichs und der Schadenswiedergutmachung auf zwei Schienen vor[84]:
Zum einen sollte mit der neu geschaffenen Vorschrift des § 46 a StGB-E die bisher in diesem Bereich noch nicht bestehende Möglichkeit einer Strafmilderung nach § 49 Abs. 1 StGB oder eines Absehens von Strafe geschaffen werden.
Zum anderen sollte durch Änderung bzw. Ergänzung bereits bestehender Vorschriften für die Strafaussetzung zur Bewährung und die Verwarnung mit Strafvorbehalt dem Täter-Opfer-Ausgleich und der Schadenswiedergutmachung auch hier ein stärkeres Gewicht als bisher eingeräumt werden.
Im Laufe des Gesetzgebungsverfahrens erfuhren die den Täter-Opfer-Ausgleich und die Schadenswiedergutmachung betreffenden Artikel 1 Nr. 1 bis 4 des Gesetzentwurfs nur marginale Änderungen[85], die zentrale Vorschrift des § 46 a StGB-E blieb unverändert.
Das auf dem Gesetzentwurf der Fraktionen der CDU/CSU und F.D.P. beruhende „Gesetz zur Änderung des Strafgesetzbuches, der Strafprozeßordnung und anderer Gesetze (Verbrechensbekämpfungsgesetz)“[86] wurde am 28.10.1994 ausgefertigt und verkündet und trat sodann am 01.12.1994 in Kraft.

I) Die Berücksichtigung von Täter-Opfer-Ausgleich und Wiedergutmachung im Sanktionensystem des Erwachsenenstrafrechts außerhalb des § 46 a StGB

Außerhalb des im Dezember 1994 in Kraft getretenen § 46 a StGB finden Täter-Opfer-Ausgleich und Wiedergutmachung noch in vereinzelten Rechtsfolgebestimmungen des Strafgesetzbuchs sowie in einigen Normen der Straf-

---

[82] BT-Drs. 12/6853.
[83] Vgl. BT-Drs. 12/6853, S. 21.
[84] BT-Drs., a.a.O.
[85] Vgl. Brauns, S. 299, Fn. 18.
[86] Vgl. Bundesgesetzblatt, Jahrgang 1994, Teil I, S. 3186 ff.

prozeßordnung Berücksichtigung. Auf diese soll im folgenden kurz eingegangen werden.

I) Strafgesetzliche Bestimmungen

1) Bereits das Erste Gesetz zur Reform des Strafrechts (1. StrRG) vom 25. Juni 1969[87] bezeichnete im damaligen § 13 a. F. StGB das Verhalten des Täters nach der Tat, besonders sein Bemühen, den Schaden wiedergutzumachen, ausdrücklich als einen für die Strafzumessung relevanten Umstand.
Diese Regelung wurde durch das Zweite Gesetz zur Reform des Strafrechts (2. StrRG) vom 4. Juli 1969[88] als § 46 Abs. 2 S. 2, 6. Gruppe StGB unverändert übernommen.
Durch das Erste Gesetz zur Verbesserung der Stellung des Verletzten im Strafverfahren (Opferschutzgesetz) vom 18. Dezember 1986[89] erhielt § 46 Abs. 2 S. 2, 6. Gruppe StGB eine erweiterte Fassung: Auch „das Bemühen, einen Ausgleich mit dem Verletzten zu erreichen", wird nunmehr als besonders strafzumessungsrelevante Tatsache erwähnt. Dadurch soll deutlich gemacht werden, daß neben dem Bemühen um Wiedergutmachung des materiellen Schadens auch der Versuch, dem Verletzten auf andere Weise Genugtuung zu leisten, strafmildernd zu berücksichtigen ist[90].

2) Wiedergutmachungs- und Ausgleichsbemühungen des Täters können außerdem unter dem Gesichtspunkt des „Verhaltens nach der Tat" (§ 56 Abs. 1 S. 2 StGB) für die Prognoseentscheidung über die Strafaussetzung zur Bewährung mitentscheidend sein[91]. Durch ausdrückliche gesetzliche Erwähnung im 1994 durch das Verbrechensbekämpfungsgesetz angefügten § 56 Abs. 2 S. 2 StGB soll dem Bemühen des Täters um Wiedergutmachung bei der Entscheidung über die Strafaussetzung zur Bewährung stärkeres Gewicht verliehen werden[92].

3) Nach § 56 b Abs. 2 S.1 Nr. 1 StGB[93] kann das Gericht dem Verurteilten bei der Strafaussetzung zur Bewährung die Auflage erteilen, den durch die Tat verursachten Schaden nach Kräften wiedergutzumachen. Diese Auflage kann gemäß § 57 Abs. 3 S. 1 StGB auch bei der Aussetzung des Strafrestes zur Bewährung verhängt werden.

---

[87] Bundesgesetzblatt, Jahrgang 1969, Teil I, S. 645 ff.
[88] Bundesgesetzblatt, Jahrgang 1969, Teil I, S. 717 ff.
[89] Bundesgesetzblatt, Jahrgang 1986, Teil I, S. 2496 ff.
[90] Vgl. Beschlußempfehlung und Bericht des Rechtsausschusses, BT-Drs. 10/6124, S. 17.
[91] Lackner/Kühl, § 56, Rdn. 12.
[92] BT-Drs. 12/6853, S. 22.
[93] Abs. 2 neugefasst durch das Verbrechensbekämpfungsgesetz, vgl. Bundesgesetzblatt, Jahrgang 1994, Teil I, S. 3186.

Der Wiedergutmachung soll gegenüber den übrigen Bewährungsauflagen ein relativer Vorrang eingeräumt werden[94]. Die Wiedergutmachungsauflage geht über die zivilrechtliche Schadensersatzpflicht insoweit hinaus, als ihre Erfüllung gerichtlich überwacht wird und auch bei Verjährung des Anspruchs möglich ist, muß aber die zivilrechtliche Lage im übrigen berücksichtigen[95].

4) Bei der Entscheidung über eine Verwarnung mit Strafvorbehalt können Wiedergutmachungs- und Ausgleichsbemühungen als „Verhalten nach der Tat" Berücksichtigung finden (§ 59 Abs. 1 S. 2 i.V.m. § 56 Abs. 1 S. 2 StGB). Außerdem kann das Gericht nach § 59 a Abs. 2 S. 1 Nr. 1 StGB[96] den Verwarnten anweisen, sich zu bemühen, einen Ausgleich mit dem Verletzten zu erreichen oder sonst den durch die Tat verursachten Schaden wiedergutzumachen. Durch die Neuformulierung wird das Bemühen um einen Täter-Opfer-Ausgleich nunmehr als Weisung im Bereich der Verwarnung mit Strafvorbehalt verankert. Auf die Problematik der Ausgestaltung des TOA als Weisung wurde bereits hingewiesen[97].

II) Strafprozessuale Bestimmungen

Auf der Ebene des Strafverfahrensrechts spielten Ausgleichs- und Wiedergutmachungsleistungen des Täters von jeher bei der Verfahrenseinstellung gemäß §§ 153 ff. StPO eine Rolle. Nachdem es zunächst an konkret auf § 46 a StGB bezogenen strafprozessualen Anwendungsvorschriften fehlte[98], änderte sich dies mit dem „Gesetz zur strafverfahrensrechtlichen Verankerung des Täter-Opfer-Ausgleichs und zur Änderung des Gesetzes über Fernmeldeanlagen" vom 20. Dezember 1999[99]. Durch dieses Gesetz wurden u.a. die neuen §§ 155 a und 155 b StPO eingefügt sowie § 153 a StPO geändert.

1) Kernstück des genannten Gesetzes, das auf einem von der Bundesregierung eingebrachten „Entwurf eines Gesetzes zur strafverfahrensrechtlichen Veran-

---

94 Vgl. § 56 Abs. 2 S. 2 StGB sowie die Gesetzesbegründung BT-Drs. 12/6853, S. 22.

95 H.M., vgl. Tröndle/Fischer, § 56 b, Rdn. 6; Lackner/Kühl, § 56 b, Rdn. 3 a; LK/Gribbohm, § 56 b, Rdn. 5, alle m.w.N.

96 Abs. 2 neugefasst durch das Verbrechensbekämpfungsgesetz, vgl. Bundesgesetzblatt, Jahrgang 1994, Teil I, S. 3186.

97 Vgl. oben Erster Teil, D II.

98 Zur Kritik an der fehlenden prozessualen Verankerung des § 46 a StGB vgl. etwa Dahs, NJW 1995, S. 554; König/Seitz, NStZ 1995, S. 2; Meier, JuS 1996, S. 441; ders., GA 1999, S. 1, 17 f.; Rössner, 19. StrVTag, S. 180; Lackner/Kühl, § 46 a, Rdn. 1; Kaiser, Zipf-GS, S. 110; Walther, S. 70.

99 Vgl. Bundesgesetzblatt, Jahrgang 1999, Teil I, S. 2491 f.

kerung des Täter-Opfer-Ausgleichs" vom 29. Oktober 1999[100] beruht, ist der neue § 155 a StPO.
Nach dieser „prozessualen Grundnorm für die Anwendung des Täter-Opfer-Ausgleichs im Strafverfahren"[101] sollen Staatsanwaltschaft und Gericht „in jedem Stadium des Verfahrens die Möglichkeiten prüfen, einen Ausgleich zwischen Beschuldigtem und Verletztem zu erreichen. In geeigneten Fällen sollen sie darauf hinwirken. Gegen den ausdrücklichen Willen des Verletzten darf die Eignung nicht angenommen werden."
Da § 155 a StPO die Durchführung des Täter-Opfer-Ausgleichs völlig ungeregelt läßt[102], reduziert sich sein Regelungsgehalt im wesentlichen auf den Appell an Staatsanwaltschaft und Gericht, verstärkt auf die Anwendung des TOA hinzuwirken. Ob dies ausreicht, das im Gesetzentwurf[103] propagierte Ziel einer „verstärkten Anwendung des Täter-Opfer-Ausgleichs in der Praxis" zu erreichen, bleibt abzuwarten[104].

2) Der neue § 155 b StPO regelt die Übermittlung erforderlicher personenbezogener Informationen von Staatsanwaltschaft und Gericht an die mit der Durchführung von Täter-Opfer-Ausgleich oder Schadenswiedergutmachung beauftragte Stelle. Diese erfolgt von Amts wegen oder auf Antrag der beauftragten Stelle (§ 155 b Abs. 1 S. 1 StPO).
Die Verarbeitung und Nutzung der übermittelten Daten unterliegt einer strengen Zweckbindung, ergänzt um das Erfordernis, daß schutzwürdige Interessen des Betroffenen nicht entgegenstehen dürfen (§ 155 b Abs. 2 S. 1 StPO).
Eine weitere Erhebung personenbezogener Informationen sowie deren Verarbeitung und Nutzung bedarf darüber hinaus der Einwilligung des Betroffenen (§ 155 b Abs. 2 S. 2 StPO).
Nach Abschluß ihrer Tätigkeit erstattet die beauftragte Stelle Staatsanwaltschaft oder Gericht im erforderlichen Umfang Bericht (§ 155 b Abs. 2 S. 3 StPO). Ergänzt werden diese Bestimmungen durch Regelungen zur Datenschutzkontrolle (§ 155 b Abs. 3 StPO) und zur Vernichtung der Unterlagen mit personenbezogenen Informationen (§ 155 b Abs. 4 StPO).

---

100 Vgl. BT-Drs. 14/1928.
101 So die Begründung des Gesetzentwurfs der Bundesregierung, vgl. BT-Drs. 14/1928, S. 6, 8.
102 In der Begründung des Gesetzentwurfs (vgl. BT-Drs. 14/1928, S. 6) heißt es dazu, der Entwurf sehe bewußt von „detaillierten verfahrenstechnischen Vorgaben" ab, um Raum für landesrechtliche Regelungen zu lassen; hierzu mit Recht kritisch Tolmein, ZRP 1999, S. 409 f.
103 Vgl. BT-Drs. 14/1928, S. 1, 8.
104 Mit guten Argumenten skeptisch Tolmein, ZRP 1999, S. 409.

Damit dürfte § 155 b StPO etwaigen datenschutzrechtlichen Bedenken[105] hinreichend Rechnung tragen.

3) Wiedergutmachung und Täter-Opfer-Ausgleich fanden auch Eingang in § 153 a StPO, der die Einstellung des Verfahrens bei Erfüllung von Auflagen und Weisungen regelt.
Die Änderung der Norm durch das angesprochene Gesetz vom 20.12.1999 brachte eine Öffnung des bisher abschließend formulierten Katalogs der Auflagen und Weisungen mit sich, d.h. die Auflagen und Weisungen werden jetzt nur noch beispielhaft genannt.
Als neue Nr. 5 des Beispielkataloges des § 153 a Abs. 1 S. 2 StPO hat der Gesetzgeber die an den Beschuldigten gerichtete Weisung aufgenommen, sich „ernsthaft zu bemühen, einen Ausgleich mit dem Verletzten zu erreichen (Täter-Opfer-Ausgleich) und dabei seine Tat ganz oder zum überwiegenden Teil wieder gut zu machen oder deren Wiedergutmachung zu erstreben".

Zudem enthält § 153 a StPO seit seiner Einfügung durch das Einführungsgesetz zum Strafgesetzbuch (EGStGB) 1974 eine Wiedergutmachungsauflage. Gemäß § 153 a Abs. 1 S. 2 Nr. 1 StPO kann dem Beschuldigten die Auflage erteilt werden, zur Wiedergutmachung des durch die Tat verursachten Schadens eine bestimmte Leistung zu erbringen. Die auferlegte Wiedergutmachung darf die zivilrechtliche Schadensersatzpflicht nicht übersteigen[106].
Die Erfüllung der Auflagen und Weisungen führt bei Vorliegen der übrigen Normvoraussetzungen zur endgültigen Verfahrenseinstellung. Unter den Voraussetzungen des § 153 a Abs. 2 StPO eröffnet das gerichtliche Einstellungsverfahren die Möglichkeit der Verfahrenseinstellung noch nach Anklageerhebung.

In Abgrenzung zu der in § 46 a StGB getroffenen Regelung von TOA und (Schadens-)Wiedergutmachung ist zu betonen, daß trotz der gemäß § 153 a Abs. 1 S. 1 StPO notwendigen Zustimmung des Beschuldigten den nach § 153 a StPO erteilten Auflagen und Weisungen ein erheblicher Zwangs- bzw. Sanktionscharakter eigen ist. Zwar handelt es sich bei den Auflagen und Weisungen des § 153 a StPO nicht um Strafen im Sinne des materiellen Strafrechts[107]. Da sie aber vom Beschuldigten in aller Regel als ein von den Strafverfolgungsbehörden

[105] Vgl. etwa Meier, GA 1999, S. 17 sowie die umfangreichen Ausführungen zu Täter-Opfer-Ausgleich und Datenschutz bei Rössner/Klaus in TOA in Deutschland, S. 65 ff.; Steffens, S. 124 ff.
[106] Kleinknecht/Meyer-Goßner, § 153 a, Rdn. 16; KK/Schoreit, § 153 a, Rdn. 16.
[107] § 153 a StPO regelt nach h.M. ein „Beendigungsverfahren mit Selbstunterwerfung", vgl. Kleinknecht/Meyer-Goßner, § 153 a, Rdn. 12.

auferlegtes Übel empfunden werden, kommt ihnen der Charakter besonderer nichtstrafrechtlicher Sanktionen zu[108].

Dieser grundsätzliche Sanktionscharakter sowie die Anordnung „von oben" lassen die Ausgestaltung des Täter-Opfer-Ausgleichs (bzw. des darauf gerichteten Bemühens) als Weisung problematisch erscheinen[109]. Sie verträgt sich schwerlich mit dem auf freiwillige Konfliktbewältigung angelegten Wesen des Täter-Opfer-Ausgleichs. Wie Tolmein[110] treffend anmerkt, wird dadurch der Täter-Opfer-Ausgleich systemwidrig Teil eines staatlich dirigierten Selbstunterwerfungsverfahrens, obwohl er doch eigentlich ein ergebnisoffener Prozeß zwischen Beschuldigtem und Verletztem sein soll.
Dieselben Argumente sprechen dafür, daß freiwillige[111], aufgrund eigener Entscheidung erbrachte Leistungen zur Wiedergutmachung der Tat (§ 46 a Nr. 1 StGB) bzw. des Schadens (§ 46 a Nr. 2 StGB) von der angeordneten Wiedergutmachungsauflage des § 153 a Abs. 1 S. 2 Nr. 1 StPO nicht erfaßt werden[112].

Dennoch bildete zumindest in der Rechtspraxis des Erwachsenenstrafrechts vor Inkrafttreten des § 46 a StGB entweder die Vorschrift des § 153 a StPO oder des § 153 StPO praeter legem[113] den Rahmen für die Berücksichtigung von Täter-Opfer-Ausgleich und freiwilliger Wiedergutmachung[114].
§ 153 a StPO wurde in der Weise herangezogen, daß ein freiwilliger TOA angeregt und nach Durchführung ohne weitere Auflagenerteilung im Hinblick darauf das Verfahren eingestellt wurde[115].
Bei angestrebter Einstellung wegen Geringfügigkeit nach § 153 StPO ging meist eine Aussetzung des Verfahrens durch die Staatsanwaltschaft voraus; der in dieser Zeit durchgeführte erfolgreiche TOA wurde als schuldreduzierend gewertet und sollte so die Voraussetzungen der geringen Schuld wie auch des fehlenden öffentlichen Verfolgungsinteresses nachträglich bewirken[116].
Eine derartige Vorgehensweise sollte mit Einführung des § 46 a StGB obsolet geworden sein[117].

---

[108] Vgl. Kleinknecht/Meyer-Goßner, § 153 a, Rdn. 12; LR/Rieß, § 153 a, Rdn. 9.
[109] Vgl. bereits oben Erster Teil, D II und I I 4.
[110] Tolmein, ZRP 1999, S. 410.
[111] Zum Freiwilligkeitsaspekt vgl. später Zweiter Teil, B I 3 d, 4 e, II 1 e.
[112] So bereits Rössner/Klaus in TOA in Deutschland, S. 63 f.
[113] So zutreffend Rössner, 19. StrVTag, S. 179; Rössner/Klaus in TOA in Deutschland, S. 63.
[114] Vgl. Hartmann/Stroezel in TOA in Deutschland, S. 192 (Tabelle 41); Bannenberg, S. 23.
[115] AK/Rössner, vor §§ 374 - 406 h, Rdn. 5.
[116] Rössner, 19. StrVTag, S. 179; Rössner/Klaus in TOA in Deutschland, S. 64; Bannenberg, S. 23; Steffens, S. 63.
[117] Ebenso bereits Rössner, 19. StrVTag, S. 179; Rössner/Klaus in TOA in Deutschland, S. 63 f.

4) Neue Relevanz durch den 1994 eingefügten § 46 a StGB erfährt die bereits seit 1974 bestehende Regelung des § 153 b StPO, deren Anwendbarkeit durch die in § 46 a StGB eröffnete Möglichkeit des Absehens von Strafe begründet wird.
Nach § 153 b Abs. 1 StPO kann nämlich die Staatsanwaltschaft mit Zustimmung des Gerichts das Verfahren vor Erhebung der Anklage einstellen, wenn die Voraussetzungen, unter denen das Gericht von Strafe absehen könnte, vorliegen.
Im Zusammenspiel mit § 46 a StGB liegt darin ein Anreiz für den Täter, TOA und Wiedergutmachung möglichst frühzeitig, d.h. schon während des Ermittlungsverfahrens, zu praktizieren, denn er kann sich dadurch möglicherweise die Belastung durch ein gerichtliches Verfahren sowie die förmliche Feststellung seiner Schuld ersparen.
Nach Klageerhebung kann das Gericht bei Vorliegen der Voraussetzungen für ein Absehen von Strafe gemäß § 153 b Abs. 2 StPO noch bis zum Beginn der Hauptverhandlung mit Zustimmung der Staatsanwaltschaft und des Angeschuldigten das Verfahren einstellen.
Obwohl der Einstellungsmöglichkeit nach § 153 b StPO i.V.m. § 46 a StGB damit an und für sich ein sehr breiter Anwendungsbereich eröffnet wird[118], macht die Praxis davon vergleichsweise selten Gebrauch[119].

5) Regelungen mit erkennbarem Wiedergutmachungsbezug enthält das Strafverfahrensrecht außerdem in den §§ 403 ff. StPO (Adhäsionsverfahren).
Das in der Praxis nahezu bedeutungslose[120] Adhäsionsverfahren ermöglicht dem Verletzten, seine aus der Straftat erwachsenen vermögensrechtlichen Ansprüche gegen den Beschuldigten, die er an sich vor dem Zivilgericht verfolgen müßte (§ 13 GVG), schon im Strafverfahren geltend zu machen.
Im Unterschied zur in § 46 a StGB getroffenen Regelung zielt das zivilrechtlich geprägte Adhäsionsverfahren allein auf die Erlangung materiellen Schadensersatzes ab[121]. Im Vergleich mit der Vorleistungen des Täters honorierenden Norm des § 46 a StGB fällt negativ ins Gewicht, daß sich die Vollstreckung eines im Adhäsionsverfahren erlangten Titels nach ZPO-Vorschriften richtet (vgl. § 406 b StPO); dadurch wird dem Tatopfer ein Vollstreckungsrisiko aufgebürdet, das

---

118 Kilchling, NStZ 1996, S. 311 (Fn. 56) weist zu Recht darauf hin, daß diese Einstellungsmöglichkeit qua Gesetzes mehr als 95 % aller abgeurteilten Taten nicht nur wiedergutmachungs-, sondern theoretisch sogar diversionsfähig macht.

119 Meier, GA 1999, S. 18; vgl. auch Hartmann/Stroezel in TOA in Deutschland, S. 192 (Tabelle 41).

120 Vgl. Kleinknecht/Meyer-Goßner, vor § 403, Rdn. 1.

121 Zur Konkurrenz zwischen dem Adhäsionsverfahren und (Schadens-)Wiedergutmachung nach § 46 a StGB vgl. ausführlich Rössner/Klaus in TOA in Deutschland, S. 84 f.

sich angesichts der angespannten Vermögenssituation vieler Straftäter als erheblich darstellt[122].

6) Die §§ 374 ff. StPO (Privatklage) und §§ 395 ff. StPO (Nebenklage) stellen die Verletztenposition im Strafverfahren stärkende Regelungen dar und sind deshalb eher als opfer-, denn als wiedergutmachungsorientierte Vorschriften einzuordnen[123].
Voraussetzung eines Privatklageverfahrens ist bei verschiedenen in § 380 Abs. 1 S. 1 StPO abschließend aufgeführten Delikten die erfolglose Durchführung eines Sühneversuchs vor einer von der Landesjustizverwaltung zu bezeichnenden Vergleichsbehörde (sog. Sühneverfahren, § 380 StPO). In diesem wegen des Rückgangs der Privatklageverfahren nur noch selten in Anspruch genommenen Sühneverfahren wird eine einvernehmliche Konfliktregelung (Sühnevergleich) zwischen Täter und Opfer angestrebt.
Sofern der Sühneversuch erfolgreich verläuft, bleibt für den TOA nach § 46 a StGB rechtlich wie tatsächlich kein Raum; aber auch wenn der Privatklageweg weiter beschritten wird, verbleibt wegen der dem Privatkläger zustehenden weitgehenden Dispositionsbefugnisse (z.B. Klagerücknahme, § 391 Abs. 1 S. 1 StPO) nur ein geringer Anwendungsbereich für den auf das normale Strafverfahren zugeschnittenen § 46 a StGB[124].

---

[122] Auf diese Problematik weisen auch Rössner/Klaus in TOA in Deutschland, S. 84, hin.

[123] Ähnlich Bannenberg, S. 26 f.; Steffens, S. 69 f.

[124] Vgl. Rössner/Klaus in TOA in Deutschland, S. 82 f.

Zweiter Teil: Täter-Opfer-Ausgleich und Schadenswiedergutmachung nach § 46 a StGB, eingefügt durch Gesetz vom 28.10.1994

A) Einführung: Regelungsgehalt und Zweck des § 46 a StGB

§ 46 a StGB in der Fassung des Verbrechensbekämpfungsgesetzes vom 28. Oktober 1994 schafft die Möglichkeit, die Strafe nach § 49 Abs. 1 StGB zu mildern oder, wenn keine höhere Strafe als Freiheitsstrafe bis zu einem Jahr oder Geldstrafe bis zu dreihundertsechzig Tagessätzen verwirkt ist, von Strafe abzusehen, wenn der Täter in dem Bemühen, einen Ausgleich mit dem Verletzten zu erreichen, seine Tat ganz oder überwiegend wiedergutgemacht oder deren Wiedergutmachung ernsthaft erstrebt hat (§ 46 a Nr. 1 StGB).
Ebenso kann die Strafe gemildert oder von Strafe abgesehen werden, wenn der Täter in einem Fall, in welchem die Schadenswiedergutmachung von ihm erhebliche persönliche Leistungen oder persönlichen Verzicht erfordert hat, das Opfer ganz oder zum überwiegenden Teil entschädigt hat (§ 46 a Nr. 2 StGB).

Die neugeschaffene Norm will einerseits einen Anreiz für Ausgleichsbemühungen seitens des Täters schaffen, andererseits aber auch in dem aus generalpräventiver Sicht erforderlichen Umfang sicherstellen, daß nicht jede Form des Schadensausgleichs ausnahmslos und ohne Rücksicht auf den Einzelfall dem Täter zugute kommt[125].
Angestrebt wird der Eintritt einer friedenstiftenden Wirkung unter Wahrung von Opfer-, aber auch wohlverstandenen Täterinteressen:
Während dem Opfer sinnvolle materielle und immaterielle Hilfe durch Schadenskompensation und Abbau von Ängsten zuteil werden soll, soll der Täter durch TOA und Schadenswiedergutmachung eher als durch rein repressive Sanktionen zur Einsicht in die Verwerflichkeit seines Tuns und zur Übernahme von Verantwortung für die Folgen seiner Straftat gelangen[126].

---

[125] Vgl. die Begründung des Gesetzentwurfs der Fraktionen der CDU/CSU und F.D.P., BT-Drs. 12/6853, S. 21.
[126] BT-Drs. 12/6853, S. 21.

B) Die Anwendungsvoraussetzungen des § 46 a StGB

I) § 46 a Nr. 1 StGB

1) Begriffliche Vorklärung: Die Abgrenzung der Begriffe „Wiedergutmachung“ und „Täter-Opfer-Ausgleich“

§ 46 a Nr. 1 StGB kombiniert das Erfordernis der Wiedergutmachung der Tat mit dem Erfordernis des Bemühens, einen Ausgleich mit dem Verletzten zu erreichen (Täter-Opfer-Ausgleich). Diese beiden nach dem Gesetzeswortlaut selbständigen Erfordernisse überlagern sich in weiten Teilen.
Die Begriffe „Wiedergutmachung“ (der Tat) und „Täter-Opfer-Ausgleich“ überschneiden sich grundsätzlich schon insoweit, als sie Reaktionsformen auf eine Straftat darstellen, die durch eine Auseinandersetzung des Täters mit den Folgen der Tat und das Bemühen um deren Ausgleich gekennzeichnet sind[127].
Sie weisen lediglich eine unterschiedliche Akzentuierung auf:

Die Wiedergutmachung der Tat stellt die vom Täter für die Wiederherstellung des Rechtsfriedens zu erbringende Leistung in den Vordergrund[128]. Der Begriff der „Wiedergutmachung“ wird insofern von einer - im Grundsatz apersonalen[129] - formal bestimmbaren Leistungskomponente geprägt und ist aufgrunddessen einer Evaluation zugänglich. Dies hat der Gesetzgeber dadurch zum Ausdruck gebracht, daß er unterschiedliche, an der konkreten Leistung des Täters orientierte Grade der Wiedergutmachung statuiert hat (gänzliche, zum überwiegenden Teil erfolgte oder lediglich ernsthaft erstrebte Wiedergutmachung).

Demgegenüber steht beim „Täter-Opfer-Ausgleich“, der durch eine Lösung des der Tat zugrundeliegenden Gesamtkonflikts eine friedenstiftende Wirkung entfalten soll[130], das personale Element im Vordergrund[131]. Der Begriff beschreibt „das Aufeinanderzugehen derjenigen Personen, die an der Straftat selbst beteiligt waren, die Konfrontation des Täters mit dem Opferleid, die Anerkennung der Schuld durch den Täter, das mögliche Nachgeben des Verletzten bei der Geltendmachung seiner Forderungen, das miteinander Vergleichen und - im Idealfall - die beiderseitige Aussöhnung“[132]. Der Täter-Opfer-Ausgleich stellt sich insofern als ergebnisoffenes Verfahren dar[133].

---

[127] Vgl. Meier, JuS 1996, S. 437.
[128] Meier, a.a.O.; Bannenberg, S. 6; Frehsee, S. 11; vgl. auch § 1 Abs. 1 S.1 AE-WGM.
[129] Kilchling, NStZ 1996, S. 310; Müller-Dietz in Hering/Rössner, S. 23.
[130] Vgl. BT-Drs. 12/6853, S. 22.
[131] Bannenberg, S. 6; Müller-Dietz in Hering/Rössner, S. 23.
[132] Meier, JuS 1996, S. 437; vgl. auch Rössner/Wulf, S. 3 sowie BT-Drs. 11/5829, S. 17; 12/6853, S. 21.
[133] Kilchling, NStZ 1996, S. 310, 314; Meier, GA 1999, S. 3.

Die Wiedergutmachung, insbesondere in ihrer engeren Form als Schadenswiedergutmachung[134], wird in der Regel ideales Ziel bzw. adäquater, manchmal gar wichtigster Inhalt eines Täter-Opfer-Ausgleichs sein[135]; prägend für den TOA bleibt jedoch dessen interpersoneller Interaktionszusammenhang[136].

2) Das Verhältnis von „Wiedergutmachung" und „Täter-Opfer-Ausgleich" in § 46 a Nr. 1 StGB

§ 46 a Nr. 1 StGB setzt nach dem Gesetzeswortlaut voraus, daß der Täter „in dem Bemühen, einen Ausgleich mit dem Verletzten zu erreichen ..., seine Tat ganz oder zum überwiegenden Teil wiedergutgemacht oder deren Wiedergutmachung ernsthaft erstrebt" hat.
Für das Verhältnis von Wiedergutmachung und Täter-Opfer-Ausgleich könnte aus dieser Formulierung geschlossen werden, daß das Ausgleichsbemühen quasi als Leitmotiv die Wiedergutmachungsleistungen des Täters prägen und gleichzeitig gewissen ethischen Anforderungen unterwerfen soll.
Die Gesetzesbegründung beschreibt das Verhältnis allerdings auf eher formaler Ebene: Danach soll der Täter „im Rahmen eines Täter-Opfer-Ausgleichs"[137] Wiedergutmachungsleistungen erbringen oder zumindest die Wiedergutmachung der Tat ernsthaft erstreben, d.h. der Täter-Opfer-Ausgleich stellt als „einschränkendes Kriterium"[138] eine „Rahmenbedingung der Wiedergutmachung"[139] dar[140]. Als solchermaßen verstandene „Rahmenbedingung" ist der Täter-Opfer-Ausgleich zugleich conditio sine qua non des § 46 a Nr. 1 StGB, d.h. reine Wiedergutmachungsleistungen, die nicht im Rahmen eines auf interpersonelle Konfliktregelung angelegten weitergehenden Ausgleichs mit dem Verletzten erbracht werden, werden den Anforderungen der Nr. 1 grundsätzlich nicht gerecht[141]. Erst wenn der Täter durch sein Verhalten sowohl der Wiedergutmachungskomponente als auch der Ausgleichskomponente des § 46 a Nr. 1 StGB Genüge getan hat, sind die Voraussetzungen der Norm erfüllt und die Rechtsfolgen des § 46 a StGB eröffnet.

Wie die amtliche Überschrift des § 46 a StGB erkennen läßt, wird der Terminus „Täter-Opfer-Ausgleich" vom Gesetzgeber aber auch als Oberbegriff für die Fallgruppe des § 46 a Nr. 1 StGB verwandt und schließt als solcher die Wieder-

---

[134] Löschnig-Gspandl, JBl. 1995, S. 767; Kilchling, NStZ 1996, S. 310.
[135] Müller-Dietz in Hering/Rössner, S. 23; Frehsee, S. 10 f.; Bannenberg, S. 5 f.; Kilchling, NStZ 1996, S. 310; Brauns, S. 303.
[136] Kilchling, a.a.O.; Trenczek, ZRP 1992, S. 131; Meier, GA 1999, S. 3.
[137] BT-Drs. 12/6853, S. 21.
[138] BT-Drs. 12/6853, S. 21.
[139] BT-Drs., a.a.O.
[140] Kilchling, NStZ 1996, S. 311 spricht vom „institutionellen Rahmen".
[141] Vgl. Brauns, S. 305; BGH StV 1995, 584 (Beschl. v. 25.7.1995 - 1 StR 205/95).

gutmachungskomponente mit ein. In Kenntnis der bereits dargestellten fließenden Übergänge wird im folgenden aus Gründen der begrifflichen Präzision soweit wie möglich an einer differenzierten Darstellung von Wiedergutmachungs- und Ausgleichskomponente des § 46 a Nr. 1 StGB festgehalten.

3) Die Wiedergutmachungskomponente des § 46 a Nr. 1 StGB

a) Inhaltsstruktur und Formen der Wiedergutmachung

Fraglich ist, welche Art von Wiedergutmachungsleistungen die Wiedergutmachungskomponente des § 46 a Nr. 1 StGB umfaßt.

aa) Im Gegensatz zu § 46 a Nr. 2 StGB sowie zu den im Verbrechensbekämpfungsgesetz geänderten §§ 56 Abs. 2 S. 2, 56 b Abs. 2 Nr. 1 und 59 a Abs. 2 Nr. 1 StGB, wo jeweils auf die Wiedergutmachung des durch die Tat verursachten Schadens abgestellt wird, hat der Gesetzgeber in § 46 a Nr. 1 StGB die Formulierung „Wiedergutmachung der Tat“ verwandt. Die Tatwiedergutmachung nach Nr. 1 kann also nicht mit der Schadenswiedergutmachung identisch sein. Jene knüpft an den Terminus „Schaden“ an und beinhaltet Reparation und / oder Kompensation des Schadens[142]. Da sie nicht auf den Schaden fixiert ist, stellt die Tatwiedergutmachung gegenüber der in erster Linie auf materielle Restituion focussierten Schadenswiedergutmachung den weiteren Begriff dar[143]. Zwar tragen auch materielle Wiedergutmachungsleistungen in Form von Naturalrestitution, Geldersatz oder Schmerzensgeld zweifelsohne zu einer „Wiedergutmachung der Tat“ bei, d.h. die Schadenswiedergutmachung ist ein wichtiger, für das Opfer oft entscheidender Aspekt der „Wiedergutmachung der Tat“[144]. Doch geht die Tatwiedergutmachung des § 46 a Nr. 1 StGB darüber hinaus, d.h. sie ist in einem umfassenden Sinne[145] zu verstehen. Ihr liegt eine persönlich-konstruktive, auf den Tatfolgenausgleich gerichtete Leistung des Täters zugrunde, durch die er vor dem Opfer und vor der Gesellschaft die Verantwortung für seine Tat übernimmt[146]. Eine solche Verantwortungsübernahme braucht (und soll) sich aber durchaus nicht in der Leistung materiellen Schadensersatzes erschöpfen[147]. Darüber hinaus sind - angesichts des weiten Spektrums der durch Strafvorschriften geschützten Rechtsgüter und der

---

[142] Schadenswiedergutmachung im Kriminalrecht, S. 11.
[143] Zur Schadenswiedergutmachung vgl. auch unten Zweiter Teil, B II 1.
[144] Vgl. Kilchling, NStZ 1996, S. 310; Meier, JuS 1996, S. 437; Löschnig-Gspandl, JBl. 1995, S. 767.
[145] Vgl. Kilchling, Löschnig-Gspandl, jeweils a.a.O.
[146] Vgl. BT-Drs. 12/6853, S. 21; Meier, JuS 1996, S. 437; AE-WGM, Grundlagen des Entwurfs, S. 25; ähnlich Frehsee, S. 7 ff.
[147] Dies wird im Falle des § 46 a Nr. 1 StGB durch das Erfordernis umfassender Ausgleichsbemühungen ohnehin verhindert.

denkbaren Rechtsgutsverletzungen - Leistungen zur Wiedergutmachung der Tat auch in vielfältigen anderen Formen denkbar.
In Betracht kommen etwa anderweitige materielle Leistungen zugunsten des Verletzten (z.B. Geschenke), Arbeits- oder sonstige Hilfeleistungen für den Verletzten sowie immaterielle Leistungen verschiedenster Art, etwa eine Einladung, der Widerruf ehrenkränkender Behauptungen, die Bitte um Entschuldigung oder - mitunter allein - ein Versöhnungsgespräch[148].
Im konkreten Fall wird die Tatwiedergutmachung oftmals durch eine Kombination der genannten Leistungen erfolgen[149].
Die teilweise fließenden Übergänge zwischen immateriellen Wiedergutmachungsleistungen und TOA-Bemühungen werden insbesondere am Beispiel des Versöhnungsgesprächs deutlich, da in diesem Falle das Bemühen des Täters, das Opfer zum Eintritt in einen kommunikativen Ausgleichsprozeß zu bewegen, vom Versöhnungsgespräch kaum zu trennen ist, mutmaßlich sogar dessen Ausgangspunkt bildete.

bb) Sowohl der Alternativentwurf Wiedergutmachung[150] als auch der SPD-Entwurf[151] erfaßten auch Leistungen an die Allgemeinheit, insbesondere Geldzahlungen an gemeinnützige Einrichtungen oder Verrichtung gemeinnütziger Arbeit, als denkbare Wiedergutmachungsleistungen. Dahinter stand die Entscheidung, im Falle von Straftaten, bei denen die Wiederherstellung des Rechtsfriedens durch Leistungen an den Verletzten nicht oder nicht in ausreichendem Maße möglich ist, auch eine „stellvertretende“ oder „symbolische“ Wiedergutmachung zuzulassen[152]. Insoweit wurde auf die in der wissenschaftlichen Literatur allgemein übliche negative Umschreibung des Anwendungsgebietes symbolischer Wiedergutmachung zurückgegriffen, wonach diese - nach dem Prinzip der Subsidiarität - dann zur Anwendung kommen soll, wenn opferbezogene, interpersonale Wiedergutmachung nicht möglich ist[153].

---

[148] Vgl. Meier, JuS 1996, S. 437 sowie die beispielhafte Aufzählung in Betracht kommender Wiedergutmachungsleistungen in § 2 Abs. 1 AE-WGM.
[149] Löschnig-Gspandl, JBl. 1995, S. 767.
[150] Vgl. oben Erster Teil, E (§§ 1 Abs. 1 S. 3, 2 Abs. 1 AE-WGM).
[151] Vgl. oben Erster Teil, G (§ 24 a Abs. 3 StGB-E).
[152] Vgl. AE-WGM, Begründung zu § 1, S. 41 sowie die Begründung des SPD-Gesetzentwurfs BT-Drs. 12/6141, S. 10.
[153] Vgl. - mit Bezug auf § 1 Abs. 1 S. 3 AE-WGM sowie Nachweisen zur Literatur - Laue, S. 19 ff.; Laue selbst definiert symbolische Wiedergutmachung relativ eng als „Ausgleich der immateriellen Gemeinschaftsschäden nach einer Straftat durch freiwillige Leistungen des Täters“ (S. 147). Lee, S. 5 ff., wiederum knüpft den Begriff der symbolischen Wiedergutmachung an die von direkter bzw. reiner Wiedergutmachungsleistung zu unterscheidende symbolische Wiedergutmachungsleistung des Täters und will ihm nicht nur gemeinschaftsbezogene Leistungen, sondern auch nicht lediglich auf Schadenskompensation begrenzte opferbezogene Leistungsformen (z.B. Geschenke, Entschuldigung) unterwerfen. Zur Vermeidung von Begriffsverwirrungen soll im folgenden an der vom AE-WGM geprägten und durchaus

Schon die Tatsache, daß weder der Begriff noch Formen symbolischer Wiedergutmachung im Gesetzeswortlaut Erwähnung finden, deutet darauf hin, daß der Gesetzgeber des § 46 a StGB dieses weite Verständnis von Wiedergutmachung nicht übernommen hat[154].
Auch aus der Gesetzesbegründung wird ersichtlich, daß der Vorschrift des § 46 a StGB das Leitbild opferbezogener Wiedergutmachung zugrunde liegt:
Danach sollen durch Täter-Opfer-Ausgleich und Schadenswiedergutmachung die Belange der Opfer stärker in den Mittelpunkt des Interesses rücken, da ihnen diese Reaktionsmöglichkeiten sinnvolle materielle und immaterielle Hilfen durch Schadenskompensation und Abbau von Ängsten geben können[155]. Im Hinblick auf diese Zielsetzung wäre die Zulässigkeit symbolischer Wiedergutmachung geradezu kontraproduktiv, da das Tatopfer im Rahmen symbolischer Wiedergutmachung überhaupt keine Rolle spielt.
Demgegenüber soll der Täter zur Einsicht in die Verwerflichkeit seines Tuns und zur Übernahme von Verantwortung für die Folgen seiner Straftat veranlaßt werden[156]. Diesem Ziel dienen maßgeblich opferbezogene, hingegen nicht oder allenfalls peripher symbolische Wiedergutmachungsleistungen, denn diese sind von der konkreten Tat und deren - leidbringenden - Folgen losgelöst und können deshalb nicht im eigentlichen Sinne Ausdruck der Übernahme von Verantwortung für die Tatfolgen sein, jedenfalls zum Ausgleich derselben nichts beitragen[157].
Anders könnte sich die Situation lediglich dann darstellen, wenn das Tatopfer symbolische Wiedergutmachungsleistungen des Täters ausdrücklich als Wiedergutmachung anerkennt und damit auf opferbezogene Wiedergutmachung im eigentlichen Sinne bewußt verzichtet[158].

cc) Weiterhin stellt sich die Frage, ob dem Täter eine Schadenswiedergutmachung durch Dritte (z.B. durch eine Versicherung) als ihm zuzurechnende Wiedergutmachungsleistung zugute kommen kann.
Bei der Strafzumessung wird allenfalls im Rahmen des § 46 Abs. 2 S. 2, 6. Gruppe StGB eine strafmildernde Berücksichtigung von Wiedergutmachungs-

---

praktikablen negativen Erfassung des Anwendungsgebietes symbolischer Wiedergutmachung festgehalten werden.

[154] Ebenso Meier, JuS 1996, S. 437, 441; Lackner/Kühl, § 46 a, Rdn. 1 b; Rössner, 19. StrVTag, S. 175 f.; Lee, S. 135; anders Brauns, S. 317, der zumindest im Falle des § 46 a Nr. 1 StGB symbolische Wiedergutmachungsleistungen generell für statthaft hält.

[155] BT-Drs. 12/6853, S. 21.

[156] BT-Drs. 12/6853, S. 21.

[157] Zu Recht kommt Laue, S. 157, zu dem Schluß, daß symbolische Wiedergutmachung weniger ein Instrument „echter" strafrechtlicher Wiedergutmachung, sondern primär der Strafvermeidung ist.

[158] Dazu sogleich unten Zweiter Teil, B I 3 b gg.

leistungen Dritter teilweise befürwortet, da sich der Umfang der Tatfolgen auch durch diese Leistungen verringere[159].
Im Falle des § 46 a Nr. 1 StGB spricht jedoch der eindeutige Gesetzeswortlaut gegen eine solche Berücksichtigung, denn er setzt voraus, daß „der Täter" - und nicht ein Dritter - „seine Tat" wiedergutmacht. Gefordert wird demnach eine eigene Leistung des Täters aus Anlaß der konkreten Tat[160].
Dies entspricht auch dem in der Gesetzesbegründung zum Ausdruck gekommenen Willen des Gesetzgebers: Danach zielt die Vorschrift des § 46 a StGB darauf ab, „den Täter" - nicht Dritte - „zur Übernahme von Verantwortung für die Folgen seiner Straftat" zu veranlassen[161]. Dementsprechend soll auch „nicht jede Form des Schadensausgleich ausnahmslos und ohne Rücksicht auf den Einzelfall dem Täter zugute kommen"[162]. Dies muß insbesondere für einen Schadensausgleich gelten, den anstelle des Täters Dritte geleistet haben.

dd) Andererseits ist auch in Fällen des Schadensausgleichs durch Dritte, insbesondere Versicherungen, dem Täter nicht jeder Zugang zu den Rechtsfolgen des § 46 a StGB verwehrt.
Dies liegt zum einen daran, daß in vielen Fällen ein Regreßanspruch der Versicherung gegen den Täter entsteht. Im Unterschied zur symbolischen Wiedergutmachung leistet der Täter bei der Regreßzahlung an die Versicherung noch Ersatz des angerichteten Schadens, nur gegenüber einem anderen Gläubiger[163]. Auch wenn damit die Leistung des Täters nicht im eigentlichen Sinne opferbezogen ist, verdient sie als Wiedermachungsleistung Anerkennung, da der Tatbezug ohne weiteres erkennbar ist und es unbillig wäre, den Täter allein aufgrund des Tatsache schlechter zu behandeln, daß sein Opfer Versicherungsschutz genießt[164].
Zum anderen wird sich in Fällen, in denen ein Rückgriff der Versicherung gegenüber dem Täter ausgeschlossen ist, die im umfassenden Sinne verstandene Tatwiedergutmachung regelmäßig nicht in - materiellen - Ersatzleistungen der Versicherung erschöpfen, sondern darüber hinaus noch andere - immaterielle - Leistungen zum Gegenstand haben. Auf diese kann der Täter seine Wiedergutmachungsanstrengungen focussieren und dadurch im Einzelfall den Voraussetzungen des § 46 a Nr. 1 StGB noch Genüge tun.
Weiterhin kann der Täter durch sein Nachtatverhalten wenigstens die versicherungstechnische Abwicklung der Tatfolgen beschleunigen und erleichtern und auf diese Weise dazu beitragen, daß die Schadensregulierung seitens der

---

159 So etwa Maurach/Gössel/Zipf, AT 2, § 63, Rdn. 177; LK/Gribbohm, § 46, Rdn. 215; a.A. S-S/Stree, § 46, Rdn. 40.
160 Vgl. BayObLG NStZ 1998, 356 (Beschl. v. 17.12.1997 - 2 St RR 273/97) sowie die Ausführungen oben Zweiter Teil, B I 1 zum Wiedergutmachungsbegriff.
161 BT-Drs. 12/6853, S. 21.
162 BT-Drs. a.a.O.
163 So auch Laue, S. 49.
164 Ebenso AE-WGM, Begründung zu § 2, S. 46.

Versicherung (oder Dritter) zügig und vollständig erfolgt[165]. Damit hätte er etwas zur Tatwiedergutmachung beigetragen, was zumindest im Rahmen der Strafzumessung nach § 46 Abs. 2 StGB positiv vermerkt werden könnte, die Voraussetzungen des § 46 a StGB allerdings kaum erfüllen wird.
Abschließend sei noch angemerkt, daß auch der bloße Vertragsabschluß zwischen dem Täter und der zugunsten des Opfers eintretenden Versicherung nicht als Wiedergutmachungsleistung des Täters i.S.v. § 46 a StGB Anerkennung finden kann. Dies deshalb, weil es sich bei dem vom Täter getätigten Versicherungsabschluß nicht um eine durch die konkrete Tat veranlaßte oder im Hinblick auf diese vorgenommene Leistung handelt, sondern um eine von Tat und Tatopfer losgelöste und vornehmlich im eigenen Interesse getroffene Vorsorgemaßnahme zur Deckung von - außerstrafrechtlichen - Risiken[166].

b) Die Bewertung der Wiedergutmachungsleistung - Frage des Bewertungsmaßstabs

Es stellt sich die Frage, welchen Maßstab das Gericht bei der Bewertung der Wiedergutmachungsleistung im Rahmen von § 46 a Nr. 1 StGB anzulegen hat.
Diese könnte entweder nach rein objektiven Kriterien oder nach Maßgabe subjektiver Einschätzungen zu bewerten sein.
Die Gesetzesbegründung schweigt sich zu dieser Problematik aus. In der Literatur finden sich verschiedene Auffassungen:

aa) Stree scheint die Wiedergutmachungsleistung des Täters einem rein objektiven - nicht näher erläuterten - Bewertungsmaßstab unterwerfen zu wollen, denn er äußert sich dahingehend, die Wiedergutmachung müsse zumindest zum überwiegenden Teil die Tat ausgeglichen haben oder insoweit ernsthaft erstrebt sein; ein geringerer Teil reiche nicht aus, auch wenn das Opfer sich damit zufrieden gebe[167].

bb) Lackner unterwirft die Wiedergutmachungsleistung formal-objektiven, an der Schadenshöhe orientierten Kriterien, wenn er überwiegende Wiedergutmachung als mindestens die Hälfte des Gesamtschadens übersteigende Wiedergutmachung definiert[168].
Beiden Auffassungen ist entgegenzuhalten, daß sie eine abstufbare Evaluierung der vom Täter erbrachten Wiedergutmachungsleistungen stillschweigend voraussetzen und deshalb allenfalls im Bereich materiell geprägter Schadenswiedergutmachung einen befriedigenden Bewertungsmaßstab für Wiedergutmachungsleistungen bieten können. Wiedergutmachungsleistungen im Sinne von § 46 a Nr.

165 Brauns, S. 196.
166 Ebenso Brauns, S. 196.
167 S-S/Stree, § 46 a, Rdn. 3.
168 Lackner/Kühl, § 46 a, Rdn. 2.

1 StGB umfassen aber neben dieser Schadenswiedergutmachung im engeren Sinne auch vielfältige immaterielle Formen der (Tat-)Wiedergutmachung[169]. Diese aber sind - schon ihrer Natur nach - einer objektiven Bewertung und erst recht einer klaren Gewichtung (Tatausgleich „zum überwiegenden Teil", „Hälfte des Gesamtschadens übersteigend") nicht ohne weiteres zugänglich[170].

cc) Diesen Mangel versucht Brauns zu kompensieren, indem er an objektiven Maßstäben orientierte Kriterien zur Bewertung des Vorgangs der Wiedergutmachung einführt: Er sieht den Schlüssel für eine differenzierte Bewertung der Wiedergutmachungsleistung des Täters in der Unterscheidung zwischen den von ihm entwickelten Begriffen des „Erfolgs-" und „Handlungswerts" dieser Leistung[171]. Einen „Erfolgswert" soll die Leistung des Täters dann aufweisen, wenn der Erfolg der Leistung in einem inneren Zusammenhang mit dem Unrechtserfolg steht und dem Erfolgsunwert der Tat als Wert gegenübergestellt werden kann; dies sei dann der Fall, wenn durch die Leistung des Täters die Auswirkungen der Tat gemindert oder beseitigt werden[172]. Die näheren Modalitäten des Verhaltens, mit dem der Täter die Folgen der Tat wiedergutmacht, sollen als „Handlungswert" in die Bewertung des Wiedergutmachungsvorgangs einbezogen werden[173].
Brauns ist zuzugestehen, daß die von ihm eingeführten Begriffe des „Erfolgs-" und „Handlungswerts" materielle wie immaterielle Leistungen einer Bewertung zugänglich machen und insofern hilfreiche Kriterien für eine Evaluierung von Wiedergutmachungsleistungen des Täters darstellen können. Zweifelhaft bleibt allerdings, ob die aufgeführten Kriterien scharf genug konturiert sind, um eine hinreichend justitiable Einordnung und Gewichtung von Wiedergutmachungsleistungen, wie sie etwa die verschiedenen Anwendungsvarianten des § 46 a Nr. 1 StGB erfordern, zu gestatten.
Zudem ist ganz grundsätzlich fraglich, ob an objektiven Maßstäben orientierte Kriterien zur Bewertung des Vorgangs der Wiedergutmachung im Rahmen eines TOA-Verfahrens überhaupt geeignet und sachdienlich sind.

dd) Einen anderen Weg zeigen etwa Rössner/Klaus auf:
Sie sehen die zwischen Täter und Opfer rein subjektiv getroffene Verabredung als Bezugspunkt und Maßstab für die Bewertung der nachfolgenden Wiedergutmachungsleistung des Täters an[174]. Die Maßgeblichkeit dieser Verabredung sei eine Konsequenz des im Rahmen des TOA geltenden Autonomieprinzips[175].

---

[169] Vgl. oben Zweiter Teil, B I 3 a.
[170] Ebenso Kilchling, NStZ 1996, S. 314.
[171] Brauns, S. 310 f.
[172] Brauns, S. 202.
[173] Brauns, S. 214.
[174] Rössner/Klaus in TOA in Deutschland, S. 50.
[175] Rössner/Klaus a.a.O.

Folgerichtig stellen sie den zu vereinbarenden Leistungsgegenstand zur freien Disposition der Beteiligten[176].

Da die Wiedergutmachung der Tat in der Regel wichtigstes Ziel und adäquater Inhalt des TOA ist[177], ist es in sich schlüssig und entspricht dem Kompromiß- und Versöhnungscharakter des TOA, die Festlegung der den TOA prägenden Wiedergutmachungsleistung den Tatbeteiligten zu überlassen und dadurch eine individuelle Kompensation und Aufarbeitung des Geschehenen zu ermöglichen. Anderenfalls würde die postulierte Ergebnisoffenheit des TOA, die sich infolge des Ineinandergreifens von TOA und Wiedergutmachung zwangsläufig auch auf die Wiedergutmachungsebene erstreckt, über die Hintertür einer formal-objektiven Bewertung der vom Täter erbrachten Wiedergutmachungsleistungen konterkariert.

Außerdem kommt es auch dem Tatopfer zugute, wenn die von ihm nach seinen ganz subjektiven Vorstellungen mitgestaltete Verabredung den Maßstab für Wiedergutmachungsleistungen des Täters bildet, denn dadurch wird die Einhaltung dieser Verabredung gefördert und dem Opfer Gewähr dafür geboten, daß es nicht bei leeren Versprechungen des Täters bleibt. Damit geht eine Aufwertung des Opfers einher, denn es verläßt die ihm sonst im Strafverfahren zugewiesene passive (Zeugen-)Rolle und formt selber Maßstäbe mit, an denen sich der Täter später messen lassen muß.

ee) Der Kompromiß- und Versöhnungscharakter sowie die Ergebnisoffenheit des TOA sind gewichtige Argumente dagegen, die Festlegung der im Rahmen des TOA zu erbringenden Wiedergutmachungsleistung allein dem Tatopfer zu überlassen. Diesen Standpunkt vertritt allerdings Horn. Soweit die Einschätzung des Opfers auch dem objektiven Urteil eines vernünftigen Dritten entspreche, soll für die Bewertung der Wiedergutmachungsleistung die Opferperspektive maßgeblich sein[178].

Für die Auffassung Horns könnte jedoch sprechen, daß auf diese Weise dem Tatopfer die Durchsetzung seiner Wiedergutmachungsforderungen erleichtert und damit die Position des Opfers im Verhältnis zum Täter gestärkt würde.

Fraglich ist allerdings, ob das Tatopfer im Rahmen eines TOA tatsächlich einer solchen Stärkung seiner Position bedarf. Für das Tatopfer bietet der TOA die Gelegenheit, im Zusammenwirken mit dem Täter die Folgen der Tat umfassender, schneller und informeller auszugleichen, als dies in einem herkömmlichen Strafverfahren, u.U. in Verbindung mit anschließendem Zivilprozeß, möglich wäre. Trotzdem schneidet sich das Opfer mit einem Einlassen auf den TOA keine Rechte ab; es ist also nicht auf eine Einigung über die vom Täter zu erbringende Wiedergutmachungsleistung und ein Gelingen des Ausgleichs angewiesen. Demgegenüber steht der Täter unter dem Druck des laufenden Strafverfahrens, das er durch einen - Wiedergutmachung einschließenden - gelungenen TOA

---

176 Rössner/Klaus in TOA in Deutschland, S. 51.

177 Vgl. oben Zweiter Teil, B I 1.

178 SK/Horn, § 46 a, Rdn. 3.

positiv beeinflussen kann. Der Einigungsdruck auf den Täter ist also - völlig zu Recht - ungleich höher als auf das Opfer, so daß die Opferperspektive im Regelfall bei der Bestimmung der Wiedergutmachungsleistung größeres Gewicht hat als die des Täters. Aus diesem Grunde ist es unnötig, die Wiedergutmachungsleistung grundsätzlich und absolut der Opferperspektive zu unterwerfen und damit Wiedergutmachung und TOA von einem friedenstiftenden Instrument zur Lösung des der Tat zugrundeliegenden Gesamtkonflikts[179] zu einem Druckmittel des Opfers im Hinblick auf die Durchsetzung seiner Wiedergutmachungsforderungen zu reduzieren.

ff) Nach alledem wird deshalb die Auffassung von Rössner/Klaus, wonach die zwischen Täter und Opfer rein subjektiv getroffene Vereinbarung Bezugspunkt und Maßstab für die Bewertung von Wiedergutmachungsleistungen des Täters ist, dem Sinn und der Qualität von Wiedergutmachung im Rahmen eines auf einverständliche Konfliktlösung angelegten TOA am besten gerecht. Für diese Ansicht spricht zudem, daß auch in der Praxis der mittlerweile zahlreichen Modellprojekte die vom Täter erbrachten Wiedergutmachungsleistungen an der konkret ausgehandelten Parteivereinbarung gemessen werden[180].
In der Anerkennung der von den Tatbeteiligten getroffenen Vereinbarung als Bewertungsmaßstab für Wiedergutmachungsleistungen liegt ein partieller Verzicht auf eine öffentliche Konfliktkontrolle zugunsten einer Autonomie der Konfliktbeteiligten. Diese Autonomie kann in Einzelfällen dazu führen, daß ein angemessener Schuldausgleich unterbleibt oder general- wie spezialpräventive Aspekte nicht oder nicht hinreichend zur Geltung kommen[181]; auch auf Mißbrauchsgefahren durch die durchsetzungsstärkere Konfliktpartei sei hingewiesen. Jedoch erscheint diese Kehrseite der Autonomie der Konfliktbeteiligten im Falle des § 46 a Nr. 1 StGB durchaus akzeptabel, weil die fakultative Ausgestaltung der Rechtsfolgen des § 46 a StGB insofern ein hinreichendes Korrektiv bietet[182].

gg) Wie bereits dargestellt[183] finden symbolische Wiedergutmachungsleistungen des Täters im Rahmen des § 46 a StGB grundsätzlich keine Berücksichtigung, da es dem Gesetzgeber darum ging, durch Einfügung der Vorschrift den Belangen der Opfer ein stärkeres Gewicht zu verleihen.

---

[179] BT-Drs. 12/6853, S. 22.
[180] Vgl. statt aller Bannenberg in Hering/Rössner, S. 206; Hartmann/Stroezel in TOA in Deutschland, S. 184 ff.; Hassemer in TOA in Deutschland, S. 428 f.
[181] Rössner/Klaus in TOA in Deutschland, S. 51 zeigen z.B. die Möglichkeit auf, daß sich ein Opfer, das beträchtliche finanzielle Schäden erlitten hat, mit einer Entschuldigung des Täters zufrieden gibt und auf materiellen Ausgleich verzichtet.
[182] Zumal die Möglichkeit des Absehens von Strafe ohnehin nur für den Fall besteht, daß keine höhere Strafe als Freiheitsstrafe bis zu einem Jahr oder Geldstrafe bis zu 360 Tagessätzen verwirkt ist.
[183] Vgl. oben Zweiter Teil, B I 3 a bb.

Nach dem zuvor Gesagten unterliegt aber im Rahmen des § 46 a Nr. 1 StGB die Vereinbarung der vom Täter zu erbringenden Wiedergutmachungsleistung der Autonomie der Konfliktbeteiligten. Nun sind durchaus (Ausnahme-)Fälle denkbar, in denen das Tatopfer auf eine Wiedergutmachung zu seinen Gunsten keinen Wert legt und die Tatbeteiligten stattdessen eine friedenstiftende Konfliktlösung dadurch herbeiführen wollen, daß bestimmte symbolische Wiedergutmachungsleistungen des Täters zugunsten der Allgemeinheit vereinbart werden. Den Belangen des Opfers ist in einem solchen Fall des bewußten Verzichts auf opferbezogene Wiedergutmachung hinreichend Rechnung getragen. Sofern also nach dem übereinstimmenden Willen der Konfliktbeteiligten die autonome Konfliktbereinigung und Friedenstiftung durch dem Opfer versprochene symbolische Leistungen des Täters an die Allgemeinheit vonstatten gehen soll, ist im Rahmen von § 46 a Nr. 1 StGB ausnahmsweise symbolische Wiedergutmachung statthaft[184].
Zur Zersteuung möglicher Bedenken hinsichtlich einer zu großen Autonomie der Konfliktbeteiligten sei auch an dieser Stelle noch einmal darauf hingewiesen, daß die Erfüllung der tatbestandlichen Voraussetzungen des § 46 a Nr. 1 StGB nicht zwangsläufig eine Strafrahmenmilderung bzw. ein Absehen von Strafe zur Folge haben muß.

c) Die verschiedenen Grade der Wiedergutmachung

§ 46 a Nr. 1 StGB differenziert dahingehend, ob der Täter seine Tat ganz oder zum überwiegenden Teil wiedergutgemacht oder deren Wiedergutmachung lediglich ernsthaft erstrebt hat.

aa) 1. Alt.: Ganze Wiedergutmachung der Tat
Wie dargelegt[185] ist die zwischen Täter und Opfer rein subjektiv getroffene Vereinbarung Bezugspunkt und Maßstab für die Bewertung der vom Täter erbrachten Wiedergutmachungsleistungen. Hat der Täter die mit dem Opfer vereinbarten Leistungen zur Wiedergutmachung der Tat vollständig erbracht, so liegen die Voraussetzungen des § 46 a Nr. 1, 1. Alt. StGB (ganze Wiedergutmachung) vor.

bb) 2. Alt.: Wiedergutmachung der Tat zum überwiegenden Teil
Der Gesetzgeber will dem Täter die Chance einräumen, auch in Fällen unvollständiger Wiedergutmachung in den Genuß der Rechtsfolgen des § 46 a StGB zu gelangen[186]. Nach § 46 a Nr. 1, 2. Alt. StGB genügt es daher, daß er die Tat zum überwiegenden Teil wiedergutgemacht hat, d.h. er muß - die Verab-

---

[184] Ebenso Rössner/Klaus in TOA in Deutschland, S. 51; Brauns, S. 317; Lee, S. 7, 103 f.
[185] S.o. Zweiter Teil, B I 3 b dd, ff.
[186] BT-Drs. 12/6853, S. 21.

redung zwischen Täter und Opfer als Maßstab zugrundegelegt - die versprochenen Leistungen zum überwiegenden Teil erbracht haben.
Lackner, der die Wiedergutmachungsleistung allerdings objektiv anhand der Schadenshöhe bewertet[187], interpretiert „zum überwiegenden Teil" als „mindestens die Hälfte"[188]. Eine solche Pauschalisierung erscheint angesichts der aufgezeigten Schwierigkeiten[189] bei der Bewertung und Gewichtung insbesondere immaterieller Wiedergutmachungsleistungen wenig praktikabel und trägt dem jeweiligen Einzelfall nicht hinreichend Rechnung. Außerdem wäre es im Hinblick auf die vom Gesetzgeber angestrebte Verbesserung der Rechtsstellung des Opfers nicht sinnvoll, den Täter durch eine solche - auf den ersten Blick leicht kalkulierbare - Pauschalgrenze geradezu aufzufordern, seine Wiedergutmachungsanstrengungen auf eine lediglich überwiegende Erfüllung der mit dem Opfer getroffenen Verabredung zu beschränken.
Stattdessen ist in jedem Einzelfall selbständig zu entscheiden, ob der Täter die Leistungen, die nach verständiger Auslegung den wesentlichen Inhalt der von den Konfliktparteien getroffenen Vereinbarung bilden sollten, erbracht hat.
Nur dann kann von einer Tatwiedergutmachung zum überwiegenden Teil die Rede sein.

Um der bereits aufgezeigten Gefahr zu begegnen, daß der Täter sich von vornherein mit einer überwiegenden Wiedergutmachung der Tat begnügt - und auf diese Weise die getroffene Verabredung ihre Verbindlichkeit ein Stück weit verliert und dadurch entwertet wird -, ist dem Täter eine schlüssige, einer Nachprüfung standhaltende Begründung für die unvollständige Leistungserbringung abzuverlangen[190].
Der Gesetzgeber nennt in der Begründung des Gesetzentwurfs beispielhaft Konstellationen, bei denen der Täter auch im Falle unvollständiger Wiedergutmachung auf Anerkennung seiner Leistungen hoffen darf: So etwa, wenn die Geschädigten eine für einen Ausgleich erforderliche Mitwirkung verweigern oder wenn durch relativ geringes Verschulden ein hoher Schaden angerichtet wurde[191].

cc) 3. Alt.: Ernsthaftes Erstreben der Wiedergutmachung
Nach der 3. Alternative des § 46 a Nr. 1 StGB reicht es sogar aus, daß der Täter die Wiedergutmachung der Tat ernsthaft, d.h. nicht nur zum Schein[192], erstrebt hat.
Mit der Normierung dieser Mindestvoraussetzung reduziert der Gesetzgeber für Fälle wie die gerade[193] beispielhaft angeführten die Anforderungen an die

---

[187] Vgl. oben Zweiter Teil, B I 3 b bb.
[188] Lackner/Kühl, § 46 a, Rdn. 2.
[189] Vgl. oben Zweiter Teil, B I 3 b bb.
[190] Ebenso Rössner/Klaus in TOA in Deutschland, S. 52.
[191] Vgl. BT-Drs. 12/6853, S. 21.
[192] Vgl. Tröndle/Fischer, § 24, Rdn. 36; Brauns, S. 222.

Wiedergutmachungsanstrengungen des Täters noch einmal, um auch in diesen Fällen einen Anreiz für Wiedergutmachungs- und Ausgleichsbemühungen zu schaffen[194]; gleichzeitig verzichtet er in solchen Fällen zumindest partiell auf eine Wahrung der Opferbelange, denn dem Opfer ist nicht damit gedient, daß der Täter Wiedergutmachung ernsthaft erstrebt, d.h. nicht einmal überwiegend oder sogar überhaupt nicht geleistet hat.
Der Gefahr, daß der Täter diesen für ihn bequemsten Weg wählt und sich auf die Mindestvoraussetzung des § 46 a Nr. 1 StGB zurückzieht, ist durch eine restriktive Auslegung der 3. Alternative entgegenzuwirken[195]. Da der Täter sich in der mit dem Opfer getroffenen Vereinbarung zur Erbringung der ausgehandelten Wiedergutmachungsleistungen verpflichtet hat, kann sein bloß ernsthaftes Erstreben der Wiedergutmachung - gleichbedeutend mit der Nichterfüllung der eingegangenen Verpflichtung - nur in Ausnahmefällen der Wiedergutmachungskomponente des § 46 a Nr. 1 StGB Genüge tun[196].
Zu denken ist etwa an nach Abschluß der Wiedergutmachungsvereinbarung eingetretene Umstände, durch die dem Täter - ohne bzw. bei geringem eigenen Verschulden - die verabredete Tatwiedergutmachung nachträglich in unzumutbarer Weise erschwert oder unmöglich geworden ist[197].
Zuvor muß der Täter allerdings, um die Ernsthaftigkeit seines Wiedergutmachungsstrebens zu dokumentieren, im Regelfall bereits Wiedergutmachungsleistungen vorbereitet, eingeleitet oder teilweise erbracht haben.
Eine Anerkennung des Wiedergutmachungsstrebens des Täter erscheint nach diesen Kriterien für den bereits angesprochenen[198] Fall angebracht, daß das Tatopfer entgegen der zuvor mit dem Täter getroffenen Wiedergutmachungsvereinbarung die zur Erfüllung der Vereinbarung erforderliche Mitwirkung nunmehr verweigert. Hier tritt der Gedanke des Opferschutzes in den Hintergrund, da sich das Opfer durch seine nachträgliche Verweigerung der Mitwirkung nicht an die zuvor gemeinsam getroffene Absprache gehalten hat. Es wäre unbillig, wenn dies jetzt dem wiedergutmachungswilligen Täter zum Nachteil gereichen würde.

Fraglich ist, ob das Streben des Täters nach Wiedergutmachung auch dann tatbestandsmäßig im Sinne der 3. Alternative sein kann, wenn das Tatopfer von vornherein jegliche Bemühungen des Täters im Hinblick auf eine Wiedergutmachung der Tat im Rahmen eines TOA abblockt. Der Schlüssel für die Frage, ob der Täter über die 3. Alternative des § 46 a Nr. 1 StGB in den Genuß der Rechtsfolgen der Vorschrift kommen kann, liegt in diesem Falle nicht in der

---

[193] Vgl. Zweiter Teil, B I 3 c bb am Ende.
[194] Vgl. BT-Drs. 12/6853, S. 21.
[195] Ebenso Rössner/Klaus in TOA in Deutschland, S. 52; Tröndle/Fischer, § 46 a, Rdn. 4 a; Tolmein, ZRP 1999, S. 410; a.A. Brauns, S. 309.
[196] So auch BayObLG StV 1995, 367 (Beschl. v. 31.3.1995 - 3 St RR 17/95).
[197] Ebenso Rössner/Klaus in TOA in Deutschland, S. 52.
[198] Vgl. oben Zweiter Teil, B I 3 c bb am Ende.

Bewertung des Opferverhaltens[199], sondern in der Bewertung der Bestrebungen, die der Täter unternommen hat, um das Opfer zur Akzeptanz von Wiedergutmachungsleistungen im Rahmen eines TOA zu bewegen[200]. Diese können durchaus erheblich sein und Leistungscharakter aufweisen; folgerichtig können sie auch im Sinne der 3. Alternative Anerkennung als ernsthaftes Erstreben der Tatwiedergutmachung finden.
Nach dieser Lösung ist die Privilegierung des Täters nicht zwangsläufig an die Mitwirkung des Opfers gekoppelt, was den Vorteil hat, daß die Anwendbarkeit des § 46 a StGB der Willkür des Opfers weitgehend entzogen ist[201].
Sollte hingegen die Erbringung der vereinbarten Wiedergutmachungsleistung trotz nachträglich eingetretener veränderter Umstände noch zumutbar und möglich sein, so kann sich der Täter nicht unter Hinweis auf ein bereits dokumentiertes ernsthaftes Streben nach Wiedergutmachung aus der Verantwortung stehlen; der Ausnahmecharakter der 3. Alternative des § 46 a Nr. 1 StGB verlangt vielmehr, daß - sofern sich die den Täter privilegierende Situation lediglich als vorübergehend erweist - die Belange des Opfers wieder in den Vordergrund treten, d.h. der Täter muß dann die vereinbarte Leistung auch tatsächlich erbringen[202].

d) Freiwilligkeit der Wiedergutmachung

Der Gesetzgeber hat zwar in § 46 a StGB die Leistungen des Täters zur Wiedergutmachung der Tat nicht ausdrücklich unter das Postulat der Freiwilligkeit gestellt. Die Wiedergutmachungsleistungen werden jedoch im Rahmen eines TOA-Verfahrens vereinbart und erbracht und sollen maßgeblich dem personalen Ausgleich zwischen Täter und Opfer dienen[203]. Dieser Ausgleich, der darauf angelegt ist, durch eine Lösung des der Tat zugrundeliegenden Gesamtkonflikts eine friedenstiftende Wirkung zu entfalten[204], erfordert von allen Beteiligten die Bereitschaft zur Teilnahme und kann sinnvoll nicht unter Zwang erfolgen. Da die Leistungen zur Tatwiedergutmachung ein wesentliches Element dieses Ausgleichs darstellen, erstreckt sich dessen Nichterzwingbarkeit konsequenterweise auch auf sie. Aus diesem Grunde setzt § 46 a Nr. 1 StGB nicht nur die freiwillige Beteiligung von Täter und Opfer am Ausgleichsverfahren, sondern auch die Tatwiedergutmachung aufgrund einer

---

[199] Eine solche opferdiskriminierende Bewertung machte der SPD-Gesetzentwurf in § 24 a Abs. 3 StGB-E für den Fall der Verweigerung einer Aussöhnungsbestätigung durch das Opfer erforderlich, vgl. oben Erster Teil, G.
[200] So auch Brauns, S. 308.
[201] Rössner/Klaus in TOA in Deutschland, S. 52; Brauns, S. 308.
[202] Ebenso Rössner/Klaus in TOA in Deutschland, S. 52 unter Verweis auf eine Subsidiarität des Wollensprinzips der 3. Alt. gegenüber dem Erfolgsprinzip der 1. und 2. Alt.
[203] Vgl. den Gesetzeswortlaut: Wiedergutmachung „in dem Bemühen, einen Ausgleich mit dem Verletzten zu erreichen“.
[204] BT-Drs. 12/6853, S. 21.

freiwilligen Leistung des Täters, u.U. unter Mitwirkung des Opfers, implizit voraus.

Allerdings ist die Freiwilligkeit der Wiedergutmachungsleistung nicht im Sinne einer ethisch motivierten, autonomen Entscheidung des Täters zu verstehen[205]. Eine solche an das Rücktrittsrecht angelehnte Voraussetzung hat der Gesetzgeber nicht aufgestellt, denn er hat bei § 46 a StGB - im Gegensatz zum Rücktrittsrecht - darauf verzichtet, die Anwendung der Vorschrift ausdrücklich an das subjektive Element der Freiwilligkeit des Täterhandelns zu knüpfen und auf diese Weise heteronomen[206] Wiedergutmachungsmotiven die Rechtsfolgerelevanz zu verweigern. Dies war auch folgerichtig, denn der mit Einführung des § 46 a StGB verbundene Wunsch des Gesetzgebers, Täter-Opfer-Ausgleich und Schadenswiedergutmachung im Erwachsenenstrafrecht mehr Gewicht zu verleihen, würde ansonsten de facto ins Leere laufen, da in einer Vielzahl von Fällen die Täter nur unter dem Druck des laufenden Strafverfahrens zur Vereinbarung und Erbringung von Wiedergutmachungsleistungen bereit sein werden. Der Anwendungsbereich des § 46 a StGB erführe auf diese Weise eine ganz erhebliche, vom Gesetzgeber nicht gewollte Einschränkung.
Unter Freiwilligkeit der Wiedergutmachung ist demnach lediglich zu verstehen, daß diese nicht von den übrigen Verfahrensbeteiligten erzwungen, sondern vom Täter aufgrund eigener Entscheidung geleistet wird[207]. Die Motive für diese Entscheidung sind dabei irrelevant[208]. Entsprechendes gilt für etwaige Beiträge des Tatopfers zu Wiedergutmachungshandlungen, die seiner Mitwirkung bedürfen.

e) Zeitpunkt der Wiedergutmachung

Im Hinblick auf eine Stärkung der Opferposition gilt für den Zeitpunkt der Tatwiedergutmachung die Devise „Je früher, desto besser".
Durch die in § 46 a StGB gewählte Perfektformulierung („Hat der Täter ... wiedergutgemacht ...") bringt der Gesetzgeber zum Ausdruck, daß sich die Rechtsfolgen der Norm nur dem Täter eröffnen können, der die mit dem Opfer verabredete Wiedergutmachung der Tat oder deren ernsthaftes Erstreben bereits im Sinne einer Vorleistung erbracht hat.

---

[205] Ebenso Meier, JuS 1996, S. 440; AE-WGM, Begründung zu § 1, S. 40.

[206] Zur Differenzierung zwischen autonomen und heteronomen Motiven vgl. S-S/Eser, § 24, Rdn. 43 ff.

[207] Ebenso Meier, JuS 1996, S. 440; S-S/Stree, § 46 a, Rdn. 1; Hirsch, ZStW 102 (1990), S. 549 bezeichnet Freiwilligkeit unter dem Druck eines laufenden Strafverfahrens kritisch als „relative Freiwilligkeit".

[208] Ebenso Meier, GA 1999, S. 6; Kilchling, NStZ 1996, S. 313.

Der Gesetzgeber hat damit zwar nicht ausdrücklich geregelt, wann die Wiedergutmachungsleistung spätestens erbracht sein muß[209]. Dies erscheint im Hinblick darauf verständlich, daß Täter und Opfer im Rahmen des TOA gemeinhin nicht nur Art und Höhe der vom Täter zu erbringenden Wiedergutmachungsleistungen vereinbaren, sondern auch Fristen für die Leistungserbringung festsetzen; an diesen wird sich im Regelfall auch das Gericht orientieren.
Durch die Realisierung des Vorleistungsprinzips hat der Gesetzgeber aber implizit eine Zeitgrenze fixiert, innerhalb derer die Tatwiedergutmachung oder zumindest deren ernsthaftes Erstreben spätestens erfolgt sein muß: Den Entscheidungszeitpunkt des erkennenden Gerichts.
Dieser ist der denkbar letzte Zeitpunkt, zu dem das Gericht die Wiedergutmachungsanstrengungen des Täters noch als Vorleistung anerkennen und bei seiner Entscheidung im Hinblick auf das Vorliegen der Voraussetzungen für die Anwendung des § 46 a Nr. 1 StGB berücksichtigen kann.

Der späte Zeitpunkt, bis zu dem das Gesetz Wiedergutmachungsleistungen des Täters im Rahmen von § 46 a StGB zulässt, könnte den Täter dazu animieren, die Wiedergutmachungsleistung möglichst lange aufzuschieben, insbesondere das Ergebnis der Beweisaufnahme abzuwarten und sein Verhalten von diesem Ergebnis abhängig zu machen[210]. Wiedergutmachung unterläge so der Gefahr, zur „letzten Notbremse nach Ausschöpfung aller anderen Verteidigungsstrategien“[211] reduziert zu werden.
Eine solche Gefahr besteht freilich nur, wenn man die Wiedergutmachungskomponente des § 46 a Nr. 1 StGB isoliert betrachtet. Nach der gesetzlichen Regelung ist die Wiedergutmachung jedoch in den TOA eingebunden, d.h. die Wiedergutmachungsleistungen müssen im Rahmen eines weitergehenden Ausgleichs mit dem Verletzten erbracht werden[212].
Ein solcher Ausgleich dürfte jedoch weder zustandekommen noch als Ausgleichsbemühen Anerkennung finden, wenn der Täter die Wiedergutmachung in der aufgezeigten Weise, d.h. nur als „letzte Notbremse“, ins - prozeßtaktische - Kalkül zieht. „Umfassende Ausgleichsbemühungen“ mit dem Ziel einer „Lösung des der Tat zugrundeliegenden Gesamtkonflikts“[213] werden nämlich mit zunehmender Fortdauer und Formalisierung des Verfahrens immer weniger erfolgversprechend durchführbar, weil im Regelfall davon auszugehen ist, daß sowohl die Bereitschaft des Verletzten zur Mitwirkung als auch die Bereitschaft des Gerichts zur Honorierung von Wiedergutmachungs- und Ausgleichsanstrengungen sinken wird, je länger der Täter diese hinausschiebt.

---

209 Anders der AE-WGM, vgl. oben Erster Teil, E (nach § 6 Abs. 1 AE-WGM muß die Wiedergutmachung grundsätzlich bis zur Eröffnung des Hauptverfahrens geleistet sein).
210 Vgl. Brauns, S. 232.
211 AE-WGM, Begründung zu § 6, S. 55.
212 Vgl. oben Zweiter Teil, B I 1,2.
213 Vgl. die Gesetzesbegründung BT-Drs. 12/6853, S. 21 f.

Dies liegt nicht zuletzt daran, daß ohne eine „gewisse Spontaneität“[214] von Seiten des Täters die Ausgleichsmaßnahmen schwerlich eine friedenstiftende Wirkung entfalten werden.
Die Gefahr, daß der Täter durch den späten Zeitpunkt, bis zu dem Wiedergutmachungsleistungen zulässig sind, zum Hinausschieben derselben animiert wird, wird nach alledem durch die Ausgleichskomponente des § 46 a Nr. 1 StGB hinreichend relativiert.

4) Die Ausgleichskomponente des § 46 a Nr. 1 StGB (das Bemühen des Täters, „einen Ausgleich mit dem Verletzten zu erreichen (Täter-Opfer-Ausgleich)“)

§ 46 a Nr. 1 StGB umschreibt den Täter-Opfer-Ausgleich als Bemühen des Täters, einen Ausgleich mit dem Verletzten zu erreichen und liefert damit eine inhaltlich an die Definition des § 10 Abs. 1 S. 3 Nr. 7 JGG angelehnte Begriffsbestimmung des Täter-Opfer-Ausgleichs für das Erwachsenenstrafrecht[215].

a) Hintergrund der Ausgleichskomponente

Die Ausgleichskomponente des § 46 a Nr. 1 StGB soll nach der Gesetzesbegründung klarstellen, daß die erreichte oder erstrebte Wiedergutmachung der Tat „auf der Grundlage umfassender Ausgleichsbemühungen geleistet werden muß“[216]. Anzustreben ist „eine Lösung des der Tat zugrundeliegenden Gesamtkonflikts“[217].
Damit verfolgt der Gesetzgeber zwei Ziele:
Zum einen soll „der Eintritt der beabsichtigten friedenstiftenden Wirkung gefördert“, zum anderen verhindert werden, daß sich reiche Täter, die jederzeit zur Wiedergutmachung in der Lage sind, ohne weiteres - d.h. ohne Bemühen um einen TOA - „freikaufen“ können[218].

Im Gegensatz zum SPD-Gesetzentwurf[219] wird in § 46 a StGB darauf verzichtet, eine Aussöhnung zwischen Täter und Opfer ausdrücklich gesetzlich einzufordern; auch in der Gesetzesbegründung findet sich der Begriff nicht.
Dies dürfte damit zusammenhängen, daß eine Aussöhnung in der Regel voraussetzt, daß alle Beteiligten die konkrete Form der Konfliktlösung aus innerer

[214] AE-WGM, Begründung zu § 6, S. 55.
[215] BT-Drs. 12/6853, S. 21.
[216] BT-Drs. 12/6853, S. 21 f.
[217] BT-Drs. 12/6853, S. 22.
[218] BT-Drs. 12/6853, S. 22.
[219] Vgl. oben Erster Teil, G (§ 24 a Abs. 1, 4 StGB-E).

Überzeugung heraus akzeptieren[220]. Insofern stellt die Aussöhnung gewissermaßen den Idealfall des TOA dar und ist im Interesse der Friedenstiftung überaus wünschenswert; als rein subjektiver innerer Vorgang ist sie aber - anders als der TOA, der als objektivierte Variante der Aussöhnung begriffen werden kann[221] - äußerlich nicht wahrnehmbar und deshalb einer normativen Regelung sowie institutionellen Ausgestaltung kaum zugänglich[222].
Diese Erwägungen dürften auch den Gesetzgeber bewogen haben, weder eine Aussöhnung zwischen Täter und Opfer noch ein Bemühen um dieselbe als tatbestandliche Voraussetzung in § 46 a StGB aufzunehmen.

b) Phasen des Täter-Opfer-Ausgleichs

Über den Ablauf des Täter-Opfer-Ausgleichs gibt der Gesetzeswortlaut keinen Aufschluß. Der Gesetzgeber scheint, möglicherweise aufgrund im Bereich des Jugendstrafrechts gewonnener positiver Erfahrungen[223], konkretisierende Vorgaben im Hinblick auf den Ablauf der von ihm geforderten „umfassenden Ausgleichsbemühungen“[224] für entbehrlich gehalten zu haben.
Die unterschiedlichen Vorgehensweisen bei der konkreten Fallarbeit in den Modellprojekten lassen sich im wesentlichen auf zwei Phasen abstrahieren:

aa) Die erste Phase des Täter-Opfer-Ausgleichs ist der Verständigung zwischen Täter und Opfer gewidmet[225]. Zunächst steht für gewöhnlich die Aufarbeitung des Tatgeschehens im Vordergrund. Aus der jeweiligen Sicht der Beteiligten werden - möglichst in einem gemeinsamen Gespräch, u.U. aber auch in abwechselnden Einzelgesprächen mit einem Vermittler[226] - die Tat sowie deren Umstände und Folgen thematisiert.
Sodann versuchen Täter und Opfer gemeinsam bzw. mit Hilfe eines Vermittlers, eine von allen Beteiligten akzeptierte und mitgetragene Regelung zu finden,

---

220 Vgl. Schadenswiedergutmachung im Kriminalrecht, S. 11; Zwinger in Hering/ Rössner, S. 268; Müller-Dietz in Hering/Rössner, S. 23 f.
221 Schadenswiedergutmachung im Kriminalrecht, S. 11; Zwinger in Hering/Rössner, S. 269; Müller-Dietz in Hering/Rössner, S. 23.
222 Vgl. Zwinger, a.a.O., S. 268; ähnlich Dölling, JZ 1992, S. 498; Kaiser, ZRP 1994, S. 317; bezeichnenderweise sieht sich auch der SPD-Entwurf bei der Feststellung der Aussöhnung gezwungen, von Vermutungen auszugehen oder diese zu unterstellen, vgl. § 24 a Abs. 4 StGB-E (s.o. Erster Teil, G).
223 BT-Drs. 12/6853, S. 21.
224 BT-Drs. 12/6853, S. 21 f.
225 Rössner/Klaus in TOA in Deutschland, S. 50 verwenden dafür den Begriff „Verabredungsphase“.
226 Vgl. oben Erster Teil, C sowie zur Praxis in den Modellprojekten Hartmann/ Stroezel in TOA in Deutschland, S. 179 ff.

aufgrund derer Konflikte, die zu der Straftat geführt haben oder durch sie verursacht wurden, beigelegt oder zumindest entschärft werden können[227].
Konkretes Ergebnis dieser auf Friedenstiftung angelegten Konfliktregulierung ist bei positivem Verlauf der Abschluß einer Ausgleichsvereinbarung; darin werden im Regelfall Wiedergutmachungsleistungen des Täters zugunsten des Tatopfers festgelegt[228].
Diese erste Phase des Täter-Opfer-Ausgleichs wird geprägt durch die - direkte oder indirekte - Kommunikation zwischen Täter und Opfer.

bb) Der friedenstiftenden Wirkung der ersten Phase des TOA wird Nachhaltigkeit nur dann beschieden sein, wenn der Täter die getroffene Ausgleichsvereinbarung auch tatsächlich einhält. An die erste kommunikative Phase des TOA muß sich deshalb in einer zweiten Phase die Erfüllung der Ausgleichsvereinbarung, insbesondere die Erbringung der versprochenen Wiedergutmachungsleistungen zugunsten des Tatopfers, anschließen[229]. Der Täter muß durch sein Handeln dokumentieren, daß er zuvor nicht lediglich leere Versprechungen gemacht hat, sondern daß er tatsächlich willens ist, in friedenstiftender Weise die Verantwortung für die Folgen seiner Straftat zu übernehmen.
Da eine solche Verantwortungsübernahme eine eigenständige, rein persönliche Entscheidung voraussetzt, findet zwar eine Kontrolle, jedoch keine zwangsweise Durchsetzung der in der Ausgleichsvereinbarung eingegangenen (Selbst-) Verpflichtungen statt[230].

cc) In der Gesetzesbegründung heißt es, daß die Lösung des der Tat zugrundeliegenden Gesamtkonflikts „unter Anleitung eines Dritten"[231] anzustreben sei. Zweifelsohne ist die Vermittlung eines neutralen Dritten, insbesondere in Konstellationen eines sozialen Machtgefälles zwischen Täter und Opfer, wünschenswert; dieser kann eine friedenstiftende Ausgleichsvereinbarung durch vorbereitende Gespräche, vermittelnde Moderation eines Schlichtungsgespräches, Intervention, konstruktive Anregungen, Vergleichsvorschläge, etc. fördern und auf diese Weise dazu beitragen, daß weder das Opfer in unangemessener Weise abgespeist noch der Täter in unzumutbarer Weise in Anspruch genommen wird[232].

Die Gesetzesbegründung könnte deshalb so zu verstehen sein, daß die Anleitung eines Dritten notwendige Voraussetzung für einen Täter-Opfer-Ausgleich i.S.d. §

227 Trenczek, ZRP 1992, S. 130 f.; Kilchling, NStZ 1996, S. 310.
228 Vgl. die Gesetzesbegründung BT-Drs. 12/6853, S. 21 f.: „Wiedergutmachung *auf der Grundlage* umfassender Ausgleichsbemühungen".
229 Rössner/Klaus in TOA in Deutschland, S. 50 haben für diese Phase den Begriff „Erfüllungsphase" geprägt.
230 Vgl. dazu unten Zweiter Teil, B I 4 e.
231 BT-Drs. 12/6853, S. 22.
232 Vgl. Müller-Dietz in Hering/Rössner, S. 23.

46 a Nr. 1 StGB ist[233]. Der Wortlaut des § 46 a Nr. 1 StGB gibt eine solche Voraussetzung allerdings nicht her.
Außerdem ginge damit eine Einschränkung des Anwendungsbereiches der Regelung einher, die der Gesetzgeber so nicht gewollt haben kann:
Die Voraussetzung der Anleitung durch einen Dritten würde Fälle, in denen ein Ausgleich zwischen Täter und Opfer aufgrund eigener Initiative der Tatbeteiligten und ohne Hilfe Dritter in Angriff genommen wird, aus dem Anwendungsbereich des § 46 a Nr. 1 StGB ausklammern. Ein Ergebnis, das der besonderen Leistung eines in Eigeninitiative erreichten Ausgleichs Hohn spräche, denn dessen friedenstiftende Qualität wird aufgrund der gemeinsamen Anstrengung von Täter und Opfer der eines angeleiteten, nicht selten durch die Handschrift des Vermittlers geprägten Ausgleichs mindestens ebenbürtig sein[234].
Die Formulierung „unter Anleitung eines Dritten" in der Begründung des Gesetzentwurfs ist vielmehr so zu verstehen, daß der durch Dritte vermittelte TOA in Anlehnung an die gängige Praxis der zahlreichen Modellprojekte als Normalfall begriffen und als solcher - gerade im Hinblick auf die wichtige Hilfestellung des Dritten als neutraler Vermittler - ausdrücklich erwünscht ist[235].
Gleiches bringt Tröndle[236] mit der auf die Gesetzesbegründung Bezug nehmenden Formulierung zum Ausdruck, die Lösung des der Tat zugrundeliegenden Gesamtkonflikts sei „tunlichst" unter Anleitung eines Dritten anzustreben. Die Äußerung Lackners[237], in den Ausgleichsprozeß seien „regelmäßig, aber nicht notwendig" sachkundige Berater einzubeziehen, weist in dieselbe Richtung. Schließlich sehen auch Stree[238] und Horn[239] unter Hinweis auf die Autonomie der Konfliktbeteiligten die Anleitung eines Dritten nicht als notwendige Voraussetzung eines TOA an.

Diese in der Literatur überwiegende Auffassung wird von der Rechtsprechung gestützt:
Das BayObLG greift auf die Formulierung Tröndles, wonach der TOA „tunlichst" unter Anleitung eines Dritten erfolgen soll, zurück[240].
Der 5. Strafsenat des BGH weist in einer Entscheidung[241] zwar darauf hin, daß der Ausgleich zwischen Täter und Opfer „häufig" durch einen Dritten vermittelt wird, stellt ein diesbezügliches Erfordernis aber nicht auf.

---

[233] So wohl König/Seitz, NStZ 1995, S. 2; Jescheck/Weigend, S. 866 (diese sprechen insofern von einem „organisierten" TOA-Verfahren, vgl. a.a.O., Fn. 33); Kilchling, NStZ 1996, S. 311 f.
[234] Ebenso Brauns, S. 312.
[235] Ebenso Rössner/Klaus in TOA in Deutschland, S. 50; Brauns, S. 312.
[236] Tröndle/Fischer (49. Aufl.), § 46 a, Rdn. 4; ebenso die von Fischer erläuterte Neuauflage (50. Aufl.), a.a.O.
[237] Lackner/Kühl, § 46 a, Rdn. 3.
[238] S-S/Stree, § 46 a, Rdn. 2.
[239] SK/Horn, § 46 a, Rdn. 6.
[240] Vgl. BayObLG StV 1995, 368 (Beschl. v. 31.3.1995 - 3 St RR 17/95).
[241] BGH StV 1995, 465 (Beschl. v. 2.5.1995 - 5 StR 156/95).

Der 1. Strafsenat des BGH bezieht zur Problematik der Ausgleichsvermittlung durch Dritte keine Stellung, sondern läßt die Frage, die Formulierung Tröndles erwägend, offen[242].
Nach Ansicht des OLG Stuttgart muß der TOA nicht notwendigerweise unter Anleitung eines Dritten stattfinden, da dem Täter nicht zwingend vorgeschrieben werden könne, wie er sich um die Lösung des Gesamtkonflikts bemühe[243].

c) Das Gelingen des Täter-Opfer-Ausgleichs

Nachdem zuvor die beiden Phasen des Täter-Opfer-Ausgleichs herausgearbeitet wurden[244], ist das Gelingen des TOA am Durchlaufen dieser zwei Phasen zu messen:
In der ersten Phase muß es zu einer konfliktregelnden Verständigung zwischen Täter und Opfer gekommen sein, die ihren Niederschlag in einer von allen Beteiligten akzeptierten und deshalb friedenstiftenden Ausgleichsvereinbarung gefunden hat. Diese Phase prägt und verkörpert die Ausgleichskomponente des § 46 a Nr. 1 StGB.
Die sich anschließende zweite Phase der Erfüllung der Ausgleichsvereinbarung durch den Täter steht zwar gleichgewichtet daneben und stellt sozusagen die Probe auf das in der ersten Phase statuierte Exempel dar; gleichzeitig bildet sie aber den tatsächlichen Rahmen für die Wiedergutmachungskomponente des § 46 a Nr. 1 StGB[245].
Hat der Täter die in der ersten TOA-Phase vereinbarten Leistungen zur Wiedergutmachung der Tat im Verlauf der zweiten Phase vollständig - im Sinne ganzer Wiedergutmachung gemäß § 46 a Nr. 1, 1. Alt. StGB - erbracht[246], so kann der Täter-Opfer-Ausgleich als gelungen bezeichnet werden[247].

Der Täter kann jedoch nach dem Willen des Gesetzgebers auch dann in den Genuß der Rechtsfolgen des § 46 a StGB gelangen, wenn der Ausgleich mit dem Verletzten nicht im vorbezeichneten Sinne gelingt.
Sofern dieses Mißlingen des Ausgleichs auf einer unvollständigen Erbringung der versprochenen Leistungen zur Tatwiedergutmachung - und damit auf Defiziten in der zweiten Phase (Erfüllungsphase) des TOA - beruht, wurden die Konsequenzen bereits erörtert[248].

---

[242] Vgl. BGH StV 1995, 585 (Beschl. v. 25.7.1995 - 1 StR 205/95).
[243] OLG Stuttgart NJW 1996, 2110 (Urt. v. 8.3.1996 - 1 Ss 38/96).
[244] S.o. Zweiter Teil, B I 4 b.
[245] Vgl. die Gesetzesbegründung BT-Drs. 12/6853, S. 21, wo der TOA als „Rahmenbedingung der Wiedergutmachung" bezeichnet wird.
[246] Vgl. dazu oben Zweiter Teil, B I 3 c aa.
[247] Ebenso Rössner/Klaus in TOA in Deutschland, S. 51.
[248] Vgl. oben Zweiter Teil, B I 3 c bb, cc.

Zu prüfen bleibt, inwieweit Defizite in der ersten Phase (Verständigungsphase) des TOA verhindern, daß der Täter in den Bereich der Rechtsfolgen des § 46 a Nr. 1 StGB gelangt[249].

d) Mindestanforderungen an den Täter im Hinblick auf den TOA - Das Postulat „umfassender Ausgleichsbemühungen"

§ 46 a Nr. 1 StGB setzt einen Erfolg im Sinne eines gelungenen TOA nicht voraus, sondern läßt das (scheinbar schlichte) Bemühen um einen Ausgleich mit dem Verletzten genügen.
Dadurch soll dem Täter eine „realistische Chance" eingeräumt werden, auch in solchen Fällen in den Genuß der Rechtsfolgen des § 46 a StGB zu gelangen, in denen ein Ausgleich - etwa wegen Verweigerung einer erforderlichen Mitwirkung durch den Geschädigten - nicht möglich ist[250].
Durch das Postulat „umfassender Ausgleichsbemühungen"[251] hat der Gesetzgeber aber deutlich gemacht, daß auch dieses Bemühen um Ausgleich als „Minus" zum gelungenen TOA gewissen Anforderungen gerecht werden muß. Fraglich ist, welche Mindestanforderungen der Täter zu erfüllen hat, damit sein Verhalten als Ausgleichsbemühen im Sinne von § 46 a Nr. 1 StGB hinreichend ist.

Im Hinblick auf die Beantwortung dieser Frage erscheint es hilfreich, sich zunächst noch einmal die Grundgedanken des Täter-Opfer-Ausgleichs zu vergegenwärtigen. Dieser steht für eine kommunikative Konfliktregulierung, die durch einen interpersonellen Interaktionszusammenhang geprägt wird[252]. Das Kernstück des „klassischen" TOA bildet die persönliche Begegnung von Täter und Opfer in einem gemeinsamen Gespräch[253]. Gerade durch die persönliche Konfrontation mit dem Opfer[254] erweist sich der TOA tätersubjektiv als eingriffsstarke Prozedur mit spezialpräventiver Wirkung, denn der Täter nimmt hier oft erstmals das Opfer als Person wahr und realisiert die Tat und das Ausmaß der Tatfolgen aus der Opferperspektive[255]. Im Hinblick auf den Täter gibt es deshalb - im Unterschied zum Tatopfer, welches durchaus respektable Gründe für die Ablehnung einer Wiederbegegnung mit dem Täter haben kann - keinen nachvollziehbaren Grund, weshalb ihm diese Konfrontation erspart werden sollte. Der Täter muß also, bevor er sich überhaupt um einen Ausgleich mit dem Opfer

---

249 Dazu im folgenden Zweiter Teil, B I 4 d.
250 Vgl. BT-Drs. 12/6853, S. 21.
251 BT-Drs. 12/6853, S. 21 f.
252 Vgl. z.B. BGH StV 1995, 584 f. (Beschl. v. 25.7.1995 - 1 StR 205/95); BGH StV 2000, 128 (Urt. v. 18.11.1999 - 4 StR 435/99) sowie oben Zweiter Teil, B I 1.
253 Vgl. die Praxis in den Modellprojekten oben Erster Teil, C.
254 Kilchling, NStZ 1996, S. 312 spricht vom für den TOA nach § 46 a Nr. 1 StGB „typischen Konfrontationsmoment".
255 Jescheck/Weigend, S. 866; Kilchling, a.a.O., Fn. 74 m.w.N.

bemüht, zunächst einmal die Bereitschaft zu einer persönlichen Begegnung mit dem Tatopfer erklären. Läßt er diese vermissen - z.B. indem er sein Engagement auf materielle Wiedergutmachungsleistungen beschränken will - , so fehlt es bereits an der Grundvoraussetzung für ein Ausgleichsbemühen i.S.d. § 46 a Nr. 1 StGB.
Sodann muß sich der Täter, um den Weg für die erste Phase des TOA[256] zu ebnen, intensiv um Kontakt zum Tatopfer bemühen und versuchen, es zum Eintritt in den kommunikativen Ausgleichsprozeß zu bewegen und diesen unter Einbeziehung des Opfers mit Leben zu füllen[257]. Gefordert ist insoweit ein ernsthaftes[258], intensives Bemühen, das nicht halbherzig ist und den ernsthaften Willen zur Verständigung mit dem Verletzten erkennen läßt[259].

Für die Wiederherstellung des gestörten Rechtsfriedens ist es zwar wünschenswert, aber nicht unabdingbar, daß die Initiative im Sinne des ersten Schrittes der Kontaktaufnahme vom Täter ausgeht. Falls das Aufeinanderzugehen auf der Initiative Dritter oder des Opfers beruht, muß der Täter allerdings im weiteren Verlauf der ersten TOA-Phase sein Bemühen um eine Fortführung und Weiterentwicklung des Kontaktes mit dem Opfer erkennbar zum Ausdruck bringen[260].
Weiterhin wird es, sofern dem Täter der Zugang zum Opfer und der Eintritt in die kommunikative Phase trotz prinzipieller Mitwirkungsbereitschaft des Opfers aus eigener Kraft nicht gelingt, zu den erforderlichen Ausgleichsbemühungen i.S.v. § 46 a Nr. 1 StGB gehören, Hilfe und Anleitung bei dafür qualifizierten Dritten zu suchen[261].
Gleiches gilt, wenn das Opfer allein eine persönliche Begegnung mit dem Täter ablehnt, einem durch Dritte vermittelten, indirekten Ausgleich aber nicht abgeneigt ist. Hier wird man vom Täter verlangen müssen, daß er sich mit dem Vermittler arrangiert und sich - etwa durch schriftliche Entschuldigung und Wiedergutmachungszusagen - ernsthaft darum bemüht, eine nicht auf rein materielle Schadenswiedergutmachung beschränkte, indirekte Konfliktlösung herbeizuführen.
Sofern das Opfer trotz den dargestellten Anforderungen entsprechender Bemühungen des Täters jeglichen Kontakt und jede für einen TOA erforderliche (auch indirekte) Mitwirkung ablehnt, ist dies zu respektieren, d.h. es gehört in solchen Fällen nicht zu den erforderlichen Ausgleichsbemühungen, weiter auf das Opfer einzuwirken.

---

[256] Vgl. oben Zweiter Teil, B I 4 b.
[257] Vgl. Rössner/Klaus in TOA in Deutschland, S. 51; S-S/Stree, § 46 a, Rdn. 2; BGH StV 1995, 584 f. (Beschl. v. 25.7.1995 - 1 StR 205/95); BGH StV 2000, 128 (Urt. v. 18.11.1999 - 4 StR 435/99); OLG Stuttgart NJW 1996, 2110 (Urt. v. 8.3.1996 - 1 Ss 38/96).
[258] BT-Drs. 12/6853, S. 21; S-S/Stree, § 46 a, Rdn. 2; Brauns, S. 306.
[259] S-S/Stree, a.a.O.
[260] Ebenso Rössner/Klaus in TOA in Deutschland, S. 51.
[261] Brauns, S. 312.

e) Freiwilligkeit des Ausgleichs

Es wurde bereits darauf hingewiesen, daß das Tatopfer die Mitwirkung am TOA ohne besonderen Begründungs- oder Rechtfertigungszwang verweigern kann. Gleiches muß allerdings auch für den Täter gelten, d.h. auch dieser ist zur Teilnahme am TOA nicht verpflichtet. Der Ausgleich mit dem Verletzten gemäß § 46 a Nr. 1 StGB setzt nämlich - noch offenkundiger als die darin enthaltene Wiedergutmachungskomponente[262] - Freiwilligkeit geradezu selbstverständlich voraus, da die angestrebte kommunikative Aufarbeitung und Lösung des der Tat zugrundeliegenden Gesamtkonflikts ein Aufeinanderzugehen der Beteiligten erfordert, welches ohne die aus freien Stücken erklärte Bereitschaft zur Mitwirkung nicht denkbar ist. Äußerer Zwang würde in einem Verfahren, das die friedenstiftende Verständigung zum Ziel hat, eher kontraproduktiv wirken.
Wie für die Wiedergutmachungskomponente[263] gilt allerdings auch für die Ausgleichskomponente, daß das Freiwilligkeitsmerkmal denkbar weit im Sinne einer eigenverantwortlichen Entscheidung der Beteiligten ohne den Druck staatlicher Zwangsmittel zu verstehen ist, d.h. es kommt nicht auf die den Ausgleichsbemühungen zugrundeliegenden inneren Beweggründe an.

f) Zeitpunkt des Ausgleichs

Durch die Realisierung des Vorleistungsprinzips hat der Gesetzgeber den Entscheidungszeitpunkt des erkennenden Gerichts als Zeitgrenze für die Wiedergutmachungskomponente des § 46 a Nr. 1 StGB festgelegt[264].
Die zweite (Erfüllungs-)Phase des TOA bildet den Rahmen der Wiedergutmachungskomponente[265] und unterliegt deshalb derselben Zeitgrenze.
Den Mindestanforderungen des Gesetzgebers genügende Ausgleichsbemühungen werden nicht nur vor Durchlaufen der zweiten, sondern im Regelfall sogar vor der ersten (Verständigungs-)Phase des TOA beginnen müssen, da das Tatopfer zumeist erst einmal für die Mitwirkung am TOA gewonnen werden muß. Ein starrer Zeitpunkt würde allerdings der Vielfalt denkbarer Ausgangskonstellationen nicht gerecht und erscheint im Hinblick auf die bestehende Zeitgrenze für die Tatwiedergutmachung entbehrlich. Ein möglichst frühzeitiger Beginn der Ausgleichsbemühungen wird sich aber schon deshalb empfehlen, weil das Verfahrensstadium als Indiz bzw. Gradmesser für die Ernsthaftigkeit der Ausgleichsbemühungen durchaus von Aussagekraft ist[266].

---

262 Dazu oben Zweiter Teil, B I 3 d.
263 Vgl. oben a.a.O.
264 Vgl. oben Zweiter Teil, B I 3 e.
265 Vgl. oben Zweiter Teil, B I 4 c.
266 Vgl. dazu außerdem oben Zweiter Teil, B I 3 e am Ende.

II) § 46 a Nr. 2 StGB

1) Die Entschädigung des Opfers durch den Täter

a) Kategorien der Entschädigung bzw. Schadenswiedergutmachung

§ 46 a Nr. 2 StGB erhebt zur Voraussetzung, daß der Täter das Opfer (ganz oder zum überwiegenden Teil) „entschädigt" hat und unterwirft diese „Schadenswiedergutmachung" zusätzlichen Voraussetzungen[267].
Es fällt auf, daß die Nr. 2 des § 46 a StGB im Vergleich zur Nr. 1 insofern strengere Anforderungen stellt, als sie dem Täter durch die Vorgabe einer Entschädigung zumindest zum überwiegenden Teil einen Entschädigungs- bzw. Schadenswiedergutmachungserfolg abverlangt. Dahinter zurückbleibende Bemühungen oder ein lediglich ernsthaftes Erstreben reichen hier also - anders als bei Nr. 1 - nicht aus.

Die - synonym verwandten - Begriffe „Entschädigung" und „Schadenswiedergutmachung" knüpfen beide an den Terminus „Schaden" im allgemeinen Sinne an, worunter „eine Einbuße, die jemand infolge eines bestimmten Vorganges oder Ereignisses" (hier: infolge einer Straftat) „an seinen Lebensgütern ... erleidet"[268], zu verstehen ist. Beide Begriffe beziehen sich auf die Reparation und /oder Kompensation des durch die Tat verursachten Schadens[269], wobei der Begriff „Schadenswiedergutmachung" eher den Reparationsaspekt (wiedergutmachen i.S.v. wiederherstellen / reparieren), „Entschädigung" eher den Kompensations- oder Ausgleichsaspekt betont.
Der Unterschied zur Terminologie des § 46 a Nr. 1 StGB, wo durch die Voraussetzungen des „Ausgleichs mit dem Verletzten" und der „Wiedergutmachung der Tat" auch und insbesondere immateriellen Formen des Tatfolgenausgleichs Raum gegeben wird, macht deutlich, daß sich die Nr. 2 des § 46 a StGB - im Gegensatz zur Nr. 1 - auf die rein materielle Wiedergutmachung des durch die Tat verursachten Schadens, also auf Schadensersatzleistungen des Täters zugunsten des Tatopfers bezieht[270].

---

[267] Sie muß mit „erheblichen persönlichen Leistungen" oder „persönlichem Verzicht" einhergehen, dazu unten Zweiter Teil, B II 1 d.
[268] Larenz, Schuldrecht AT 1, S. 426.
[269] Vgl. Schadenswiedergutmachung im Kriminalrecht, S. 11.
[270] Ebenso Kilchling, NStZ 1996, S. 312, 314; Rössner/Klaus in TOA in Deutschland, S. 52; Jescheck/Weigend, S. 866; Tröndle/Fischer (49. Aufl.), § 46 a, Rdn. 5; Brauns, S. 313; insoweit übereinstimmend die Rspr., vgl. BGH StV 1995, 464 f. (Beschl. v. 2.5.1995 - 5 StR 156/95); BGH StV 1995, 584 (Beschl. v. 25.7.1995 - 1 StR 205/95); OLG Karlsruhe NJW 1996, 3286 (Beschl. v. 10.5.1996 - 1 Ss 192/95); KG StV 1997, 473 (Urt. v. 30.12.1996 - (4) 1 Ss 15/96 (16/96)); BGH NStZ 1999, 610 (Urt. v. 8.9.1999 - 3 StR 327/99).

Auch die Gesetzesbegründung spricht im Zusammenhang mit § 46 a Nr. 2 StGB von „materieller Entschädigung“[271].
Überdies wird der Begriff der Entschädigung auch an anderer Stelle des StGB im Sinne einer rein materiellen Schadenskompensation verwandt, vgl. etwa im Bereich der Einziehung die Entschädigungsregelung für tatunbeteiligte Dritte, § 74 f Abs. 1 StGB.
Rein begrifflich umfaßt die Kategorie materieller Entschädigung Ersatz des materiellen und immateriellen Schadens, so daß auch Schmerzensgeldzahlungen unter diese Entschädigungsart fallen[272]. Kilchling[273] weist in diesem Zusammenhang zutreffend darauf hin, daß § 46 a StGB inhaltlich nicht einzelne Schadens-, sondern bestimmte Ersatzkategorien umschreibt[274].
Die von § 46 a Nr. 2 StGB umschriebene materielle Entschädigung wird in der Praxis regelmäßig in Geldzahlungen oder geldwerten Leistungen des Täters an das Opfer bestehen.

b) Der Maßstab der Entschädigung

Die Entschädigung bzw. Schadenswiedergutmachung gemäß § 46 a Nr. 2 StGB ist - im Gegensatz zur Wiedergutmachung der Tat gemäß § 46 a Nr. 1 StGB - nicht in den Rahmen eines TOA eingebunden. Folglich liegt ihr auch keine zwischen Täter und Opfer rein subjektiv getroffene Verabredung zugrunde, anhand derer die Leistungen des Täters zur Entschädigung bzw. Schadenswiedergutmachung gemessen werden können.
Wie aufgezeigt[275] ist jedoch im Unterschied zu Wiedergutmachungsleistungen im Rahmen eines TOA die Entschädigung bzw. Schadenswiedergutmachung gemäß § 46 a Nr. 2 StGB auf materielle Schadensersatzleistungen beschränkt. Ein objektiver Maßstab für die materielle Entschädigung erlittener materieller wie auch immaterieller Schäden ist aber unter Rückgriff auf die zivilrechtlichen Grundsätze der Schadensbestimmung erheblich leichter berechenbar als ein Bewertungsmaßstab für die überwiegend nichtpekuniären Elemente des TOA gemäß § 46 a Nr. 1 StGB. Die vom Täter erbrachten Zahlungen oder geldwerten

---

[271] BT-Drs. 12/6853, S. 22.
[272] Vgl. Brauns, S. 324; Kilchling, NStZ 1996, S. 314; Walther, S. 75 (Fn. 43); Meier, GA 1999, S. 4; Lackner/Kühl, § 46 a, Rdn. 2; insoweit teilweise abweichend die Rspr., sofern im Falle von § 46 a Nr. 2 StGB nur materielle Schäden für entschädigungsfähig gehalten werden, vgl. etwa BGH StV 1995, 465 (Beschl. v. 2.5.1995 - 5 StR 156/95); KG StV 1997, 473 (Urt. v. 30.12.1996 - (4) 1 Ss 15/96 (16/96)); für eine Einbeziehung immaterieller Schäden (Schmerzensgeldfälle) hingegen BGH StV 1995, 249 (Beschl. v. 17.1.1995 - 4 StR 755/94); OLG Stuttgart NJW 1996, 2109 f. (Urt. v. 8.3.1996 - 1 Ss 38/96); OLG Hamm StV 1999, 89 (Beschl. v. 20.8.1998 - 2 Ss 972/98).
[273] Kilchling, NStZ 1996, S. 314.
[274] Ebenso Kaiser, Zipf-GS, S. 110; ähnlich Dierlamm, NStZ 2000, S. 537.
[275] Vgl. oben Zweiter Teil, B II 1 a.

Leistungen sind nämlich aufgrund der dem Opfer infolge der Tat zustehenden zivilrechtlichen Ansprüche einer objektiven Bewertung im Hinblick auf die Erfüllung des Entschädigungs-/ Schadenswiedergutmachungserfordernisses durchaus zugänglich[276].
Die Wiedergutmachung des durch die Straftat entstandenen Schadens, auch des ideellen, wird sich in aller Regel im Rahmen der zivilrechtlichen Ersatzpflicht halten, kann aber - im Einzelfall und auf freiwilliger Basis[277] - auch darüber hinaus gehen. Zu denken ist etwa an eine Entschädigung für immaterielle Schäden in den vom BGB nicht geregelten Fällen, z.B. für seelische Leiden als Tatfolgen[278].

c) Die verschiedenen Grade der Entschädigung

Nach § 46 a Nr. 2 StGB ist erforderlich, daß der Täter das Opfer „ganz oder zum überwiegenden Teil" entschädigt hat.

aa) Wie erörtert[279] richtet sich die Entschädigung grundsätzlich auf die Erfüllung der objektiv aus der Tat erwachsenen zivilrechtlichen Ansprüche des Opfers, obwohl darüber hinaus auch etwaiger vom BGB nicht zugestandener Ersatz zu berücksichtigen ist. Eine ganze Entschädigung des Opfers ist dementsprechend dann gegeben, wenn der Täter die zivilrechtlichen Ansprüche, die dem Opfer infolge der Tat objektiv zustehen, vollständig erfüllt hat.

bb) Fraglich ist, wie die Grenze für eine Entschädigung „zum überwiegenden Teil" zu ziehen ist.
Der bereits im Hinblick auf § 46 a Nr. 1 StGB[280] diskutierte Vorschlag Lackners[281], überwiegend als mindestens die Hälfte des Gesamtschadens übersteigend zu definieren, unterliegt angesichts der rein materiellen Prägung der Entschädigung bzw. Schadenswiedergutmachung gemäß § 46 a Nr. 2 StGB nicht den an die Bewertung immaterieller Wiedergutmachungsleistungen anknüpfenden Praktikabilitätsbedenken. Die Argumentation, daß der Täter durch eine solche kalkulierbare Pauschalgrenze geradezu angehalten würde, seine materiellen Entschädigungsleistungen nicht mehr auf eine vollständige Erfüllung der zivilrechtlichen Ansprüche auszurichten[282], könnte jedoch auch im Rahmen von § 46 a Nr. 2 StGB Gültigkeit beanspruchen.

---

276 Ebenso Rössner/Klaus in TOA in Deutschland, S. 52.
277 Dazu unten Zweiter Teil, B II 1 e.
278 Vgl. S-S/Stree, § 56 b, Rdn. 9.
279 Vgl. oben Zweiter Teil, B II 1 b.
280 Vgl. oben Zweiter Teil, B I 3 c bb.
281 Vgl. Lackner/Kühl, § 46 a, Rdn. 2.
282 Vgl. den entsprechenden Gedankengang oben Zweiter Teil, B I 3 c bb.

Denn die von Lackner vertretene formalistische Auslegung des Merkmals „Entschädigung zum überwiegenden Teil" stellt zwar ein klares und vom Wortlaut der Norm gedecktes Abgrenzungskriterium für die Mindesthöhe der Entschädigung dar, definiert so aber gleichzeitig diese Mindesthöhe als für die Erfüllung des Entschädigungserfordernisses hinreichend. Durch eine solche Auslegung wird aber die mit Einführung der Vorschrift intendierte bessere Wahrung der Opferbelange vernachlässigt.
Das Tatopfer hat ein berechtigtes Interesse daran, daß der Täter die ihm obliegende Entschädigung möglichst vollständig erbringt. Ihm ist nämlich gerade nicht damit gedient, wenn der Täter die zivilrechtlichen Ansprüche gut zur Hälfte erfüllt und das Opfer sodann mit dem nicht unerheblichen Rest seines Entschädigungsanspruchs auf den langwierigen, kostspieligen und oftmals trotz vollstreckbaren Titels aussichtslosen Zivilrechtsweg verwiesen wird.
Die noch zu erörternden besonderen Umstände der Entschädigung[283] können keinen hinreichenden Schutz vor einer solchen vom Gesetzgeber kaum gewollten (Fehl-)Entwicklung gewähren, da sich Straftäter, die finanziell im Regelfall nicht „auf Rosen gebettet" sind, gegebenenfalls auch schon bei lediglich hälftiger Entschädigung auf diese besonderen Umstände berufen werden können.

Nach alledem erscheint eine vom Täter kalkulierbare, in Prozenten auszudrückende Pauschalgrenze für die Ausfüllung des Erfordernisses einer „überwiegenden" Entschädigung unangebracht. Stattdessen empfiehlt sich eine auf den jeweiligen Einzelfall Bezug nehmende Abwägung, wobei das Opferinteresse an vollständiger Schadenswiedergutmachung in engen Grenzen durch das Maß der Schuld auf Seiten des Täters Abstriche erfahren kann. Wenn dieser durch relativ geringes Verschulden einen hohen Schaden angerichtet hat - ein Gesichtspunkt, dem in der Gesetzesbegründung zu § 46 a Nr. 1 StGB ausdrücklich Relevanz im Hinblick auf die zu erbringenden Wiedergutmachungsleistungen eingeräumt wird[284] - , so wird im Regelfall die Grenze für eine überwiegende Entschädigung niedriger anzusetzen sein als im Falle der Schadensverursachung durch schwerwiegendes Verschulden.
In Anlehnung an die Auffassung Lackners zieht allerdings auch im Falle lediglich geringfügigen Verschuldens der Gesetzeswortlaut insofern eine Grenze, als eine Entschädigung „zum überwiegenden Teil" zumindest die mehr als hälftige Entschädigung - im Sinne einer Untergrenze - voraussetzt.

---

[283] Dazu sogleich Zweiter Teil, B II 1 d.
[284] Vgl. BT-Drs. 12/6853, S. 21.

d) Die besonderen Umstände der Entschädigung - Ermöglichung der Entschädigung aufgrund erheblicher persönlicher Leistungen oder persönlichen Verzichts

Das Gesetz begnügt sich in § 46 a Nr. 2 StGB nicht mit der ganzen oder überwiegenden Entschädigung des Opfers, sondern verlangt dem Täter darüber hinaus ab, daß diese Entschädigungsleistungen mit „erheblichen persönlichen Leistungen" oder „persönlichem Verzicht" einhergegangen sind.

Die „erheblichen persönlichen Leistungen" bzw. der „persönliche Verzicht" sollen nach der Begründung des Gesetzentwurfs[285] den Willen des Täters erkennen lassen, „zum Ausgleich der von ihm verursachten Tatfolgen einen über die rein rechnerische Kompensation hinausgehenden Beitrag zu erbringen".
Demnach genügt, obwohl sich § 46 a Nr. 2 StGB auf die materielle Entschädigung des Opfers bezieht, nicht jede die zivilrechtlichen Ansprüche abdeckende Entschädigungsleistung den gesetzlichen Anforderungen[286].
Vielmehr muß auch die an sich hinreichende (ganze oder zum überwiegenden Teil erfolgte) Entschädigung über die rein rechnerische Schadenskompensation hinaus ein „ideelles Moment"[287] aufweisen, das sich in Form des Merkmals der „erheblichen persönlichen Leistungen" bzw. des „persönlichen Verzichts" auf die Begleitumstände der Entschädigung bzw. Schadenswiedergutmachung bezieht[288].
Durch die Charakterisierung der Leistungen bzw. des Verzichts als „erheblich" und „persönlich" wird deutlich, daß die Umstände der Entschädigung durch eine ins Gewicht fallende, nicht nur unerhebliche persönliche Eigenbelastung des Täters geprägt sein müssen; es geht um besonders spür- und fühlbare Anstrengungen, Einschränkungen, Opfer oder Nachteile, die der Täter auf sich genommen hat, um das Opfer entschädigen zu können[289].
Im Falle einer unter derartigen Belastungen geleisteten Entschädigung will der Gesetzgeber dem Täter den Zugang zu den Rechtsfolgen des § 46 a StGB ermöglichen, da er darin einen Beitrag des Täters zum Tatfolgenausgleich sieht, der - anders als mühelos erbrachte Schadensersatzleistungen - „Ausdruck einer individuellen Übernahme von Verantwortung ist und somit friedenstiftende Wirkung hat"[290].

---

[285] BT-Drs. 12/6853, S. 22.

[286] Vgl. BGH StV 1995, 584 f. (Beschl. v. 25.7.1995 - 1 StR 205/95); BGH NStZ 1999, 610 (Urt. v. 8.9.1999 - 3 StR 327/99); BGH StV 2000, 128 (Urt. v. 18.11.1999 - 4 StR 435/99); BGH wistra 2000, 177 (Beschl. v. 18.1.2000 - 1 StR 661/99).

[287] Rössner, 19. StrVTag, S. 174.

[288] Ebenso Rössner/Klaus in TOA in Deutschland, S. 53; Kilchling, NStZ 1996, S. 312; Brauns, S. 314.

[289] Vgl. Brauns, S. 314; Kilchling, NStZ 1996, S. 312; Jescheck/Weigend, S. 866; S-S/Stree, § 46 a, Rdn. 5; Lackner/Kühl, § 46 a, Rdn. 4, 4 a; KG, Urt. v. 21.8.1997 - (4) 1 Ss 351/96 (142/96) (noch unveröffentlicht).

[290] BT-Drs. 12/6853, S. 22.

Gegen diese in der Begründung des Gesetzentwurfs zugrundegelegte gesetzgeberische Wertung wird angeführt, auch eine vom Täter unter normalen, also nicht widrigen Umständen erbrachte Schadenswiedergutmachung könne Ausdruck einer Verantwortungsübernahme sein und friedenstiftend wirken[291]. Dies ist zweifellos richtig. Jedoch ist der Gedanke des Gesetzgebers, die Akzeptanz des über die materielle Entschädigung hinausgehenden Täterbeitrags an äußerlich sichtbare, einer objektiven Bewertung zugängliche Entschädigungsumstände anzuknüpfen, durchaus nachvollziehbar, da dadurch Kriterien für die dem Täter abverlangte ideelle Komponente aufgestellt werden, die eine hinreichend justiziable Bewertung des Täterverhaltens ermöglichen. Diese Kriterien bieten zwar nicht in jedem Falle Gewähr für die individuelle Übernahme von Verantwortung durch den Täter, sind aber als Indiz dafür durchaus brauchbar.
Anzumerken bleibt, daß auch eine vom Täter unter „normalen" Umständen geleistete Schadenswiedergutmachung sich im Rahmen der Strafzumessung zugunsten des Täters auswirken wird, vgl. § 46 Abs. 2 S. 2, 6. Gruppe StGB.

Außerdem soll die Verknüpfung der Schadenswiedergutmachung mit den besonderen Begleitumständen eine ungerechtfertigte Privilegierung reicher Täter, die jederzeit materielle Entschädigung leisten können, verhindern[292]. Zwar behandelt der Gesetzentwurf die „Freikauf"-Thematik in der Begründung zu § 46 a Nr. 1 StGB[293]; ihre eigentliche Bedeutung entfaltet diese jedoch im Hinblick auf die Entschädigungsregelung des § 46 a Nr. 2 StGB, da beim TOA im Rahmen von § 46 a Nr. 1 StGB auch und insbesondere immaterielle Wiedergutmachung zum Tragen kommt und dementsprechend die materielle Leistungsfähigkeit des Täters eine weniger wichtige Rolle spielt als bei § 46 a Nr. 2 StGB[294].
Auszuführen bleibt, was der Täter im Hinblick auf die Entschädigung des Opfers konkret unternehmen muß, um dem auf die Entschädigung bezogenen Merkmal der „erheblichen persönlichen Leistungen" bzw. des „persönlichen Verzichts" gerecht zu werden.

Relevant im Sinne von § 46 a Nr. 2 StGB sind vom Täter erbrachte Leistungen bzw. geübter Verzicht nur, wenn sie „erst eine materielle Entschädigung ermöglicht haben"[295]. Gerade durch die Leistungen bzw. den Verzicht muß der Täter sich also erst die finanziellen Mittel für die Entschädigung des Opfers geschaffen haben. Insofern ist ein Kausalzusammenhang erforderlich, d.h. der Täter muß die Leistungen bzw. den Verzicht tatsächlich um der Entschädigung

[291] Rössner/Klaus in TOA in Deutschland, S. 53.
[292] Vgl. Kilchling, NStZ 1996, S. 312; Rössner/Klaus in TOA in Deutschland, S. 53; Jescheck/Weigend, S. 866.
[293] Vgl. BT-Drs. 12/6853, S. 22.
[294] So auch schon Rössner/Klaus in TOA in Deutschland, S. 53, Fn. 25.
[295] BT-Drs. 12/6853, S. 22.

des Opfers willen erbracht haben[296]. Ansonsten könnten diese wegen fehlenden Opferbezuges schwerlich als Beitrag „zum Ausgleich der ... Tatfolgen ..., der Ausdruck einer individuellen Übernahme von Verantwortung ist“[297] gewertet werden. Der Täter soll zeigen, daß er - zumindest über einen gewissen Zeitraum hinweg - gewillt ist, seine eigenen Interessen dem Opferinteresse an einer materiellen Entschädigung unterzuordnen.

Bei den „erheblichen persönlichen Leistungen“ hat der Gesetzgeber wohl vor allem an zusätzliche Arbeitsleistungen des Täters gedacht; er führt denn auch „umfangreiche Arbeiten in der Freizeit“[298] als Beispiel für die geforderten Leistungen an. Der Täter muß über seinen normalen Arbeitsaufwand hinaus zusätzliche Kräfte mobilisiert haben, um die Entschädigung des Opfers zu ermöglichen. Leistungen, denen der unmittelbare Bezug zur Opferentschädigung fehlt (z.B. gemeinnützige Arbeiten), können hingegen im Rahmen von § 46 a Nr. 2 StGB keine Berücksichtigung finden.
Gleiches gilt für Leistungen zugunsten des Tatopfers, die nicht auf dessen Entschädigung abzielen. Dies scheint allerdings Stree[299] anders zu sehen, wenn er etwa die persönliche Fürsorge für den Verletzten, z.B. dessen Pflege, als Beispiele für „erhebliche persönliche Leistungen“ anführt. Damit verkennt er, daß die „erheblichen persönlichen Leistungen“ nur als Begleitumstände der Entschädigung bzw. Schadenswiedergutmachung von Bedeutung sind, jedoch nicht den Inhalt derselben darstellen. Den genannten Beispielen fehlt nicht nur der in der Gesetzesbegründung klar vorgegebene notwendige Bezug zu der von § 46 a Nr. 2 StGB erfaßten materiellen Entschädigung. Sie sind vielmehr, wie Kilchling[300] zutreffend anmerkt, „geradezu Musterbeispiele einer über die rein pekuniäre Restitution hinausgehenden Leistung mit direktem personellem Opferbezug und damit typisch für den Täter-Opfer-Ausgleich“ gemäß § 46 a Nr. 1 StGB. Würde man in dieser Weise den Bezug der „erheblichen persönlichen Leistungen“ zur Entschädigung negieren, so würde eine Grenzziehung zwischen Nr. 1 und Nr. 2 des § 46 a StGB unmöglich werden; der Sinn der gesetzlichen Unterscheidung ließe sich dann nicht mehr erschließen[301].

Als wegweisendes Beispiel für „persönlichen Verzicht“, den die Schadenswiedergutmachung vom Täter erfordert hat, benennt die Begründung des Gesetzentwurfs „erhebliche Einschränkungen im finanziellen Bereich“[302].

---

296 Vgl. OLG Stuttgart NJW 1996, 2110 (Urt. v. 8.3.1996 - 1 Ss 38/96).
297 BT-Drs. 12/6853, S. 22.
298 BT-Drs. 12/6853, S. 22.
299 S-S/Stree, § 46 a, Rdn. 5.
300 Kilchling, NStZ 1996, S. 312.
301 So auch Kilchling, NStZ 1996, S. 312.
302 BT-Drs. 12/6853, S. 22.

Diese finanziellen Einschränkungen können sich in der Aufgabe einer geplanten Urlaubsreise[303] oder anderen fühlbaren Formen der Zurückstellung tätereigener Interessen, die der materiellen Entschädigung des Opfers dienen, manifestieren.
Brauns[304] will darüber hinaus noch weitere für den Täter spürbare Nachteile als „persönlichen Verzicht" in Betracht ziehen und denkt dabei „etwa an Fälle, in denen der Täter mit der Wiedergutmachung seine Entdeckung ermöglichen oder Verteidigungspositionen (z.B. das Schweigerecht) preisgeben muß, deren zulässige Wahrnehmung seine Überführung erschwert hätte".
Zwar sind solche Nachteile „mit der Entschädigungsleistung verbunden"[305], sie haben diese aber nicht, wie die Gesetzesbegründung[306] vorschreibt, erst ermöglicht. Ihnen fehlt der unmittelbare Zusammenhang zur Entschädigung, den der Gesetzgeber, wie das Musterbeispiel der erheblichen finanziellen Einschränkungen zeigt, als verbindlich ansah. Der Verzicht des Täters muß quasi die Kehrseite der Entschädigung des Opfers bilden.
Aus diesem Grunde muß sich auch in den von Brauns genannten Fällen der „persönliche Verzicht" des Täters aus den direkten und unmittelbaren Umständen der Entschädigung ergeben. Nur so kann eine Aufweichung der Kriterien für das Merkmal des „persönlichen Verzichts" - und damit dessen völlige Konturenlosigkeit - vermieden werden.

e) Freiwilligkeit der Entschädigung

Im Gegensatz zum Täter-Opfer-Ausgleich, der ohne ein freiwilliges, d.h. ohne den Druck staatlicher Zwangsmittel zustandegekommenes Aufeinanderzugehen nicht erfolgversprechend durchführbar ist, setzt die materielle Entschädigung des Opfers Freiwilligkeit von Seiten des Täters - das Opfer wird sich einer Entschädigung kaum verweigern - nicht grundsätzlich voraus. Folgerichtig enthält das Gesetz an verschiedenen Stellen Instrumentarien, um den Täter durch äußeren Druck zur Schadenswiedergutmachung anzuhalten[307].
Demgegenüber knüpft § 46 a Nr. 2 StGB keine Nachteile an eine unterbliebene Schadenswiedergutmachung, sondern vielmehr Vorteile an die vom Täter vorgenommene Entschädigung. Damit wird ein Anreiz für den Täter geschaffen, im gewünschten Sinne aktiv zu werden, ohne ihm „von oben herab" ein bestimmtes Verhalten aufzugeben.
Insofern setzt § 46 a Nr. 2 StGB eine freiwillige Entschädigung durch den Täter voraus, wobei das Freiwilligkeitsmerkmal wiederum[308] denkbar weit im Sinne

---

303 SK/Horn, § 46 a, Rdn. 7.
304 Brauns, S. 315.
305 Brauns, S. 315.
306 BT-Drs. 12/6853, S. 22.
307 Vgl. oben Erster Teil, I I 3, 4, II 3.
308 Vgl. bereits oben Zweiter Teil, B I 3 d, 4 e.

einer eigenverantwortlichen Entscheidung ohne Ansehen der zugrundeliegenden Motive zu verstehen ist.
Ein so verstandenes Freiwilligkeitserfordernis erscheint denn auch im Hinblick auf die ideellen Entschädigungsumstände in Form des Merkmals der „erheblichen persönlichen Leistungen" bzw. des „persönlichen Verzichts" angemessen, da eine in diesem Sinne unfreiwillige, d.h. allein unter dem Druck strafrechtlicher Zwangsmittel geleistete Entschädigung eher als Erfolg staatlicher Repression denn als Beitrag des Täters zum Tatfolgenausgleich, der „Ausdruck einer individuellen Übernahme von Verantwortung ist"[309], zu werten wäre.

f) Zeitpunkt der Entschädigung

Wie bereits festgestellt[310] wird dem Täter im Rahmen von § 46 a Nr. 2 StGB ein Entschädigungs- bzw. Schadenswiedergutmachungserfolg abverlangt.
Außerdem ergibt sich aus dem Gesetzeswortlaut[311], daß die Entschädigung des Opfers für Täter, die unter Berufung auf § 46 a Nr. 2 StGB in den Genuß der Rechtsfolgen der Norm kommen wollen, eine Vorleistungspflicht darstellt - was unter Kontrollgesichtspunkten zu begrüßen ist.
Konsequenz daraus ist, daß die Entschädigung spätestens zum Entscheidungszeitpunkt des erkennenden Gerichts erbracht sein muß.
Die Gefahr, daß der Täter durch diesen recht späten Zeitpunkt dazu verleitet wird, die Entschädigung des Opfers möglichst lange aufzuschieben[312], wird durch die gesetzlich festgelegten besonderen Umstände der Entschädigung hinreichend eingedämmt. Diese setzen nämlich für gewöhnlich einen zeitlichen Vorlauf sowie eine gewisse Dauerhaftigkeit voraus - man denke etwa an das in der Gesetzesbegründung[313] genannte Musterbeispiel für erhebliche persönliche Leistungen, die „umfangreichen Arbeiten in der Freizeit".

2) Einordnung: Das Verhältnis von § 46 a Nr. 2 StGB zu § 46 a Nr. 1 StGB

Im Rahmen der Erläuterung der Anwendungsvoraussetzungen des § 46 a StGB stellt sich abschließend die Frage, in welchem Verhältnis § 46 a Nr. 2 StGB zu § 46 a Nr. 1 StGB steht.
In der amtlichen Überschrift des § 46 a StGB erweist der Gesetzgeber sowohl Nr. 1 als auch Nr. 2 Referenz, indem er den Terminus „Täter-Opfer-Ausgleich" als Oberbegriff für Nr. 1, „Schadenswiedergutmachung" als Oberbegriff für Nr. 2 der Norm anführt.

---

309 BT-Drs. 12/6853, S. 22.
310 Vgl. oben Zweiter Teil, B II 1 a.
311 Vgl. die Perfektformulierung: „Hat der Täter ... entschädigt".
312 Vgl. bereits die Überlegungen oben Zweiter Teil, B I 3 e.
313 BT-Drs. 12/6853, S. 22.

Der Wortlaut der Norm stellt Nr. 1 und Nr. 2 als gleichrangige Alternativen nebeneinander.
In der Begründung des Gesetzentwurfs ist denn auch völlig wertneutral von „zwei Fallgruppen“[314] des § 46 a StGB die Rede bzw. § 46 a Nr. 2 StGB wird als „weitere Fallgruppe“[315] bezeichnet. Die Gleichstellung von Nr. 2 und Nr. 1 des § 46 a StGB wird im Gesetzentwurf damit begründet, daß der Täter durch eine Entschädigung des Opfers unter den besonderen Umständen der Nr. 2 ebenso wie im Falle des TOA nach Nr. 1 zu erkennen gegeben habe, „daß er gewillt ist, zum Ausgleich der von ihm verursachten Tatfolgen einen über die rein rechnerische Kompensation hinausgehenden Beitrag zu erbringen, der Ausdruck einer individuellen Übernahme von Verantwortung ist und somit friedenstiftende Wirkung hat“[316].

In Übereinstimmung mit diesen Ausführungen erscheint es sinnvoll, die beiden Varianten des § 46 a StGB als durchaus verschiedenartige, gleichwohl aber gleichwertige Beiträge zum Tatfolgenausgleich zu begreifen.
Während im Falle des § 46 a Nr. 1 StGB die im Rahmen eines TOA von den Beteiligten einvernehmlich und autonom erreichte interpersonelle Konfliktregulierung das entscheidende Element auf dem Wege zur Wiedergutmachung der Tat bildet, regelt § 46 a Nr. 2 StGB - unter Verzicht auf die für Nr. 1 maßgebliche Interpersonalität - den Fall der durch besondere Anforderungen an den Täter qualifizierten, freiwilligen Schadenswiedergutmachung[317].

Trotz der durch Wortlaut und Gesetzesmotive vorgegebenen Gleichwertigkeit von Nr. 1 und Nr. 2 des § 46 a StGB gibt es im Schrifttum verschiedene Stimmen, die einem Vorrang der Nr. 1 im Verhältnis zu Nr. 2 das Wort reden.
Rössner/Klaus[318] sind der Auffassung, § 46 a Nr. 2 StGB sei „nur ein Nebenweg zu den Rechtsfolgen der Norm“. Nach Horn[319] beschreibt § 46 a Nr. 2 StGB „einen Sonderfall der Bemühungen des Täters um einen Ausgleich mit dem Opfer seiner Tat“. Lackner vertrat in einer Vorauflage[320] die inzwischen aufgegebene Ansicht, § 46 a Nr. 2 StGB sei im Verhältnis zu Nr. 1 subsidiär[321].
Die genannten Auffassungen dürften darauf zurückzuführen sein, daß ihre Vertreter den TOA als Instrument einer umfassenden Konfliktbereinigung, die über die Regulierung des entstandenen Schadens hinausgeht, fördern und gegenüber der bloßen Schadenswiedergutmachung bevorzugen wollen. In diesem

---

314 BT-Drs. 12/6853, S. 21.
315 BT-Drs. 12/6853, S. 22.
316 BT-Drs. 12/6853, S. 22.
317 Ähnlich Dierlamm, NStZ 2000, S. 537.
318 Vgl. Rössner/Klaus in TOA in Deutschland, S. 53.
319 SK/Horn, § 46 a, Rdn. 7.
320 Lackner (21. Aufl.), § 46 a, Rdn. 4.
321 So noch Lee, S. 107.

Sinne äußern sich denn auch Rössner/Klaus[322] und führen als pragmatisches Argument für einen Vorrang des TOA gemäß § 46 a Nr. 1 StGB vor der Schadenswiedergutmachung nach § 46 a Nr. 2 StGB ins Feld, daß ansonsten dem TOA schlicht „das Wasser abgegraben" würde.
Diese Befürchtung ist zwar durchaus nicht ganz von der Hand zu weisen, sie kann allerdings relativiert werden. Zunächst sei daran erinnert, daß § 46 a Nr. 2 StGB dem Täter einen Entschädigungs- bzw. Schadenswiedergutmachungserfolg abverlangt und insofern strengere Anforderungen als § 46 a Nr. 1 StGB aufstellt. Trotzdem werden „reiche" Täter, die sich die materielle Schadenswiedergutmachung ohne weiteres leisten können, um eine Wiedergutmachungsvereinbarung im Rahmen eines TOA bemüht sein, da ihnen die Erfüllung der auf die Schadenswiedergutmachung bezogenen zusätzlichen Voraussetzungen des § 46 a Nr. 2 StGB tendenziell schwerer fallen wird als „armen" Tätern[323]. Aber auch „arme" Täter werden zumindest für den Fall hoher Schäden die Voraussetzungen des § 46 a Nr. 1 StGB zu erfüllen trachten, da ihnen die in § 46 a Nr. 2 StGB verlangte Entschädigung „ganz oder zum überwiegenden Teil" kaum möglich sein wird. Die auf ein Zurückdrängen des TOA gemäß § 46 a Nr. 1 StGB durch Schadenswiedergutmachung gemäß § 46 a Nr. 2 StGB bezogenen Befürchtungen scheinen demnach im wesentlichen nur für den Fall berechtigt, daß ein „armer" Täter einen eher geringen Schaden verursacht hat. Im Hinblick auf diese Befürchtung § 46 a Nr. 2 StGB als nachrangig gegenüber § 46 a Nr. 1 StGB zu deklarieren ist jedoch weder mit dem Gesetzeswortlaut noch mit der zugrundeliegenden amtlichen Begründung, denen ein solches Rangverhältnis auch nicht in Ansätzen zu entnehmen ist, vereinbar.
Dem im Schrifttum offensichtlich vorhandenen und auch begründbaren Bedürfnis, das Instrument des TOA im Verhältnis zur Schadenswiedergutmachung zu fördern und auszubauen, kann folglich im Rahmen der derzeitigen Gesetzeslage nur durch eine restriktive Auslegung der besonderen Umstände der Entschädigung im Sinne von § 46 a Nr. 2 StGB Rechnung getragen werden. Inwieweit die Gerichte diesen Weg beschreiten, wird noch zu erörtern sein.

---

[322] Rössner/Klaus in TOA in Deutschland, S. 53.
[323] Jescheck/Weigend, S. 867 gehen so weit, insofern von einem „Armenprivileg" zu sprechen.

C) Der Anwendungsbereich des § 46 a StGB

I) Deliktsbezogener Anwendungsbereich

1) Gesetzeswortlaut

Dem Wortlaut des § 46 a StGB ist keine ausdrückliche Regelung über den Anwendungsbereich der neuen Vorschrift zu entnehmen. Insbesondere enthält der Tatbestand des § 46 a StGB keine Beschränkung auf bestimmte Delikte, d.h. die Vorschrift ist grundsätzlich bei allen Delikten anwendbar.

Lediglich auf der Rechtsfolgenseite wurde für die Möglichkeit des Absehens von Strafe eine konkrete Anwendbarkeitsgrenze normiert: Voraussetzung ist, daß keine höhere Strafe als Freiheitsstrafe bis zu einem Jahr oder Geldstrafe bis zu 360 Tagessätzen verwirkt ist.
Darunter fallen mehr als 95 % aller abgeurteilten Taten[324].

2) Ausgrenzung bestimmter Delikte im Rahmen teleologischer Auslegung ?

Die grundsätzliche Weite des deliktsbezogenen Anwendungsbereiches des § 46 a StGB wird durch eine anwendungsbezogene Auslegung des Gesetzeswortlauts in verschiedener Weise eingegrenzt.

a) Das Erfordernis des Vorhandenseins eines „Verletzten" bzw. eines „Opfers"

Während in § 46 a Nr. 2 StGB von der Entschädigung des „Opfers" die Rede ist, verlangt § 46 a Nr. 1 StGB dem Täter das Bemühen um einen Ausgleich mit dem „Verletzten" ab, bezeichnet dies aber im Klammerzusatz als Täter- „**Opfer**"-Ausgleich.
Damit macht der Gesetzgeber deutlich, daß bei § 46 a StGB die Begriffe „Verletzter" und „Opfer" synonym verwandt werden und im Rahmen dieser Vorschrift gleichbedeutend sind[325]. Fraglich ist, welche Rückschlüsse daraus für die Auslegung des Verletzten- bzw. Opferbegriffs gewonnen werden können.

Der Begriff des „Verletzten" ist in erster Linie und traditionell strafverfahrensrechtlich geprägt[326]. Er findet sich an verschiedenen Stellen der Strafprozeß-

[324] Kilchling, NStZ 1996, S. 311; Rössner/Klaus in TOA in Deutschland, S. 54.
[325] Ebenso Rössner/Klaus in TOA in Deutschland, S. 55; a.A. Meier, JuS 1996, S. 439 f.; ders., GA 1999, S. 8.
[326] Rieß, Jura 1987, S. 281 f.

ordnung[327] und - ungleich weniger häufig - auch im Strafgesetzbuch[328], hat allerdings je nach Zielrichtung und Zweck der Vorschrift eine unterschiedliche Bedeutung[329].
Der Begriff des „Opfers“ findet sich dagegen in der Strafrechtswissenschaft kaum, was auf seine emotionale Prägung zurückzuführen sein dürfte[330]. Im Gegensatz zum verfahrensrechtlichen Verletztenbegriff liegt ihm in erster Linie eine kriminologisch - viktimologische Betrachtungsweise zugrunde[331], wobei sich eine einheitliche Opferdefinition nicht herausgebildet hat[332].
In Anlehnung an den nicht einheitlichen verfahrensrechtlichen Verletztenbegriff wird auch beim Versuch einer Definition des Opfer- bzw. Verletztenbegriffs i.S.d. § 46 a StGB Zielrichtung und Zweck der Vorschrift zu berücksichtigen sein. Nach dem Gesetzentwurf sollen in dem Bestreben, die Opferbelange stärker in den Mittelpunkt des Interesses zu rücken, dem Opfer durch die Reaktionsmöglichkeiten des § 46 a StGB sinnvolle materielle und immaterielle Hilfen durch Schadenskompensation und Abbau von Ängsten gegeben werden[333].
Unter Zugrundelegung dieses explizit die materielle wie immaterielle Beeinträchtigung umfassenden Normzweckes sowie auch der grundsätzlich eher emotionalen Färbung des Opferbegriffes ist demnach unter Verletztem bzw. Opfer i.S.d. § 46 a StGB ein durch eine Straftat materiell und / oder immateriell (im Sinne von emotional) Geschädigter zu verstehen[334].
Ob sich daraus denknotwendig eine Anwendbarkeitsbeschränkung des § 46 a StGB auf bestimmte Tatbestandstypen ergibt, wird im folgenden zu prüfen sein.

b) Deliktsbezogene Auswirkungen der Voraussetzung eines Verletzten- bzw. Opferstatus

Aufgrund des Verletzten / bzw. Opfer-Erfordernisses könnten bestimmte Straftaten aus dem Anwendungsbereich des § 46 a StGB herausfallen.

aa) Versuchsstraftaten

Fraglich ist, ob es bei bloß versuchten Straftaten einen Verletzten bzw. ein Opfer i.S.d. § 46 a StGB gibt.

---

[327] Vgl. u.a. §§ 22 Nr. 1; 61 Nr. 2; 111 g Abs. 1; 111 h Abs. 1; 111 k Abs. 1; 172 Abs. 1; 374 Abs. 1; 388 Abs. 1, 2; 395 Abs. 1; 403 Abs. 1, 2; 406 d - h StPO.
[328] Vgl. §§ 73 Abs. 1; 77 Abs. 1, 2; 247 StGB.
[329] Vgl. KK/Schmid, § 172, Rdn. 18; LR/Wendisch, Vorbem. Fünftes Buch, Rdn. 1.
[330] So schon Däubler-Gmelin, ZRP 1994, S. 341; U. I. Hartmann, S. 9.
[331] Rieß, Jura 1987, S. 282; Rössner/Wulf, S. 12.
[332] Rössner/Wulf, a.a.O.; vgl. den Überblick bei Schwind, Kriminologie, § 19, Rdn. 3.
[333] Vgl. BT-Drs. 12/6853, S. 21.
[334] Ebenso Rössner/Klaus in TOA in Deutschland, S. 55.

Im Hinblick auf die unterschiedlichen Akzente der beiden Fallgruppen des § 46 a StGB erscheint hier eine Differenzierung angebracht:

Im Falle des auf materielle Entschädigung zugeschnittenen § 46 a Nr. 2 StGB ist die Verletzten- bzw. Opfereigenschaft des Rechtsgutträgers, gegen den sich die Versuchsstraftat richtete, dann gegeben, wenn diesem durch das versuchte Delikt ein unter Heranziehung zivilrechtlicher Grundsätze bestimmbarer - materieller oder auch immaterieller - Schaden, der einer materiellen Entschädigung zugänglich ist, entstanden ist.
Insofern bedarf es kaum der Erläuterung, daß Fälle, in denen der Rechtsgutträger von der gegen ihn gerichteten Versuchstat gar keine Kenntnis erlangt, von vornherein aus dem Anwendungsbereich der Nr. 2 ausscheiden.

Dies gilt auch für § 46 a Nr. 1 StGB, der sich von § 46 a Nr. 2 StGB aber dadurch unterscheidet, daß diese Norm nicht primär auf die materielle Entschädigung abstellt, sondern auch und insbesondere die immaterielle Tatbewältigung durch Tatfolgenausgleich erfaßt. Eine immaterielle Schädigung dürfte bei den von versuchten Straftaten Betroffenen in der Regel anzunehmen sein, da deren Kenntnis von dem versuchten Angriff auf ihre Rechtsgüter, oft verbunden mit der Furcht vor Wiederholung, eine erhebliche emotionale Belastung bedeutet[335]. Eine dementsprechende Wertung liegt auch der in § 395 StPO geregelten Nebenklagebefugnis zugrunde, denn im Hinblick auf die dort genannten Straftaten steht der Versuch der Tatvollendung gleich[336], d.h. auch der von einer versuchten Straftat Betroffene wird als besonders schutzwürdiger Geschädigter angesehen.
Insofern sind auch die von lediglich versuchten Straftaten Betroffenen nach der zuvor entwickelten Begriffsbestimmung[337] Verletzte bzw. Opfer i.S.d. § 46 a StGB, d.h. § 46 a Nr. 1 StGB kann auch bei Versuchsstraftaten Anwendung finden[338]. Dies erscheint im Hinblick darauf, daß bei Versuchsstraftaten eine auf die Zukunft gerichtete „Lösung des der Tat zugrundeliegenden Gesamtkonflikts“[339] nicht minder erstrebenswert ist als bei vollendeten Taten, angemessen und entspricht der beabsichtigten friedenstiftenden Intention des TOA gemäß § 46 a Nr. 1 StGB.

---

[335] So bereits Rössner/Klaus in TOA in Deutschland, S. 55; kritisch, insbesondere im Hinblick auf die Plausibilität bei Vermögensdelikten, Loos, Hirsch-FS, S. 864.
[336] Vgl. Kleinknecht/Meyer-Goßner, § 395, Rdn. 3.
[337] Vgl. oben Zweiter Teil, C I 2 a.
[338] Ebenso Rössner/Klaus in TOA in Deutschland, S. 55; a.A. SK/Horn, § 46 a, Rdn. 3; Meier, JuS 1996, S. 442; Loos, Hirsch-FS, S. 863 f., die Versuchsstraftaten als opferlose Delikte einstufen.
[339] BT-Drs. 12/6853, S. 22.

bb) Straftaten zum Nachteil juristischer Personen

Fraglich ist weiter, wie sich die Voraussetzung eines Verletzten- bzw. Opferstatus bei Straftaten zum Nachteil juristischer Personen auswirkt.

Da juristische Personen durch eine Straftat zumindest materiell geschädigt werden können, unterfallen sie grundsätzlich dem materiell wie immateriell Geschädigte erfassenden Verletzten- bzw. Opferbegriff des § 46 a StGB und können aufgrunddessen im Rahmen von § 46 a Nr. 2 StGB ohne weiteres in den Genuß materieller Entschädigungsleistungen gelangen. § 46 a Nr. 2 StGB verlangt dem Empfänger der materiellen Entschädigungsleistungen insoweit keine Mitwirkung ab, die einer natürlichen Person vorbehalten wäre.

Zweifelhaft ist hingegen, ob nach Straftaten gegen juristische Personen auch ein Täter-Opfer-Ausgleich i.S.v. § 46 a Nr. 1 StGB offensteht. Von den Befürwortern[340] wird insoweit ein auch bei juristischen Personen vorhandenes unterstützungswürdiges Restitutionsinteresse[341] sowie die Tunlichkeit einer Gleichbehandlung der Täter[342] als Argument angeführt. Auch der Bundesgerichtshof[343] kann wohl zu diesen Befürwortern gerechnet werden, da er bei Straftaten zum Nachteil juristischer Personen eine Anwendung des § 46 a StGB generell für möglich hält[344].

Zwar soll juristischen Personen, die durch ihre Vertreter ebenso wie natürliche Personen handlungsfähig sind, nicht generell ein Ausgleichsbedürfnis abgesprochen werden. Auch sie haben Anspruch auf Wiederherstellung des Rechtsfriedens. Hingegen wird sich ihr Restitutionsinteresse im Hinblick auf das Fehlen emotionaler Schädigungen kraft Natur der Sache in erster Linie auf materiellen Ausgleich erstrecken. Auch werden juristische Personen nun einmal insbesondere Opfer von Vermögensdelikten, da andere Delikte (z.B. Körperverletzungen) an ihnen nicht oder nur unter bestimmten Umständen (z.B. Ehrdelikte) begangen werden können.
Beim Täter-Opfer-Ausgleich steht nun aber weniger das materielle, sondern das immateriell - personale Element im Vordergrund; er soll auch und insbesondere dem immateriell (im Sinne von emotional) geschädigten Tatopfer eine Auf- und Verarbeitung des Tatgeschehens ermöglichen und strebt eine Lösung des

---

[340] Rössner/Klaus in TOA in Deutschland, S. 56; S-S/Stree, § 46 a, Rdn. 4; Loos, Hirsch-FS, S. 863.
[341] Rössner/Klaus sowie S-S/Stree, a.a.O.
[342] S-S/Stree sowie Loos, a.a.O.
[343] Vgl. BGH StV 2000, 128 (Urt. v. 18.11.1999 - 4 StR 435/99).
[344] Zur Begründung verweist der 4. Senat allerdings u.a. auf das - eher auf eine Anwendung des § 46 a Nr. 2 StGB zugeschnittene - Argument, die *Schadenswiedergutmachung* käme mittelbar auch den hinter der juristischen Person stehenden natürlichen Personen zugute, vgl. a.a.O.

gesamten der Tat zugrundeliegenden sozialen Konflikts an[345]. Insofern ist er auf Straftaten zu Lasten natürlicher Personen zugeschnitten, denn bei Straftaten zum Nachteil juristischer Personen liegt der Tat im Normalfall weder ein sozialer Konflikt der Beteiligten zugrunde, noch ist eine ideelle (im Sinne von emotionaler) Schädigung der betroffenen juristischen Person (z.B. der Kaufhaus-AG) gegeben.
In abgeschwächter Form gilt dies übrigens auch für Straftaten gegen Personenmehrheiten in Form von Gruppen natürlicher Personen, denn auch in diesen Fällen ist die soziale Konflikt- und emotionale Verletzungskomponente zumeist erheblich geringer ausgeprägt als bei Delikten gegen Einzelpersonen[346].

Meier[347] will deshalb den Anwendungsbereich des § 46 a Nr. 1 StGB auf solche Delikte zum Nachteil juristischer Personen beschränken, bei denen ein personales Opfer erkennbar ist. Darunter sollen alle (natürlichen) Personen fallen, die durch die Tat deshalb persönlich betroffen sind, weil sich die Tat als Eingriff in ihre soziale Stellung darstellt. Insoweit soll unerheblich sein, ob diese Personen in ihren eigenen Rechtsgütern verletzt wurden oder ob sie auf sonstige Weise unmittelbar in das durch die Tat ausgelöste Konfliktgeschehen involviert sind[348].
Das Problem einer als ungerechtfertigt erachteten Ungleichbehandlung des Täters im Hinblick darauf, ob sich seine Straftat gegen juristische oder natürliche Personen richtet[349], dürfte sich bei Zugrundelegung dieser Auffassung ganz erheblich relativieren, da in nahezu allen Fällen von Straftaten zu Lasten juristischer Personen auch ein personales Opfer - etwa die getäuschte natürliche Person - erkennbar und demzufolge ein TOA möglich ist.
Außerdem stellt die von Meier vorgeschlagene Lösung sicher, daß der den TOA prägende interpersonelle Interaktionszusammenhang nicht zu einer bloßen Formalie wird, bei der dem Täter im Rahmen des TOA ein beliebiger, anonymer Vertreter der geschädigten juristischen Person gegenübersteht. Weiterhin wird der Gefahr entgegengewirkt, daß der für den TOA typische Bezug auf einen „der Tat zugrundeliegenden" (oder zumindest durch sie hervorgerufenen) „Gesamtkonflikt"[350] an Glaubwürdigkeit verliert, da sich im Falle von Straftaten zum Nachteil juristischer Personen ohne personales Opfer der Eindruck, daß ein solcher Konflikt mehr oder weniger künstlich inszeniert wird, geradezu aufdrängt.
Die Auffassung Meiers begegnet jedoch insoweit Bedenken, als er in den Ausgleich mit dem durch die Tat verletzten personalen Opfer auch solche

---

[345] Vgl. oben Zweiter Teil, B I 1.
[346] Vgl. Rössner/Klaus in TOA in Deutschland, S. 56.
[347] Meier, JuS 1996, S. 440; ders., GA 1999, S. 8 f.
[348] Meier, a.a.O.; Rössner/Klaus in TOA in Deutschland, S. 56 verwenden in diesem Zusammenhang den Begriff des „sekundären persönlichen Opfers".
[349] S-S/Stree, § 46 a, Rdn. 4 führt diesbezüglich an, es könne für den Rahmen eines Ausgleichs keinen Unterschied begründen, ob z.B. ein Einzelkaufmann oder eine GmbH betrogen worden ist.
[350] Vgl. BT-Drs. 12/6853, S. 22.

Personen einbeziehen will, die an anderen als den durch die jeweilige Strafvorschrift geschützten Rechtsgütern geschädigt oder auf sonstige Weise in das Konfliktgeschehen involviert sind. In solchen Fällen der Verschiedenheit der verletzten Rechtsgüter kann sich die Problematik ergeben, daß der Ausgleich mit dem so verstandenen (sekundären) personalen Opfer keinen Ausgleich im Hinblick auf das spezifische Unrecht des durch die Strafvorschrift geschützten Rechtsgutes der juristischen Person (oder auch der Allgemeinheit[351]) darstellt. Für solche Konstellationen gilt es klarstellend anzumerken, daß insofern ein Ausgleich mit dem personalen Tatopfer nur im Hinblick auf die bei der beteiligten Person betroffenen Rechtsgüter, nicht aber auf die - davon verschiedenen - der juristischen Person in Frage kommen kann[352].

Ein Ausgleich mit dem personalen Opfer stellvertretend für die juristische Person setzt hingegen grundsätzlich voraus, daß die ausgleichsfähige Rechtsgutsverletzung auch bei der juristischen Person eintritt, das personale Opfer aber als Sachwalter, Bestandteil oder Nutznießer - nicht notwendig als gesetzlicher Vertreter - der juristischen Person davon unmittelbar (mit-)betroffen ist. Dies wird insbesondere dann der Fall sein, wenn der Aufgabenbereich des personalen Opfers die Wahrung des durch die Straftat verletzten Rechtsguts der juristischen Person mit umfaßt.

Mit dieser Einschränkung soll der Auffassung Meiers gefolgt werden.

Die von ihm vorgeschlagene Beschränkung der Anwendbarkeit des § 46 a Nr. 1 StGB auf Delikte gegen juristische Personen, bei denen ein personales Opfer erkennbar ist, wird dem Charakter des TOA als Instrument interpersoneller Konfliktregelung in adäquater Weise gerecht und beugt einer ausufernden Anwendung des TOA, die letztlich in einer Verwässerung von Sinn und Zweck des Instituts mündet, vor.

Wie bereits im Rahmen des Gleichbehandlungsaspektes erwähnt, dürfte eine allzu erhebliche Einschränkung des Anwendungsbereiches des § 46 a Nr. 1 StGB damit ohnehin nicht verbunden sein, da sich an den Schaltstellen juristischer Personen natürliche Personen befinden, die in der Regel auch als personale Opfer erkennbar werden und so die Möglichkeit eines TOA eröffnen.

cc) Gefährdungsdelikte und Delikte gegen die Allgemeinheit

Im Rahmen der Gefährdungsdelikte ist im Hinblick auf die Voraussetzung eines Verletzten- bzw. Opferstatus zwischen konkreten und abstrakten Gefährdungsdelikten zu differenzieren.

Der Tatbestand konkreter Gefährdungsdelikte beschreibt eine Handlung, die eine Gefahr für Menschen oder Sachen auslöst[353] (z.B. §§ 221; 250 Abs. 1 Nr. 1 c;

---

[351] Dazu unten Zweiter Teil, C I 2 b cc.

[352] Ebenso Rössner/Klaus in TOA in Deutschland, S. 56.

[353] Tröndle/Fischer, vor § 13, Rdn. 13 a.

308; 315; 315 c StGB). Selbst wenn es letztendlich nicht zu einer Rechtsgutverletzung kommt, liegt die Möglichkeit einer immateriellen (im Sinne von emotionalen) Schädigung des einer konkreten Gefahr ausgesetzten Rechtsgutträgers nahe, weshalb ein Täter-Opfer-Ausgleich i.S.v. § 46 a Nr. 1 StGB in solchen Fällen durchaus vorstellbar ist.
Sofern durch die Tat ein Schaden eingetreten ist, steht auch der Anwendbarkeit des § 46 a Nr. 2 StGB nichts entgegen.

Im Unterschied zu den konkreten Gefährdungsdelikten braucht bei den abstrakten Gefährdungsdelikten (z.B. §§ 145; 145 d; 153 ff.; 186; 219 a, b; 314; 316 StGB) kein konkretes Angriffsobjekt in seiner Existenz oder Sicherheit effektiv betroffen zu sein, d.h. ein Erfolg in Gestalt einer konkreten Rechtsgütergefährdung ist nicht erforderlich[354]. Sofern sich aber die Gefährlichkeit des strafbewehrten Tuns weder in einer Rechtsgutverletzung noch in einer konkreten Rechtsgütergefährdung manifestiert hat, fehlt es in der Regel an einem Verletzten bzw. Opfer i.S.d. § 46 a StGB, so daß eine Anwendbarkeit der Vorschrift von vornherein ausscheidet.
Auch soweit sich Gefährdungsdelikte, wie etwa die Aussagedelikte oder die besonders praxisrelevante Bestimmung des § 316 StGB (Trunkenheit im Verkehr), oder andere Delikte, z.B. Umweltdelikte (§§ 324 ff. StGB), Straftaten gegen die Landesverteidigung (§§ 109 ff. StGB), etc., ausschließlich gegen Rechtsgüter der Allgemeinheit richten, scheidet zumindest eine Anwendung des § 46 a Nr. 1 StGB aus, da es an einem Verletzten fehlt, der mit dem Täter in einen interpersonalen kommunikativen Ausgleichsprozeß eintreten kann[355].

Ein insoweit beschränkter Anwendungsbereich des § 46 a StGB könnte im Hinblick auf den allgemeinen Gleichheitssatz des Art. 3 Abs. 1 Grundgesetz (GG) Bedenken begegnen[356]. Dessen Schutzbereich ist aber lediglich dann betroffen, wenn wesentlich Gleiches ungleich oder wesentlich Ungleiches gleich behandelt wird[357]. Insofern setzt der Rückgriff auf Art. 3 GG zwei vergleichbare Sachverhalte voraus. Aufgrunddessen ist es keinesfalls gleichheitswidrig, daß solche Delikte, die sich wegen des Fehlens eines konkret-individualisierbaren Opfers einfach nicht für einen Täter-Opfer-Ausgleich eignen, aus dem Anwendungsbereich der Norm herausfallen[358].

---

354 S-S/Cramer, Vorbem. §§ 306 ff., Rdn. 3.

355 Ganz h.M., vgl. SK/Horn, § 46 a, Rdn. 3; S-S/Stree, § 46 a, Rdn. 4; Rössner/Klaus in TOA in Deutschland, S. 56; Meier, GA 1999, S. 9; Loos, Hirsch-FS, S. 863; a.A. Brauns, S. 317 und (im Hinblick auf Steuerstraftaten) ders., wistra 1996, S. 218.

356 So etwa Rössner/Klaus in TOA in Deutschland, S. 57; Lee, S. 108.

357 Vgl. BVerfGE 1, 14 (52); 76, 256 (329); 84, 133 (157 f.).

358 Ebenso Schabel, wistra 1997, S. 205; ähnlich Loos, Hirsch-FS, S. 863 (insbes. Fn. 80).

Umstritten ist, ob bei Delikten gegen die Allgemeinheit eine Schadenswiedergutmachung i.S.v. § 46 a Nr. 2 StGB in Frage kommt.
Unter der Voraussetzung, daß die Tat überhaupt einen Schaden verursacht hat, wollen Rössner/Klaus[359] Delikte gegen die Allgemeinheit ebenso wie Straftaten zum Nachteil juristischer Personen behandeln und der Allgemeinheit - vertreten durch die geschädigte öffentliche Institution - unter Berufung auf Sinn und Zweck des § 46 a StGB einen Opferstatus zuerkennen.

Hierzu ist anzumerken, daß die vom Gesetzgeber formulierte Zielsetzung, den Belangen der Opfer von Straftaten stärkeres Gewicht zu verleihen[360], eine Erstreckung des Normanwendungsbereiches auf Delikte, bei denen ein durch die Tat konkret betroffenes Opfer wegen der Abstraktheit des verletzten Rechtsguts nicht erkennbar ist und daher erst durch quasi hilfsweisen Rückgriff auf verallgemeinernde Abstraktionsmechanismen begreifbar gemacht werden muß, nicht zwingend erforderlich erscheinen läßt.
Andererseits stehen weder der Gesetzeswortlaut noch der der Norm zugrundeliegende Opferbegriff einem solch weiten Verständnis des § 46 a Nr. 2 StGB ausdrücklich entgegen.
Aus dem Gesetzgebungsverfahren und der Begründung des Gesetzentwurfs der Fraktionen der CDU/CSU und F.D.P.[361] lassen sich gleichfalls keine eindeutigen Rückschlüsse ziehen:
Zwar finden sich darin keinerlei Anhaltspunkte dafür, daß nach dem Willen des Gesetzgebers eine Opferentschädigung gemäß § 46 a Nr. 2 StGB auch bei gegen die Allgemeinheit gerichteten Delikten möglich sein sollte[362]; umgekehrt fehlt es aber auch an Hinweisen darauf, daß diesbezüglich eine Anwendbarkeitsbeschränkung auf Straftaten, bei denen ein Schaden zum Nachteil einer bestimmten Person eingetreten ist, erwünscht war[363].

Insgesamt kann man sich allerdings des Eindrucks nicht ganz erwehren, daß durch die Befürwortung einer Einbeziehung von Delikten gegen die Allgemeinheit in die Schadenswiedergutmachung gemäß § 46 a Nr. 2 StGB ein Einfallstor für (materielle) Wiedergutmachungsformen, die von symbolischer Wiedergutmachung kaum noch zu unterscheiden sind und dieser Wiedergutmachungsform letztendlich den Weg bereiten, geschaffen werden soll.
Um die vom Gesetzgeber getroffenen Entscheidung für eine opferbezogene Schadenswiedergutmachung nicht zu konterkarieren und bis zur Unkenntlichkeit

---

[359] Rössner/Klaus in TOA in Deutschland, S. 56 f.
[360] Vgl. BT-Drs. 12/6853, S. 1, 21.
[361] BT-Drs. 12/6853, S. 21 f.
[362] Dies betont Meier, JuS 1996, S. 440.
[363] Klarer insofern der AE-WGM und der SPD-Gesetzentwurf, wo dem Täter bei Delikten ohne personales Opfer ausdrücklich die Möglichkeit der - symbolischen - Wiedergutmachung eingeräumt wird (§ 1 Abs. 1 S. 3 AE-WGM bzw. § 24 a Abs. 5 StGB-E), vgl. oben Erster Teil, E, G.

aufzuweichen, sollte deshalb bei Delikten gegen die Allgemeinheit eine Schadenswiedergutmachung gemäß § 46 a Nr. 2 StGB nur in solchen Fällen in Frage kommen, in denen der stellvertretend für die Allgemeinheit auftretende Empfänger der Schadenswiedergutmachung mit dem durch die Straftat Geschädigten - ohne das Zwischenschalten weiterer Abstraktionsschritte - identisch ist.

Sonderproblem: Anwendbarkeit des § 46 a StGB im Steuerstrafrecht

Die Frage, ob § 46 a StGB über die Verweisungsvorschrift des § 369 Abs. 2 Abgabenordnung (AO) auch im Steuerstrafrecht Anwendung finden kann, wird kontrovers diskutiert[364].

Dabei wird die Auffassung vertreten, § 46 a StGB sei auf Steuerstraftaten schlechthin nicht anwendbar, weil im Steuerstrafrecht die Regelung der strafbefreienden Selbstanzeige (§ 371 AO) als lex specialis dem § 46 a StGB vorgehe[365]. Die an die freiwillige Rückkehr in die Steuerehrlichkeit anknüpfende Selbstanzeige würde ansonsten nachhaltig entwertet, da der Steuerstraftäter im Hinblick auf die Rechtsfolgen des § 46 a StGB mit geringem Risiko Ermittlungen der Steuer- bzw. Strafverfolgungsbehörden abwarten könnte, um sich dann kooperativ und zahlungsbereit zu zeigen[366].
Diese Auffassung ist jedoch abzulehnen, da sie gravierende Unterschiede zwischen § 371 AO und § 46 a StGB, die ein Verhältnis der Spezialität ausschließen, verkennt. So würde der Anreiz zur Selbstanzeigeerstattung durch eine Anwendung des § 46 a StGB schon deshalb nicht entscheidend gemindert, weil § 371 AO dem Steuerstraftäter im Falle der rechtzeitigen (Abs. 2) Erstattung der Selbstanzeige Straffreiheit garantiert, während er bei § 46 a StGB auf eine ungewisse, ihm günstige Ermessensausübung angewiesen bleibt[367].
Die Anwendbarkeit der beiden Normen unterscheidet sich weiterhin in zeitlicher Hinsicht: Während die Selbstanzeige unter den weiteren Voraussetzungen des § 371 AO dem Steuerpflichtigen die Chance einräumt, **vor** der Entdeckung der Tat Straffreiheit zu erlangen, würde § 46 a StGB regelmäßig erst **nach** der Tatentdeckung Anwendung finden[368].

---

[364] Für eine Anwendung etwa Brauns, wistra 1996, S. 214 ff.; Schwedhelm/ Spatscheck, DStR 1995, S. 1449 ff.; Kottke, DB 1997, S. 549 ff.; Kohlmann, Teil B, Rdn. 197.1; von Briel, NStZ 1997, S. 33 f.; dagegen Blesinger, wistra 1996, S. 90 f.; Woring, DStZ 1996, S. 459 ff.; Klawitter, DStZ 1996, S. 553 ff.; Schabel, wistra 1997, S. 201 ff.

[365] Blesinger, wistra 1996, S. 90.

[366] Blesinger, a.a.O.; ebenso Woring, DStZ 1996, S. 460.

[367] Ebenso Kohlmann, Teil B, Rdn. 197.1; Brauns, wistra 1996, S. 217; von Briel, NStZ 1997, S. 34.

[368] So bereits Rössner/Klaus in TOA in Deutschland, S. 58; Schwedhelm/Spatscheck, DStR 1995, S. 1451.

Abgesehen davon sind die Regelungen auch in dogmatischer Hinsicht auf verschiedenen Ebenen angesiedelt: Nach heute ganz herrschender Meinung ist die Selbstanzeige ihrer Rechtsnatur nach ein persönlicher Strafaufhebungsgrund[369], beseitigt also die bereits begründete Strafbarkeit rückwirkend wieder, während § 46 a StGB eine Strafzumessungsregel darstellt und als solche nur Anwendung findet, wenn zuvor ein strafbares Verhalten des Täters positiv festgestellt worden ist[370]. Außerdem hat § 371 AO im Unterschied zu § 46 a StGB eine rein fiskalpolitische Zielsetzung[371].
Somit erfassen § 371 AO und § 46 a StGB verschiedene Aspekte, unter denen ein Täter Straffreiheit oder Strafmilderung erlangen kann, und könnten deshalb grundsätzlich nebeneinander Anwendung finden[372].

Eine Nichtanwendbarkeit des § 46 a StGB auf Steuerstraftaten könnte sich jedoch aus der Umschreibung der beiden Fallgruppen ergeben:

§ 46 a Nr. 1 StGB verlangt dem Täter umfassende Ausgleichsbemühungen ab, d.h. er muß im Hinblick auf eine Lösung des der Tat zugrundeliegenden Konflikts mit dem durch die Tat Verletzten in einen interpersonalen kommunikativen Ausgleichsprozeß eintreten[373].
Verletzter bzw. Opfer eines Steuerdelikts ist die Körperschaft, der die hinterzogene Steuer zugeflossen wäre, kürzer formuliert der Fiskus, der Staat; zumindest mittelbar ist dadurch auch die Allgemeinheit geschädigt, in deren Interesse der Staat und seine Organe tätig sind[374]. Bei dieser Konstellation fehlt es nicht nur an einem Ansprechpartner für einen TOA nach § 46 a Nr. 1 StGB; es besteht auch über die Beeinträchtigung des staatlichen Steueranspruches hinaus keine der Tat zugrundeliegende Konfliktlage, die im Hinblick auf insbesondere immateriell beeinträchtigte Opferinteressen und zur Wahrung des Rechtsfriedens aufgelöst werden müßte[375]. Ein Ansatzpunkt für einen sinnvoll durchführbaren TOA ist demnach nicht gegeben.
In den beiden bisher ergangenen obergerichtlichen Entscheidungen hat auch das BayObLG[376] die Anwendbarkeit von § 46 a Nr. 1 StGB im Steuerstrafrecht abgelehnt, und zwar mit der Begründung, der von der Norm vor allem erfaßte

---

369 Kohlmann, § 371 AO, Rdn. 25 m.w.N.
370 Ebenso Klawitter, DStZ 1996, S. 554; Schabel, wistra 1997, S. 205.
371 H.M., vgl. Kohlmann, § 371 AO, Rdn. 11 m.w.N.
372 Ebenso Rössner/Klaus in TOA in Deutschland, S. 58; Klawitter, DStZ 1996, S. 554; Schabel, wistra 1997, S. 205 f.
373 Vgl. BT-Drs. 12/6853, S. 21 f. sowie oben Zweiter Teil, B I 1, 4.
374 Vgl. Brauns, wistra 1996, S. 218.
375 Ebenso Rössner/Klaus in TOA in Deutschland, S. 59; Klawitter, DStZ 1996, S. 554.
376 BayObLG NStZ 1997, 33 (Beschl. v. 28.2.1996 - 4 St RR 33/96) sowie BayObLG wistra 1997, 314 (Urt. v. 29.4.1997 - 4 St RR 35/97).

Ausgleich der immateriellen Tatfolgen sei ausgeschlossen, wenn das geschützte Rechtsgut allein dem Staat bzw. der Allgemeinheit zustehe.
Im Gegensatz dazu gibt es Stimmen in der Literatur[377], die auch bei Steuerstraftaten den Weg eines Ausgleichs i.S.v. § 46 a Nr. 1 StGB für gangbar halten. Dabei soll dem Täter, also dem Steuerhinterzieher, ein Vertreter der Finanzbehörde als Repräsentant des geschädigten Staates bzw. der geschädigten Allgemeinheit gegenübertreten.
Diese Konstellation wird aber dem Charakter des TOA als Instrument zur interpersonalen Regulierung v.a. auch immaterieller Tatfolgen nicht gerecht, nicht zuletzt auch deshalb, weil hier ein Gesamtkonflikt inszeniert wird, der zwischen den am Ausgleich beteiligten Personen niemals bestanden hat[378].
§ 46 a Nr. 1 StGB ist somit im Steuerstrafrecht nicht anwendbar.

Fraglich ist, ob § 46 a Nr. 2 StGB bei Steuerdelikten Anwendung finden kann. Das BayObLG läßt in der genannten Entscheidung[379] nicht näher ausgeführte Bedenken anklingen, ob die Nachzahlung hinterzogener Steuern überhaupt ein Fall der Schadenswiedergutmachung i.S. des § 46 a Nr. 2 StGB sein kann.
Fragwürdig könnte dies deshalb sein, weil der Steuerstraftäter mit der Nachzahlung hinterzogener Steuern lediglich eine Verpflichtung erfüllt, die bereits vor seiner Tat begründet war, während sich § 46 a Nr. 2 StGB im Normalfall auf die Kompensation des durch die Tat verursachten Schadens bezieht[380]. Selbst wenn man, um eine rasche Wiedergutmachung des entstandenen Steuerschadens zu fördern, solche Bedenken zurückstellt und die Nachzahlung hinterzogener Steuern als Fall der Schadenswiedergutmachung ansieht, ist zu berücksichtigen, daß die rein rechnerische Kompensation des Schadens für die Anwendung des § 46 a Nr. 2 StGB nicht genügt[381]. Die Vorschrift verlangt darüber hinaus, daß die Schadenswiedergutmachung mit „erheblichen persönlichen Leistungen oder persönlichem Verzicht“ einhergeht. Bei der Nachzahlung hinterzogener Steuern wird dies aber, weil sich die Steuerlast nach der Leistungsfähigkeit des Steuerpflichtigen richtet und ihr daher in der Regel auch entsprechende Einnahmen gegenüberstehen[382], nur ausnahmsweise der Fall sein.
§ 46 a Nr. 2 StGB kommt damit in Steuerstrafsachen nur eine eher geringe Bedeutung bei Härtefällen zu[383].

---

377 Vgl. etwa Brauns, wistra 1996, S. 218; von Briel/Ehlscheid, § 2, Rdn. 202.
378 Vgl. die Argumentation im Hinblick auf Straftaten zum Nachteil juristischer Personen oben Zweiter Teil, C I 2 b bb.
379 BayObLG NStZ 1997, 33 (Beschl. v. 28.2.1996 - 4 St RR 33/96).
380 Vgl. Blesinger, wistra 1996, S. 90; Klawitter, DStZ 1996, S. 555; Schabel, wistra 1997, S. 205.
381 Vgl. BT-Drs. 12/6853, S. 22; ebenso BayObLG NStZ 1997, 33 (Beschl. v. 28.2.1996 - 4 St RR 33/96).
382 Klawitter, DStZ 1996, S. 555.
383 So im Ergebnis auch Rössner/Klaus in TOA in Deutschland, S. 59.

c) Weitere Ansatzpunkte zur Einschränkung des deliktsbezogenen Anwendungsbereiches

Vereinzelt wird der Versuch unternommen, die grundsätzliche Weite des Anwendungsbereiches des § 46 a StGB einzuschränken, ohne in der Argumentation an das Verletzten- bzw. Opfer-Erfordernis anzuknüpfen.

So hegt etwa Tröndle offensichtlich Vorbehalte dagegen, die Vorschrift auf Taten, bei denen Gewalt gegen eine Person angewandt oder mit Gefahren für Leib und Leben gedroht wurde, anzuwenden. Während er sich in einer Vorauflage[384] für solche Fälle eine Anwendung von § 46 a StGB insgesamt nicht vorstellen konnte, zieht er in der letzten von ihm (mit-)erläuterten Auflage[385] allenfalls eine Anwendung von § 46 a Nr. 1 StGB in Betracht.
Horn[386] wiederum folgert z.B. aus dem Wiedergutmachungserfordernis des § 46 a Nr. 1 StGB, daß diese Vorschrift in erster Linie, aber nicht ausschließlich für die Bestrafung von Taten gelte, die zu einem Eigentums- oder Vermögensschaden bei einem anderen geführt haben.

Beiden Auffassungen ist entgegenzuhalten, daß der Gesetzgeber eine solche Unterteilung nach bestimmten Deliktsgruppen gerade nicht vorgenommen hat und daß eine solche - eher schematische - Deliktsgruppenbildung den jeweiligen individuellen Fallkonstellationen auch nicht gerecht wird.
So weisen denn auch die in den Modellprojekten zum Täter-Opfer-Ausgleich abgewickelten Fälle eine ganz unterschiedliche Deliktsstruktur auf, wobei die leichteren und sogar die mittelschweren Formen von Gewaltdelikten eine nicht unerhebliche Rolle spielen[387].
Es wäre deshalb auch im Opferinteresse nicht gerechtfertigt, die Möglichkeiten einer Schadenskompensation i.S.v. § 46 a StGB bei bestimmten Delikten von vornherein auszuschließen[388].

---

[384] Vgl. Dreher/Tröndle (47. Aufl.), § 46 a, Rdn. 3.
[385] Vgl. Tröndle/Fischer (49. Aufl.), § 46 a, Rdn. 3; ebenso die von Fischer erläuterte Neuauflage (50. Aufl.), a.a.O.
[386] SK/Horn, § 46 a, Rdn. 3.
[387] Vgl. oben Erster Teil, C sowie Hartmann/Stroezel in TOA in Deutschland, S. 160 ff.
[388] Ebenso Rössner/Klaus in TOA in Deutschland, S. 54 f.

II) Verfahrensbezogener Anwendungsbereich

1) Vor- und Zwischenverfahren

Dem Grundgedanken des § 46 a StGB, Konflikte im Hinblick auf eine bessere Wahrung der Opferbelange freiwillig und mit friedenstiftender Wirkung zu regeln und den Täter zur Übernahme von Verantwortung für die Folgen seiner Tat zu veranlassen[389], werden Ausgleichs- und Wiedergutmachungsbestrebungen insbesondere dann in idealer Weise gerecht, wenn sie in einem möglichst frühzeitigen Verfahrensstadium erfolgen[390].
Staatsanwaltschaft und Gericht sollten deshalb bei geeigneten Fällen in allen Verfahrensabschnitten, also auch bereits im Vor- und Zwischenverfahren, eine Anwendung des § 46 a StGB prüfen[391]. Der durch Gesetz vom 20.12.1999 eingefügte § 155 a StPO[392] stellt nunmehr ausdrücklich klar, daß ein Ausgleich zwischen Beschuldigtem und Verletztem in jedem Verfahrensstadium anzustreben ist.
Vor Klageerhebung stellen § 153 b Abs. 1 StPO[393] (i.V.m. § 46 a StGB) sowie der durch Gesetz vom 20.12.1999 geänderte § 153 a Abs. 1 StPO[394] das strafverfahrensrechtliche Instrumentarium für die Berücksichtigung von TOA und Wiedergutmachung, nach Klageerhebung treten (bis zum Beginn der Hauptverhandlung) § 153 b Abs. 2 StPO (i.V.m. § 46 a StGB) sowie § 153 a Abs. 2 StPO hinzu.

2) Besondere Verfahrensarten

Die Vorschrift des § 46 a StGB kann grundsätzlich auch im Rahmen besonderer Verfahrensarten - zu denken ist an das Strafbefehlsverfahren (§§ 407 ff. StPO) sowie an das beschleunigte Verfahren (§§ 417 ff. StPO) - Anwendung finden.

Für das *Strafbefehlsverfahren* zählt § 407 Abs. 2 Nr. 3 StPO das Absehen von Strafe als zulässige Rechtsfolge auf. Im Hinblick auf die Anwendung des § 46 a StGB erscheint dieses Verfahren für Fälle geeignet, in denen die Staatsanwaltschaft Kenntnis von dem Opfer zugute kommenden Anstrengungen des Täters hat, die die Voraussetzungen des § 46 a StGB ohne weiteres erfüllen[395].

---

[389] Vgl. BT-Drs. 12/6853, S. 21 f.
[390] Vgl. die Ausführungen oben Zweiter Teil, B I 3 e, 4 f, II 1 f.
[391] So bereits Rössner/Klaus in TOA in Deutschland, S. 60.
[392] Vgl. oben Erster Teil, I II 1.
[393] Vgl. oben Erster Teil, I II 4.
[394] Vgl. oben Erster Teil, I II 3.
[395] Ähnlich Rössner/Klaus in TOA in Deutschland, S. 58.

Im *beschleunigten Verfahren* wird eine Anwendung des § 46 a StGB eher die Ausnahme bilden, da der Beschleunigungseffekt Wiedergutmachung und Ausgleich, die im Normalfall einen gewissen Zeitaufwand beanspruchen, nicht gerade begünstigt[396].

D) Die Rechtsfolgen des § 46 a StGB

I) Ausgestaltung: Fakultative Regelung

Bei der Ausgestaltung der Rechtsfolgen des § 46 a StGB hat sich der Gesetzgeber für eine fakultative Regelung entschieden:
Sofern die Voraussetzungen der Nr. 1 oder Nr. 2 des § 46 a StGB vorliegen, „kann“ das Gericht die Strafe nach § 49 Abs. 1 StGB mildern oder von Strafe absehen.
Dadurch soll die Berücksichtigung der jeweiligen besonderen Umstände des Einzelfalles gewährleistet und eine tatangemessene, flexible Handhabung der Norm ermöglicht werden[397].

II) Die in § 46 a StGB eröffneten Strafmöglichkeiten des Gerichts

§ 46 a StGB sieht keine neuen Rechtsfolgen vor, sondern greift auf § 49 Abs. 1 StGB bzw. das Rechtsinstitut des Absehens von Strafe zurück[398].

1) Milderung der Strafe nach § 49 Abs. 1 StGB

Im Hinblick auf die Sanktionsalternative Strafmilderung stellt § 46 a StGB einen gesetzlich vertypten, d.h. an feste tatbestandliche Voraussetzungen anknüpfenden, Strafmilderungsgrund dar[399].
Dem Gericht wird dadurch fakultativ ein neuer, vom Normaltatbestand abweichender Strafrahmen eröffnet, dessen Höhe sich nach § 49 Abs. 1 StGB bestimmt.

---

[396] Ebenso Rössner/Klaus in TOA in Deutschland, S. 58; Loos, Hirsch-FS, S. 876.
[397] BT-Drs. 12/6853, S. 22.
[398] Vgl. die Begründung des Gesetzentwurfs BT-Drs. 12/6853, S. 22.
[399] Vgl. Schäfer, Rdn. 375, 380; Tröndle/Fischer, § 46 a, Rdn. 3; Lackner/Kühl, § 46 a, Rdn. 5; Brauns, S. 301; BayObLG StV 1995, 367 (Beschl. v. 31.3.1995 - 3 St RR 17/95).

2) Absehen von Strafe

Als weitere Sanktionsalternative ermöglicht § 46 a StGB das Absehen von Strafe. Aus generalpräventiven Gründen und im Sinne eines angemessenen Schuldausgleichs[400] kommt dies allerdings nur dann in Betracht, wenn nicht Freiheitsstrafe von mehr als einem Jahr oder Geldstrafe von mehr als 360 Tagessätzen verwirkt ist.

Verwirkt ist die Strafe, die verhängt werden müßte, wenn nicht das Gesetz den Richter ausnahmsweise ermächtigt, diese Koppelung aufzuheben[401]. Diese „an sich" - d.h. wenn es den § 46 a StGB nicht gäbe - zu verhängende Strafe braucht das Gericht nicht exakt zu bestimmen; es genügt die nachprüfbare Feststellung, daß sie die in § 46 a StGB für das Absehen von Strafe vorgegebenen Anwendbarkeitsgrenzen jedenfalls nicht überschreitet[402].

Das Absehen von Strafe geschieht durch Urteil in der Form eines Schuldspruchs ohne Strafausspruch, wobei den Angeklagten nach § 465 Abs. 1 S. 2 StPO die Kostentragungspflicht trifft[403]. Daneben bleibt die Anordnung einer Maßregel der Besserung und Sicherung, soweit diese nicht an eine Bestrafung anknüpft, zulässig[404].

III) Der Ermessensspielraum des Gerichts

Da nur ein geringer Teil der faktisch abgeurteilten Straftaten an der in § 46 a StGB festgelegten Anwendbarkeitsgrenze für die Möglichkeit des Absehens von Strafe scheitert[405], reichen die Reaktionsmöglichkeiten des Gerichts in den Fällen der Wiedergutmachung meist von der Höchststrafe des normalen Strafrahmens bis zum Sanktionsverzicht in Form des Absehens von Strafe[406].

Ein derart großer Ermessensspielraum des Gerichts bei der Rechtsfolgenbestimmung weist zwar gegenüber starren Rechtsfolgenbestimmungen ein ungleich größeres Maß an Flexibilität auf. Da aber im Hinblick auf das Rechtsstaatsprinzip Art und Maß der strafrechtlichen Reaktion nicht dem richterlichen Belieben anheim gestellt werden dürfen, tritt die Frage, an welchen Gesichtspunkten das Gericht seine Entscheidung über die Rechtsfolgenauswahl ausrichten soll, in den Blickpunkt der Betrachtung.

---

400 BT-Drs. 12/6853, S. 22.
401 Vgl. LK/Hirsch, § 60, Rdn. 15.
402 Vgl. LK/Hirsch, § 60, Rdn. 16; S-S/Stree, § 60, Rdn. 10 sowie § 46 a, Rdn. 7.
403 SK/Horn, § 46 a, Rdn. 11; S-S/Stree, Vorbem. §§ 38 ff., Rdn. 54.
404 S-S/Stree, § 46 a, Rdn. 7.
405 Vgl. oben Zweiter Teil, C I 1.
406 Jescheck/Weigend, S. 867.

1) Kriterien der Ermessensausübung

Zwar hat der Gesetzgeber durch die Ausgestaltung von § 46 a StGB als „Kann-Vorschrift" die Wahl einer Rechtsfolge ausdrücklich dem Gericht überlassen. Doch hat dieses die Entscheidung, ob es den normalen gesetzlichen Strafrahmen anwendet oder den milderen Strafrahmen nach § 49 Abs. 1 StGB wählt oder sogar ganz von Strafe absieht, nach pflichtgemäßem Ermessen zu treffen[407].
Als Kriterien für diese Entscheidung zur Ausfüllung des Ermessensspielraums greift die wohl überwiegende Auffassung[408] im Sinne einer Gesamtwürdigung auf ein breites und durchaus heterogenes Spektrum an Abwägungsgesichtspunkten zurück:

Zunächst sind hier spezial- wie auch generalpräventive Erwägungen zu nennen; diesbezüglich ist insbesondere die Intensität der vom Täter erbrachten Leistungen (bzw. seiner Bemühungen) zu würdigen[409].
Daneben wird auch den Umständen, unter denen der Täter die Ausgleichs- und Wiedergutmachungsanstrengungen unternommen hat - etwa Maß der Freiheit von äußerem Druck, Zeitpunkt der Leistung, Belastung des Täters - Bedeutung für die Ermessensausübung beigemessen[410]. Insofern kann etwa relevant sein, ob der Täter bereits vor oder erst nach Tatentdeckung, Anklageerhebung, Beweisaufnahme, etc. i.S.v. § 46 a StGB tätig geworden ist.
Diese - äußeren - Umstände sind nun aber nicht unbedingt per se aufschlußreich, sondern sie lassen, ohne auf die individuelle Seelenlage des Täters eingehen zu müssen, Rückschlüsse auf die „Freiwilligkeit" von (Schadens-)Wiedergutmachung und TOA zu. Diese „Freiwilligkeit" wurde auf der Tatbestandsebene zwar vorausgesetzt, aber denkbar weit verstanden[411]. Über diese objektiv feststellbaren Indizumstände kann sie nach dieser Auffassung bei der Ausfüllung des Ermessensspielraums auf der Rechtsfolgenseite durchaus zu den berücksichtigungsfähigen, eine Differenzierung ermöglichenden Kriterien gehören[412].
Die damit einhergehende Wertung, daß bei der Entscheidung über die Rechtsfolgenauswahl in der Regel diejenigen Fälle eine günstigere Beurteilung

---

[407] Vgl. Lackner/Kühl, § 49, Rdn. 7 sowie § 46, Rdn. 50; SK/Horn, § 46 a, Rdn. 10; S-S/Stree, § 46 a, Rdn. 6.

[408] Vgl. Lackner/Kühl, § 46 a, Rdn. 5; S-S/Stree, § 46 a, Rdn. 6; Brauns, S. 302, 310 f.; ähnlich SK/Horn, § 46 a, Rdn. 9 f.

[409] Vgl. Lackner/Kühl, § 46 a, Rdn. 5; S-S/Stree, § 46 a, Rdn. 6.

[410] Vgl. Lackner/Kühl, § 46 a, Rdn. 5; S-S/Stree, § 46 a, Rdn. 6; Brauns, S. 311, 314 sowie BGH StV 2000, 129 (Beschl. v. 14.12.1999 - 4 StR 554/99); OLG Stuttgart NJW 1996, 2110 (Urt. v. 8.3.1996 - 1 Ss 38/96); BayObLG StV 1995, 368 (Beschl. v. 31.3.1995 - 3 St RR 17/95).

[411] Vgl. oben Zweiter Teil, B I 3 d, 4 e, II 1 e.

[412] Dagegen SK/Horn, § 46 a, Rdn. 10; Kilchling, NStZ 1996, S. 313 sowie wohl auch Meier, JuS 1996, S. 441; Rössner/Klaus in TOA in Deutschland, S. 60, da diese insoweit nur streng schuld- bzw. präventionsbezogene Kriterien heranziehen wollen (dazu näher unten Zweiter Teil, D III 2).

verdienen, in denen der Täter nicht bzw. nicht nur durch aus seiner Sicht ungünstige äußere Umstände zur Wiedergutmachung gedrängt worden ist, erscheint zwar durchaus nachvollziehbar[413]. Um aber auch im fortgeschrittenen Verfahrensstadium den Anreiz des Täters zur Durchführung von TOA und Wiedergutmachung nicht völlig zu untergraben, sollten die äußeren Umstände der Ausgleichs- und Wiedergutmachungsanstrengungen die zu treffende Ermessensentscheidung gegebenenfalls positiv, aber nur in Ausnahmefällen negativ beeinflussen.

Als ein weiteres wichtiges Kriterium bei der Ermessensentscheidung betreffend die Wahl des Strafrahmens bzw. das Absehen von Strafe wird außerdem die Höhe von Unrecht und Schuld der Tat genannt[414].
Dagegen äußert Loos[415] im Hinblick auf die Sanktionsalternative Strafmilderung Bedenken. Er bezieht sich dabei auf die in der Literatur[416] verbreitete Auffassung, wonach bei der Anwendung von Sonderstrafrahmen für die Strafrahmenverschiebung nur Umstände, die sich aus dem jeweiligen Milderungsgrund selbst ergeben, maßgeblich sein sollen. Die allgemeine Unrechts- und Schuldhöhe sei aber kein solcher Umstand, da sie mit dem Wiedergutmachungsgesichtspunkt nicht spezifisch verknüpft sei.
Diese Vorbehalte von Loos greifen meines Erachtens nicht durch, da die Wiedergutmachung der Tat bzw. des Schadens gemäß § 46 a StGB vernünftigerweise nicht isoliert von der Unrechts- und Schuldhöhe der zugrundeliegenden Tat betrachtet werden kann. Deren Unrechts- und Schuldgehalt wird nämlich in aller Regel nicht ohne Auswirkungen auf vereinbarte Ausgleichs- und Wiedergutmachungsanstrengungen bzw. Entschädigungsleistungen bleiben. Die von Loos angeführte Beschränkung der Kriterien bei der Strafrahmenverschiebung wird denn auch vor allem im Hinblick auf die fakultative Strafmilderung bei Versuchsstraftaten (§ 23 Abs. 2 StGB) befürwortet[417]. Die Versuchsmilderung unterscheidet sich jedoch vom Strafmilderungsgrund des § 46 a StGB schon dadurch, daß Versuchsstraftaten einen eigenständigen Unrechts- und Schuldgehalt aufweisen. Auch insofern erscheint es deshalb nicht angezeigt, die Höhe von Unrecht und Schuld der Tat als Kriterium bei der Ermessensentscheidung über eine Strafmilderung nach § 46 a StGB auszuklammern.

---

[413] Vgl. Brauns, S. 253, der solchen „qualifiziert freiwilligen" Wiedergutmachungsleistungen einen erhöhten „Handlungswert" zuspricht (s. dazu oben Zweiter Teil, B I 3 b cc); zustimmend Loos, Hirsch-FS, S. 868.
[414] Vgl. Lackner/Kühl, § 46 a, Rdn. 5; S-S/Stree, § 46 a, Rdn. 6; Brauns, S. 310; SK/Horn, § 46 a, Rdn. 9 spricht vom „verschuldeten Unrechtsgewicht der konkreten Tat".
[415] Loos, Hirsch-FS, S. 866.
[416] Vgl. Lackner/Kühl, § 49, Rdn. 4 m.w.N.
[417] Vgl. z.B. SK/Rudolphi, § 23, Rdn. 3; S-S/Eser, § 23, Rdn. 7; LK/Vogler, § 23, Rdn. 10.

Horn[418] geht diesbezüglich noch einen Schritt weiter, indem er für die Entscheidung zwischen einer Strafrahmenmilderung und dem Absehen von Strafe einzig und allein das „verschuldete Unrechtsgewicht der konkreten Tat" als Kriterium heranziehen will. Falls die Tat einen Unwert von mehr als einem Jahr aufweise, komme nur eine Strafrahmensenkung in Betracht; falls nicht, auch ein Absehen von Strafe. Wiedergutmachungsaspekte sollen insoweit außer Betracht bleiben.
Horn läßt dabei jedoch außer acht, daß es bei der Weichenstellung zwischen Strafrahmenmilderung und Absehen von Strafe ebenso wie bei der Wahl des richtigen Strafrahmens insbesondere darauf ankommt, inwieweit die konkrete Tat nach dem verschuldeten Tatunrecht von der entscheidend abweicht, für die der Regelstrafrahmen gedacht ist. Diese Feststellung könnte das Gericht aber ohne Berücksichtigung von TOA bzw. Schadenswiedergutmachung nur unvollkommen treffen, denn es würde der Umstand vernachlässigt, daß der die tatbestandlichen Voraussetzungen des § 46 a StGB erfüllende Täter - im Gegensatz zum „Normaltäter" - durch sein Nachtatverhalten auf den Unrechtserfolg eingewirkt hat.
Auch hätte die Auffassung Horns zur Folge, daß in einem Fall, in dem die ausschließlich nach dem verschuldeten Tatunrecht bemessene Strafe die Anwendbarkeitsgrenzen des § 46 a StGB überschreitet, ein Absehen von Strafe auch dann nicht in Betracht käme, wenn der Täter im denkbar umfassendsten Sinne TOA und Wiedergutmachung geleistet bzw. sein Opfer unter den denkbar größten Belastungen ganz entschädigt hat. Zumindest in Einzelfällen könnte ein solches Ergebnis nicht nur unbillig erscheinen, sondern auch den Anreiz zum umfassenden Tatfolgenausgleich entscheidend schmälern.
Ein Abstellen allein auf das verschuldete Tatunrecht ist deshalb als Kriterium für die Weichenstellung zwischen einer Strafrahmenmilderung und einem Absehen von der Strafverhängung unzureichend.

2) Beschränkungen des gerichtlichen Ermessens bei der Anwendung des § 46 a StGB ?

Angesichts der zuvor dargestellten Weite des gerichtlichen Ermessensspielraums bei der Rechtsfolgenauswahl wird teilweise der Versuch unternommen, dieses Ermessen entgegen der Vorgabe des Gesetzeswortlauts zu beschränken.

Meier[419] greift dafür auf das im verfassungsrechtlich verankerten Verhältnismäßigkeitsgrundsatz wurzelnde und für das Strafrecht grundlegende Subsidiaritätsprinzip zurück. Unter Zugrundelegung der Prämisse, daß es Zweck der Strafe ist, durch eine gegen den Täter gerichtete, am Maß der Schuld orientierte Zwangsmaßnahme die Begehung weiterer Taten zu verhindern, folge daraus, daß

[418] SK/Horn, § 46 a, Rdn. 9.
[419] Meier, JuS 1996, S. 441.

auf die Strafe nur dann (im Sinne einer ultima ratio) zurückgegriffen werden dürfe, wenn dieser Zweck nicht bereits durch TOA oder Wiedergutmachung erreicht werden könne. Daraus ergebe sich, daß der Richter - sofern die Voraussetzungen des § 46 a StGB erfüllt sind und eine Bestrafung weder aus general- noch spezialpräventiven Erwägungen noch erforderlich ist - obligatorisch von Strafe absehen bzw. die Strafe gemäß § 49 Abs. 1 StGB mildern **muß**.

In dieselbe Richtung weist auch der Vorschlag von Rössner/Klaus[420] :
Um einen Ausweg aus dem Dilemma der geringen Anwendungsquote des TOA sowie der Problematik unsachlicher Selektion und Ungleichbehandlung zu weisen, wollen sie das Handlungsermessen teleologisch auf Sinn und Zweck des § 46 a StGB insgesamt beziehen. Das Ermessen soll sich danach allein auf die Frage beschränken, ob TOA oder Schadenswiedergutmachung im konkreten Fall gemessen an den Strafzwecken zur vollständigen bzw. teilweisen Wiederherstellung des Rechtsfriedens ausreichen. Die Ermessensprüfung erstrecke sich somit allein darauf, ob Aspekte des Schuldausgleichs sowie der Spezial- oder Generalprävention[421] entgegenstehen und durch eine zusätzliche Reaktion ausgeglichen werden müssen. Sofern dies nicht der Fall sei, halten Rössner/Klaus ebenso wie Meier je nach den Voraussetzungen eine Strafmilderung bzw. ein Absehen von Strafe für obligatorisch.

Den beiden geschilderten Auffassungen ist zuzugestehen, daß bei ihrer Zugrundelegung die praktische, rechtstatsächliche Relevanz des neugeschaffenen § 46 a StGB deutlich erhöht würde. Dieses Motiv prägt denn auch die Argumentation von Rössner/Klaus zur teleologischen Reduktion des richterlichen Handlungsermessens.
Verständliche kriminalpolitische Wunschvorstellungen dürfen jedoch bei der Auslegung einer Norm nicht dazu führen, daß eine fakultative „Kann" - Regelung ins Gegenteil verkehrt, also in eine obligatorische „Muß" - Regelung umgedeutet wird. Dies verbietet der „mögliche Wortsinn" als äußerste Grenze der Auslegung[422] .
Auch Meiers auf das Subsidiaritätsprinzip abstellende Argumentation zur Ermessensbeschränkung kann nicht überzeugen. Zwar ist es richtig, daß bei der Auswahl der staatlichen Machtmittel das die härtesten Eingriffe in die Freiheit des Bürgers ermöglichende Strafrecht grundsätzlich an letzter Stelle stehen und nur dort eingesetzt werden sollte, wo mildere Mittel keinen ausreichenden Erfolg

---

420 Rössner/Klaus in TOA in Deutschland, S. 60.
421 Diesbezüglich verweisen Rössner/Klaus, a.a.O., auf § 4 Abs. 1 AE-WGM (vgl. oben Erster Teil, E).
422 Vgl. Jescheck/Weigend, S. 159 unter Hinweis auf die Rspr. von BVerfG und BGH.

versprechen. Doch ist ein in diesem Sinne verstandenes Subsidiaritätsprinzip eher eine kriminalpolitische Richtlinie denn ein zwingendes Gebot[423].
Es läßt einen großen Spielraum legislatorischen Ermessens offen und ist insofern nicht geeignet, an der Einschätzungsprärogative des Gesetzgebers zu rütteln[424]. Insbesondere solange der Gesetzgeber für geringe Verstöße entsprechend milde Strafen zur Verfügung stellt, ist ein Verstoß gegen den Subsidiaritätsgedanken sowie den dahinter stehenden Verhältnismäßigkeitsgrundsatz nicht anzunehmen[425]. Da dies im ausdifferenzierten Sanktionensystem des Strafgesetzbuches durchaus der Fall ist, verstößt die Entscheidung des Gesetzgebers für eine fakultative Ausgestaltung der möglichen Rechtsfolgen des § 46 a StGB nicht gegen das Subsidiaritätsprinzip.
Eine Beschränkung des gerichtlichen Ermessens bei der Anwendung des § 46 a StGB ist deshalb de lege lata abzulehnen. De lege ferenda erscheint sie, um TOA und Wiedergutmachung zum Durchbruch zu verhelfen, sinnvoll, muß aber dem Gesetzgeber vorbehalten bleiben[426].

IV) Das Verhältnis von § 46 a StGB zur Strafzumessungsvorschrift des § 46 StGB, insbesondere § 46 Abs. 2 S. 2, 6. Gruppe StGB

TOA und Wiedergutmachung sind nicht nur im Hinblick auf die Erfüllung der Voraussetzungen des § 46 a StGB relevant. Vielmehr findet das Bemühen um Schadenswiedergutmachung sowie um einen Ausgleich mit dem Verletzten auch in der Strafzumessungsvorschrift des § 46 StGB als besonders strafzumessungsrelevante Tatsache Erwähnung, vgl § 46 Abs. 2 S. 2, 6. Gruppe StGB.
Es stellt sich deshalb die Frage, in welchem Verhältnis diese beiden Normen zueinander stehen.

§ 46 Abs. 2 StGB zählt beispielhaft schuld- oder präventionsrelevante Umstände (sog. Strafzumessungstatsachen) auf, die die faktischen Grundlagen für den Bewertungsakt der Strafzumessung und damit für die Festsetzung der Strafhöhe bilden[427].
Diese Ermittlung der Strafhöhe als endgültige Strafzumessungsentscheidung kann jedoch nur dann erfolgen, wenn in einem logisch vorhergehenden Schritt der Strafrahmen, dem diese Strafe zu entnehmen ist, festgelegt worden ist[428].

---

[423] Vgl. Roxin, § 2, Rdn. 41; ebenso Maurach/Zipf, AT 1, § 2, Rdn. 13, der von einer „rechtspolitischen Forderung an den Gesetzgeber" spricht.
[424] Vgl. Roxin, a.a.O.
[425] Roxin, a.a.O.
[426] So im Ergebnis auch Steffens, S. 197.
[427] Vgl. Tröndle/Fischer, § 46, Rdn. 23.
[428] Vgl. SK/Horn, § 46, Rdn. 50 sowie § 46 a, Rdn. 8; ebenso Kilchling, NStZ 1996, S. 311.

Da § 46 a StGB auf der Rechtsfolgenseite die Milderung der Strafe nach § 49 Abs. 1 StGB bzw. ein Absehen von Strafe ermöglicht, ist seine Prüfung für die Festlegung des anzuwendenden Strafrahmens von grundlegender Bedeutung und wird deshalb zumindest dann, wenn Anhaltspunkte für das Vorliegen der Normvoraussetzungen vorliegen, der Strafzumessung im engeren Sinne nach § 46 StGB zwingend vorausgehen müssen[429].
Gegen diese gesetzessystematische Logik verstößt Tröndle[430], wenn er einen Nachrang des § 46 a StGB gegenüber der nach § 46 StGB erforderlichen Gesamtwürdigung von Tat und Persönlichkeit des Täters behauptet. Diese Ansicht ist mit dem - auch von Tröndle anerkannten[431] - Grundsatz, daß die Festsetzung des Strafrahmens jener der Strafhöhe immer vorauszugehen hat, unvereinbar und deshalb abzulehnen[432].

Hinsichtlich des Verhältnisses von § 46 a und § 46 StGB ergibt sich für die Prüfung der Rechtsfolgen von TOA und Schadenswiedergutmachung somit folgende Vorgehensweise:
Zunächst stellt das Gericht fest, ob die tatbestandlichen Voraussetzungen des § 46 a StGB gegeben sind. Wird dies verneint, so bleibt es bei dem für die begangene Tat geltenden Strafrahmen; innerhalb der Grenzen dieses Strafrahmens ist nach den Kriterien des § 46 StGB die angemessene Strafe zu bestimmen.
Liegen hingegen die Voraussetzungen des § 46 a StGB vor, so hat das Gericht nach pflichtgemäßem Ermessen eine Entscheidung über die Rechtsfolgen zu treffen. Abhängig von der verwirkten Strafe kann der Richter von Strafe absehen bzw. die Strafe nach § 49 Abs. 1 StGB mildern. Letzterenfalls richtet sich die Strafhöhe innerhalb des nach unten verschobenen Strafrahmens wiederum nach den Grundsätzen des § 46 StGB.

Bei dieser Konstellation stellt sich die Frage, ob derselbe Umstand (TOA bzw. Schadenswiedergutmachung) sowohl für die Strafrahmenwahl wie auch für die konkrete Strafbemessung herangezogen werden darf.
Das Doppelverwertungsverbot des § 50 StGB steht dem nicht entgegen, denn diese Norm verbietet lediglich die nochmalige Herabsetzung des Strafrahmens[433].
Schwieriger stellt sich die Sachlage im Hinblick auf das Doppelverwertungsverbot des § 46 Abs. 3 StGB dar. Nach dieser Norm dürfen Umstände, die schon Merkmale des gesetzlichen Tatbestandes sind, bei der Strafzumessung gemäß §

---

[429] Ebenso Rössner/Klaus in TOA in Deutschland, S. 62; Steffens, S. 148, 200; Kilchling, NStZ 1996, S. 311; SK/Horn, § 46 a, Rdn. 8 f.; Lackner/Kühl, § 46a, Rdn. 5; Meier, JuS 1996, S. 441.

[430] Tröndle/Fischer (49. Aufl.), § 46 a, Rdn. 4 a; ebenso die von Fischer erläuterte Neuauflage (50. Aufl.), a.a.O.

[431] Vgl. Tröndle/Fischer (49. Aufl.), § 46, Rdn. 7.

[432] Ebenso die einhellige Lit., vgl. SK/Horn, § 46 a, Rdn. 8; Rössner/Klaus in TOA in Deutschland, S. 62; Kilchling, NStZ 1996, S. 311 (Fn. 60), Steffens, S. 147 f., 200 (Fn. 855); Lee, S. 111.

[433] Vgl. Lackner/Kühl, § 50, Rdn. 4; Tröndle/Fischer, § 50, Rdn. 2 c.

46 StGB nicht berücksichtigt werden. Im Falle einer Strafrahmenverschiebung nach § 46 a StGB (i.V.m. § 49 Abs. 1 StGB) bleibt auch innerhalb der Grenzen des gemilderten Strafrahmens die Erfüllung der Tatbestandsmerkmale des § 46 a StGB eine notwendige, weil grundlegende Voraussetzung und stellt insofern ein - quasi immanentes - gesetzliches Tatbestandsmerkmal dar. Für den vertypten Strafmilderungsgrund des § 46 a StGB (i.V.m. § 49 Abs. 1 StGB) könnte daraus der Schluß gezogen werden, daß nach erfolgter Strafrahmenverschiebung die den tatbestandlichen Rahmen des § 46 a StGB bildenden Umstände (TOA bzw. Schadenswiedergutmachung) für die eigentliche Strafzumessung „verbraucht" sind. Gegen eine solche Schlußfolgerung spricht, daß mit der Festsetzung eines milderen Strafrahmens lediglich festgestellt wird, daß dieser zur Ahndung der durch die konkreten Tatumstände charakterisierten Tat ausreicht. Die sich anschließende Frage, welches Gewicht den Umständen im einzelnen für die Strafhöhe innerhalb des gemilderten Strafrahmens zukommt, müßte dagegen bei einem so verstandenen Doppelverwertungsverbot unbeantwortet bleiben. Insofern würde eine Beschränkung der verwertbaren Strafzumessungstatsachen die Festsetzung einer angemessenen Strafe eher erschweren denn ermöglichen.

Zu favorisieren ist deshalb eine differenzierende Lösung, die auch der Bundesgerichtshof in einer Grundsatzentscheidung[434] für mehrere Milderungsgründe anerkannt hat. Danach scheidet nur der die Strafrahmenmilderung bewirkende Umstand als solcher (d.h. in seiner generellen Form[435]) als Strafzumessungsgrund aus. Die aufgrund dieses Umstandes (im Falle des § 46 a i.V.m. § 49 Abs. 1 StGB: TOA bzw. Schadenswiedergutmachung als solche) erfolgte Einordnung der Tat in den milderen Strafrahmen hindert das Gericht aber nicht, mit dem Milderungsgrund zusammenhängende und diesen konkretisierende Umstände bei der eigentlichen Strafzumessung erneut zu berücksichtigen[436].

Auch wenn somit die die Tatbestandsvoraussetzungen des § 46 a StGB konkretisierenden Umstände sowohl bei der Prüfung des § 46 a als auch des § 46 StGB von Relevanz sind, bleibt die Zielrichtung beider Normen unterschiedlich: § 46 a StGB bedarf im Hinblick auf die Festlegung des anzuwendenden Strafrahmens der Prüfung, während § 46 StGB erst später bei der Bestimmung der konkreten Strafhöhe (Strafzumessung im engeren Sinne) Anwendung findet.

Insofern erfüllen beide Normen im Prozeß der Bestimmung einer tat- und schuldangemessenen Strafe eigenständige Funktionen und stehen in diesem Sinne selbständig nebeneinander.

---

[434] BGHSt 26, 311 (311 f.).

[435] Hettinger, S. 184.

[436] Vgl. BGHSt a.a.O.; BGH NStZ 1984, 548 (Urt. v. 21.7.1984 - 1 StR 330/84); BGH NStZ 1990, 30 (Urt. v. 6.9.1989 - 2 StR 353/89); BGH NStZ 1992, 538 (Urt. v. 14.7.1992 - 1 StR 302/92); zustimmend die Lit., vgl. Bruns, S. 138 f.; S-S/Stree, § 46, Rdn. 49; LK/Gribbohm, § 46, Rdn. 304 f.

V) Das Verhältnis des § 46 a StGB zu unbenannten Strafmilderungsgründen

Der besondere Teil des StGB enthält für zahlreiche Delikte Bestimmungen, nach denen „in minder schweren Fällen" die nach dem Regelstrafrahmen angedrohte Strafe durch einen milderen Strafrahmen ersetzt wird. Sofern eine Strafnorm solche unbenannten Strafmilderungsgründe vorsieht, ist es grundsätzlich durchaus möglich, wegen der Erfüllung der in § 46 a StGB genannten Voraussetzungen statt zu einer Strafrahmenverschiebung nach § 49 Abs. 1 StGB zur Annahme eines minder schweren Falles zu kommen.
Auch der Gesetzgeber geht in § 50 StGB ausdrücklich davon aus, daß besondere gesetzliche („vertypte") Milderungsgründe allein oder mit anderen Umständen die Annahme eines minder schweren Falles begründen können.
Gleiches hat der Bundesgerichtshof[437] für alle vertypten Milderungsgründe nach § 49 StGB in ständiger Rechtsprechung betont.

Sofern nun das Gesetz bei einer Straftat einen minder schweren Fall vorsieht, muß der Tatrichter im Rahmen einer Gesamtwürdigung zunächst prüfen, ob ein solcher gegeben ist[438]. Im Verhältnis zur Prüfung eines fakultativen vertypten Strafmilderungsgrundes wie § 46 a StGB ist dieser Prüfungsschritt für die grundsätzliche Entscheidung, von welchem Strafrahmen ausgegangen werden soll, schon deshalb vorrangig, weil die Annahme eines minder schweren Falles obligatorisch (nicht lediglich fakultativ) eine Strafrahmenmilderung nach sich zieht. Nach dem zuvor Gesagten kann allerdings u.U. schon ein vertypter Milderungsgrund allein Anlaß genug für die Annahme eines minder schweren Falles sein.

Bejaht das Gericht einen minder schweren Fall, so ist zu differenzieren:
Führt die im Hinblick auf das Vorliegen eines minder schweren Falles vorgenommene Gesamtwürdigung nur unter Einbeziehung der Umstände, auf die es auch für den in § 46 a StGB vertypten Milderungsgrund ankommt, zur Annahme eines minder schweren Falles, so ist die nochmalige Heranziehung ebendieser Umstände für eine weitere Strafrahmenmilderung im Rahmen des § 49 StGB nach § 50 StGB ausgeschlossen[439].

---

[437] Vgl. BGH NStZ 1987, 72 (Urt. v. 10.9.1986 - 3 StR 287/86); BGH StV 1997, 521 (Beschl. v. 24.1.1997 - 1 StR 771/96) sowie - konkret auf § 46 a StGB bezogen - BGH NStZ 1999, 610 (Urt. v. 8.9.1999 - 3 StR 327/99).
[438] St. Rspr., vgl. BGH NStZ 1984, 357 (Urt. v. 14.3.1984 - 2 StR 637/83); BGH StV 1987, 245 (Urt. v. 10.9.1986 - 3 StR 287/86); BGH StV 1987, 531 (Beschl. v. 5.3.1987 - 1 StR 30/87); BGH StV 1996, 89 (Beschl. v. 1.8.1995 - 4 StR 428/95); ferner Tröndle/Fischer, § 50, Rdn. 2 m.w.N.
[439] Vgl. Brauns, S. 318; Schäfer, Rdn. 450.

Hingegen bleibt eine doppelte Milderung möglich, wenn bereits andere Umstände, auf die es für die vertypte Strafmilderung nach § 46 a i.V.m. § 49 Abs. 1 StGB nicht ankommt, die Annahme eines minder schweren Falles begründen[440]. Da ansonsten dem Angeklagten eine gesetzlich vorgesehene Milderungsmöglichkeit genommen würde, hat das Gericht bei kumulativem Vorliegen allgemeiner und vertypter Milderungsgründe zunächst zu prüfen, ob schon die allgemeinen Strafmilderungsgründe die Annahme eines minder schweren Falles rechtfertigen[441]. Nur wenn dies nicht der Fall ist, ist der vertypte Milderungsgrund in diese Prüfung einzubeziehen und wäre dann - bei Annahme eines minder schweren Falles - für eine weitere Strafrahmenverschiebung wegen des Doppelverwertungsverbotes des § 50 StGB verbraucht.
Verneint hingegen das Gericht trotz Mitberücksichtigung vertypter Strafmilderungsgründe das Vorliegen eines minder schweren Falles, so gilt der normale Strafrahmen; jedoch ist immer noch für jeden vertypten Milderungsgrund die Möglichkeit der Strafrahmenmilderung nach § 49 Abs. 1 StGB zu prüfen[442].

In seltenen Fällen kann der vertypte gesetzliche Strafmilderungsgrund i.V.m. § 49 Abs. 1 StGB dem Täter zu einem günstigeren Strafrahmen verhelfen als der deliktsspezifische unbenannte Strafmilderungsgrund[443]. Sofern nur ein strafmildernder Umstand vorliegt, hätte dies zur Folge, daß bei darauf beruhender Annahme eines minder schweren Falles dem Täter eine dem Umfang nach weitergehende Strafmilderung nach § 49 Abs. 1 StGB wegen § 50 StGB vorenthalten bleiben müßte. Ein solches Ergebnis erscheint aber als verfehlt, da in diesem Falle von der weitergehenden Milderungsmöglichkeit nur deshalb kein Gebrauch gemacht werden könnte, weil zugleich ein minder schwerer Fall vorliegt[444].
Diese Kritik muß nicht dazu führen, dem Gericht die nach pflichtgemäßem Ermessen zu treffende Wahl zwischen zwei zulässigen Strafrahmen[445] völlig zu

---

440 Vgl. BGH NJW 1980, 950 (Urt. v. 22.11.1979 - 4 StR 629/79); BGH NStZ 1987, 72 (Urt. v. 10.9.1986 - 3 StR 287/86); Tröndle/Fischer, § 50, Rdn. 2 b; Lackner/Kühl, § 50, Rdn. 3; LK/Gribbohm, § 50, Rdn. 4; Brauns, S. 318; Schäfer, Rdn. 449.

441 Vgl. BGH NStZ 1988, 128 (Beschl. v. 16.11.1987 - 3 StR 506/87); BGH StV 1992, 372 (Urt. v. 14.2.1992 - 2 StR 560/91); BGH NStZ 1999, 610 (Urt. v. 8.9.1999 - 3 StR 327/99); Tröndle/Fischer, § 50, Rdn. 2 b m.w.N.

442 Vgl. BGH NStZ 1984, 357 (Urt. v. 14.3.1984 - 2 StR 637/83); BGH StV 1987, 531 (Beschl. v. 5.3.1987 - 1 StR 30/87); Lackner/Kühl, § 50, Rdn. 3; Schäfer, Rdn. 450.

443 So sieht beispielsweise bei § 249 StGB der gemäß § 49 Abs. 1 StGB gemilderte Strafrahmen eine Mindestfreiheitsstrafe von drei Monaten vor, während der in § 249 Abs. 2 StGB für minder schwere Fälle festgelegte Sonderstrafrahmen eine Mindestfreiheitsstrafe von sechs Monaten aufweist.

444 So bereits Brauns, S. 319.

445 Vgl. BGHSt 21, 57 (59); BGH NStZ 1982, 200 (Urt. v. 19.1.1982 - 1 StR 734/81); BGH NStZ 1984, 118 (Urt. v. 2.11.1983 - 2 StR 492/83).

nehmen[446]. Jedoch erscheint eine Regelvermutung für den milderen Strafrahmen, von der das Gericht in begründeten Fällen (z.B. wegen der Schwere der Schuld) abweichen kann, zur Vermeidung unbilliger Ergebnisse angebracht[447].

E) Die Rechtsprechung zu § 46 a StGB Stellungnahme zu vorliegenden Judikaten

Im folgenden soll die bisher zu § 46 a StGB ergangene Rechtsprechung näher untersucht werden.

I) Am 17. Januar 1995 - also nicht einmal sieben Wochen nach Inkrafttreten der Regelung am 1. Dezember 1994 - befaßte sich der Bundesgerichtshof in einem Beschluß zum ersten Mal mit § 46 a StGB[448].
In dem zugrundeliegenden Fall war der Angeklagte wegen gefährlichen Eingriffs in den Straßenverkehr in Tateinheit mit gefährlicher Körperverletzung und fahrlässiger Trunkenheit im Straßenverkehr zu einer Freiheitsstrafe von vier Jahren verurteilt worden. Das Landgericht hatte bei der Strafzumessung zugunsten des Angeklagten u.a. berücksichtigt, daß er „in der Zwischenzeit den von der Geschädigten ... in einem Zivilrechtsstreit geltend gemachten materiellen Schaden in voller Höhe und das geforderte Schmerzensgeld teilweise ... anerkannt und durch eine erste Teilzahlung von rund 10.000 DM gezeigt (hat), daß er um eine Schadenswiedergutmachung bemüht ist".
Die Entscheidung des Landgerichts war vor dem Inkrafttreten des § 46 a StGB ergangen. Die auf den Strafausspruch beschränkte Revision hatte Erfolg.

Nach den getroffenen Feststellungen waren die Anstrengungen des Angeklagten auf materielle Schadensersatzleistungen zugunsten des Tatopfers gerichtet. Anhaltspunkte für einen TOA i.S.v. § 46 a Nr. 1 StGB sind nicht ersichtlich.
Konsequenterweise zog denn auch der 4. Strafsenat allein eine Anwendung von § 46 a Nr. 2 StGB in Betracht. Dabei stellte er fest, daß es der Anwendung dieser Norm nicht von vornherein entgegenstehe, wenn der Täter Leistungen zur Entschädigung des Opfers erst erbringe, nachdem er von diesem auf Zahlung in Anspruch genommen worden sei.
Damit spricht der Senat die Frage der Freiwilligkeit der Entschädigung an. Er läßt durchblicken, daß er den durch die äußeren Umstände indizierten inneren

---

[446] So aber SK/Horn, § 50, Rdn. 5, der immer den milderen Strafrahmen für maßgebend hält; ähnlich Brauns, S. 319, der obligatorisch die für den Täter jeweils günstigere (Ober- bzw. Unter-) Grenze der beiden in Betracht kommenden Strafrahmen zugrundelegen will.
[447] So im Ergebnis auch LK/Gribbohm, § 50, Rdn. 19; Horstkotte, Dreher-FS, S. 276 unter Heranziehung des Grundsatzes „in dubio mitius".
[448] BGH, Beschl. v. 17.1.1995 - 4 StR 755/94 (= StV 1995, 249; NStZ 1995, 284).

Beweggründen für die Schadenswiedergutmachung jedenfalls keine Relevanz dergestalt beimißt, daß in Situationen, die eine freiwillige im Sinne von autonome Motivation des Täters nicht nahelegen, die strafrechtliche Anerkennung erbrachter Entschädigungsleistungen von vornherein ausgeschlossen ist.
Da der Gesetzgeber ein Freiwilligkeitserfordernis nicht aufgestellt hat, ist dieses Ergebnis folgerichtig und sichert der Vorschrift des § 46 a StGB eine grundsätzlich breite Anwendungsrelevanz. Es entspricht auch dem in der Literatur vorherrschenden und vom Verfasser geteilten denkbar weiten Verständnis des Freiwilligkeitsmerkmals[449].
Da der BGH aufgrund der getroffenen Feststellungen nicht beurteilen konnte, ob die Schadenswiedergutmachung vom Angeklagten erhebliche persönliche Leistungen oder persönlichen Verzicht erfordert hat, hob er das Urteil des Landgerichts im Strafausspruch auf und verwies die Sache insoweit zurück.

II) Das Bayerische Oberste Landesgericht[450] hatte im März 1995 über einen Fall zu befinden, in dem der Täter ca. 53.000 DM seiner Arbeitgeberin veruntreut hatte und dafür vom Schöffengericht zu einer auf Bewährung ausgesetzten Freiheitsstrafe von zwei Jahren verurteilt worden war. „Alsbald nach der Aufdekkung der Tat“ setzte sich der Angeklagte mit der Geschädigten „ins Benehmen“ und verpflichtete sich durch notarielles Schuldanerkenntnis zur Rückzahlung des veruntreuten Geldes in monatlichen Raten von 600 DM. „Trotz beengter finanzieller Verhältnisse“ hatte der Angeklagte bis zur Berufungshauptverhandlung ca. 10.000 DM „im Rahmen seiner Möglichkeiten zur Schadenswiedergutmachung“ zurückgezahlt.

Zunächst stellte das BayObLG zutreffend fest, daß das Landgericht als Berufungsinstanz gehalten gewesen wäre, sich mit der Frage der Anwendung des § 46 a StGB zu befassen.
Bei der anschließenden Auseinandersetzung mit dieser Norm zog das BayObLG eine Anwendung von § 46 a Nr. 2 StGB überhaupt nicht in Betracht. Dies erscheint auf den ersten Blick merkwürdig, da der Angeklagte nach den getroffenen Feststellungen doch offenbar ausschließlich materielle Schadenswiedergutmachung geleistet hat. Es dürfte sich aber damit erklären, daß das Gericht angesichts der im Verhältnis zum angerichteten Schaden relativ geringen Entschädigungssumme eine Entschädigung des Opfers i.S.d. § 46 a Nr. 2 StGB, d.h. „ganz oder zum überwiegenden Teil“, von vornherein ausgeschlossen hat. Daran wird deutlich, daß der „arme“ Täter in solchen Fällen faktisch in den TOA gezwungen wird[451], während dem „reichen“ Täter, wenn auch unter den besonderen Voraussetzungen gemäß § 46 a Nr. 2 StGB, mit der Entschädigung ein

---

[449] Vgl. oben Zweiter Teil, B II 1 e sowie I 3 d, 4 e.
[450] BayObLG, Beschl. v. 31.3.1995 - 3 St RR 17/95 (= StV 1995, 367 f.; wistra 1995, 238 f.).
[451] Kilchling, NStZ 1996, S. 313.

alternativer Zugang zu den Rechtsfolgen des § 46 a StGB verbleibt. Insofern ist eine Privilegierung „reicher" Täter, die der Gesetzgeber ja ausdrücklich verhindern wollte[452], nicht ganz von der Hand zu weisen.
Die Prüfung des BayObLG richtete sich darauf, ob die vom Angeklagten erbrachten Schadensersatzleistungen eine Anwendung von § 46 a Nr. 1 StGB rechtfertigen können. Dies ist grundsätzlich denkbar, da die - auch nur teilweise - materielle Schadenswiedergutmachung zur Wiedergutmachung **der Tat**, auf die sich § 46 a Nr. 1 StGB bezieht[453], beiträgt[454].
Das BayObLG erwog eine Subsumtion des Sachverhaltes unter die 3. Alternative des § 46 a Nr. 1 StGB (Ernsthaftes Erstreben der Wiedergutmachung).
Dieser Wiedergutmachungsalternative schreibt das BayObLG Ausnahmecharakter zu. Dies ist zu begrüßen, da im Falle lediglich erstrebter, also noch nicht überwiegend geleisteter Wiedergutmachung die mit der Vorschrift des § 46 a StGB intendierte Wahrung der Opferbelange ein Stück weit aufgegeben wird[455].
Im vorliegenden Teilzahlungsfall spricht allerdings einiges für ein ernsthaftes Erstreben der Wiedergutmachung durch den Täter, denn er hat die seinen finanziellen Möglichkeiten angepaßten vereinbarten Ratenzahlungen offensichtlich über einen längeren Zeitraum geleistet. Eine ganze oder überwiegende Rückzahlung des veruntreuten Geldes bis zur Berufungshauptverhandlung war angesichts der hohen Schadenssumme kaum zu erwarten. Der Gesetzgeber wollte aber gerade Konstellationen mit hohen Schäden ausdrücklich nicht vom Anwendungsbereich der Norm ausschließen[456].

Freilich genügt, wie das BayObLG zutreffend ausführt, eine rein rechnerische Schadenskompensation nicht; vielmehr muß sich die erstrebte Wiedergutmachung „auf der Grundlage umfassender Ausgleichsbemühungen" von Seiten des Täters vollziehen[457]. Ob das Verhalten des Angeklagten diesen Anforderungen an einen TOA genügt kann den knappen tatrichterlichen Feststellungen nicht entnommen werden. Insbesondere geht daraus nicht hervor, in welcher Form sich der Angeklagte mit der Geschädigten „ins Benehmen gesetzt" hat und wie die Rückzahlungsvereinbarung zustande gekommen ist. Gleichwohl liegt, wie auch das BayObLG feststellt, das Bemühen des Angeklagten, mit dem Opfer zu einem Ausgleich zu gelangen, im konkreten Fall nicht völlig fern und hätte demnach

[452] Vgl. BT-Drs. 12/6853, S. 22.
[453] Die Terminologie des BayObLG ist insofern ungenau, da auch im Rahmen von § 46 a Nr. 1 StGB allein von Schadenswiedergutmachung gesprochen wird, vgl. StV 1995, 367.
[454] Vgl. oben Zweiter Teil, B I 3 a.
[455] Vgl. oben Zweiter Teil, B I 3 c cc; a.A. Brauns, S. 322 f., der die Wiedergutmachungsalternativen des § 46 a Nr. 1 StGB gleichwertig nebeneinander stellt; ähnlich wohl auch Kilchling, NStZ 1996, S. 313.
[456] Vgl. BT-Drs. 12/6853, S. 21, wo diese Konstellation allerdings an ein „relativ geringes Verschulden" gekoppelt wird.
[457] So das BayObLG, StV 1995, 367 unter Bezugnahme auf die amtliche Begründung in BT-Drs. 12/6853, S. 21 f.

einer Erörterung in den Urteilsgründen bedurft. Konsequenterweise hob das Gericht deshalb den Rechtsfolgenausspruch auf.
Im Hinblick auf die erneute Entscheidung will das BayObLG geklärt wissen, ob für den Angeklagten „die Einsicht in die Erforderlichkeit eines TOA oder aber das Bestreben, ein Strafverfahren zu vermeiden", maßgeblich war. Diesen die Ausgleichsmotivation des Täters betreffenden restriktiven Erwägungen kann nicht gefolgt werden, da nach der hier vertretenen Auffassung[458] in Übereinstimmung mit der Literatur[459] lediglich eine im weitesten Sinne „freiwillige", d.h. nicht mit Zwangsmitteln herbeigeführte Bereitschaft zur Teilnahme am TOA zu fordern ist. Die den Ausgleichsbemühungen zugrundeliegenden inneren Beweggründe sind insoweit irrelevant.
Die zuvor besprochene, zur Schadenswiedergutmachung nach § 46 a Nr. 2 StGB ergangene Entscheidung des 4. Strafsenats des BGH weist in dieselbe Richtung, denn dort wurde - ohne Problematisierung der Motivation des Angeklagten - festgestellt, daß die Leistung von Entschädigungszahlungen nach zivilrechtlicher Inanspruchnahme durch das Opfer der Anwendung der Vorschrift nicht von vornherein entgegenstehe.

III) Mit Beschluß vom 2. Mai 1995 setzte sich der 5. Strafsenat des Bundesgerichtshofs erstmals mit § 46 a StGB auseinander[460].
Der Täter war vom Landgericht wegen Vergewaltigung und gefährlicher Körperverletzung zu einer Freiheitsstrafe von vier Jahren verurteilt worden. Nach den Feststellungen zum Tathergang hatte der Angeklagte sein Opfer „äußerst brutal mißhandelt", so daß dieses „dicht vor der Schwelle des Todes" stand. Später hatte der Täter versucht, sich bei seinem Opfer zu entschuldigen und mit dem Anwalt des Opfers vereinbart, ein Schmerzensgeld von 10.000 DM zu bezahlen. Durch Aufnahme eines Kredits hatte er davon bereits 5.000 DM entrichtet. Einen höheren Kredit konnte er nicht bekommen.

Obwohl der 5. Strafsenat die Anwendung des § 46 a StGB im konkreten Fall nicht für naheliegend hielt[461], bejahte er zunächst die grundsätzliche Anwendbarkeit der Vorschrift. In begrüßenswerter Weise wird klargestellt, daß die Vorschrift keine Einschränkung dahingehend enthalte, daß sie „auf bestimmte Tatbestände von vornherein nicht anwendbar wäre".

---

[458] Vgl. oben Zweiter Teil, B I 3 d, 4 e.
[459] Vgl. Meier, JuS 1996, S. 440; S-S/Stree, § 46 a, Rdn. 1; Kilchling, NStZ 1996, S. 313.
[460] BGH, Beschl. v. 2.5.1995 - 5 StR 156/95 (= StV 1995, 464 f.; NStZ 1995, 492).
[461] Was zumindest im Hinblick auf die Durchführung eines TOA nachvollziehbar erscheint und durch die Praxis der Modellprojekte bestätigt wird, denn dort werden Fälle von Vergewaltigung nur in besonderen Ausnahmefällen für einen TOA in Betracht gezogen, vgl. Hartmann/Stroezel in TOA in Deutschland, S. 163.

Einschränkungen der Anwendbarkeit würden aber aus der Umschreibung der beiden Fallgruppen des § 46 a StGB folgen:
Schon aus dem Wortlaut der Vorschrift, insbesondere der Gegenüberstellung der in Nr. 1 und Nr. 2 verwandten Begriffe, ergebe sich, daß sich § 46 a Nr. 1 StGB „vor allem auf den Ausgleich der immateriellen Folgen einer Straftat, die auch bei Vermögensdelikten denkbar sind", beziehe, während § 46 a Nr. 2 StGB „den materiellen Schadensersatz" betreffe.
Bei Vergewaltigung wie bei den meisten Delikten, bei denen in schwerer Weise gegen die persönliche Integrität verstoßen wurde, könne deshalb „allenfalls § 46 a Nr. 1 StGB" und nicht die „in erster Linie für materiellen Schadensersatz bei Vermögensdelikten vorgesehene Vorschrift des § 46 a Nr. 2 StGB" Anwendung finden.

Diese Ausführungen des 5. Strafsenats können keine ungeteilte Zustimmung finden. Zwar läßt die unterschiedliche Terminologie der beiden Fallgruppen durchaus den Schluß zu, daß sich die Nr. 2 des § 46 a StGB - im Gegensatz zur Nr. 1 - auf rein materielle Schadensersatzleistungen des Täters zugunsten des Tatopfers bezieht[462]. Damit wird jedoch lediglich die Kategorie der Wiedergutmachung, die bei § 46 a Nr. 2 StGB auf materielle Entschädigung focussiert ist, festgelegt. Für eine deliktsspezifische Abgrenzung - bei Vermögensdelikten Anwendbarkeit von § 46 a Nr. 2 StGB, bei Gewaltdelikten „allenfalls" Rückgriff auf § 46 a Nr. 1 StGB - lassen sich daraus hingegen keine Argumente herleiten. Abgesehen davon, daß der Gesetzgeber bei der Vorschrift des § 46 a StGB - im Gegensatz etwa zum SPD-Entwurf[463] - eine Deliktsgruppenbildung gerade nicht vorgenommen hat, erfaßt die Kategorie materieller Entschädigung i.S.v. § 46 a Nr. 2 StGB sowohl nach allgemeiner als auch juristischer Terminologie Ersatz des materiellen und immateriellen Schadens[464], also auch die Zahlung von Schmerzensgeld. Die vom 5. Strafsenat des BGH vertretene Beschränkung des § 46 a Nr. 2 StGB in erster Linie auf Vermögensdelikte kann deshalb nicht überzeugen.
Auch der 4. Strafsenat ist insoweit offenbar anderer Ansicht, denn im bereits geschilderten Beschluß vom 17.1.1995[465] erwägt er allein die Voraussetzungen von § 46 a Nr. 2 StGB, obwohl kein Vermögensdelikt zugrunde lag und nicht nur der Ersatz materiellen Schadens, sondern auch die Kompensation immaterieller Schäden durch Zahlung von Schmerzensgeld in Rede stand.
Entgegen der vom 5. Strafsenat vertretenen Auffassung kann also auch bei Vergewaltigung und anderen Delikten, bei denen in schwerer Weise gegen die persönliche Integrität verstoßen wurde, § 46 a Nr. 2 StGB grundsätzlich Anwendung finden. Die Wahrung der Opferbelange steht dem nicht entgegen, denn dem Tatopfer wird auf diese Weise die Möglichkeit eröffnet, ohne Inanspruchnahme

---

462 Vgl. oben Zweiter Teil, B II 1 a.
463 Vgl. oben Erster Teil, G.
464 Vgl. Brauns, S. 324; Kilchling, NStZ 1996, S. 314; Walther, S. 75 (Fn. 43).
465 Vgl. oben Zweiter Teil, E I.

des Zivilrechtsweges in den Genuß von Schadenswiedergutmachung einschließlich Schmerzensgeld zu gelangen.

Im konkreten Fall würde eine Anwendung von § 46 a Nr. 2 StGB allerdings schon daran scheitern, daß selbst das gesetzlich vorgegebene Mindesterfordernis einer Entschädigung „zum überwiegenden Teil“ die mehr als hälftige Entschädigung - im Sinne einer Untergrenze - voraussetzt[466].

Die Auseinandersetzung des Senats mit § 46 a Nr. 1 StGB gerät sehr oberflächlich. In Anlehnung an die Gesetzesbegründung[467] wird ein - häufig durch einen Dritten vermittelter - immaterieller Ausgleich zwischen Täter und Opfer oder auf der Grundlage umfassender Ausgleichsbemühungen ein ernsthaftes Bestreben des Täters, einen solchen Ausgleich herbeizuführen, gefordert.
Bezogen auf das Ausgleichsbemühen des Täters im konkreten Fall begnügt sich der 5. Strafsenat mit der Feststellung, daß es „mit Sicherheit“ nicht genüge, wenn der Täter „sich lediglich zu entschuldigen versucht und, wenn auch unter Aufnahme eines Kredits, Schmerzensgeldzahlungen leistet“.
Doch stellt sich der Fall nicht so eindeutig dar, daß ihm eine solche Pauschalwürdigung gerecht werden könnte.
Den Entscheidungsgründen ist nicht zu entnehmen, woran der Versuch des Täters, sich bei seinem Opfer zu entschuldigen, gescheitert ist. Naheliegende Ursache ist, daß sich das Opfer aus nachvollziehbaren Gründen geweigert hat, die erneute Konfrontation mit seinem Peiniger auf sich zu nehmen. Offensichtlich hat sich der Täter dann jedoch durch Kontaktierung des Opferanwalts um eine indirekte Form des Ausgleichs ohne persönliche Begegnung mit dem Opfer bemüht. Die näheren Umstände dieser Bemühungen sowie der daraus resultierenden Schmerzensgeldvereinbarung über 10.000 DM, insbesondere möglicherweise vereinbarte Zahlungsfristen und deren Einhaltung, sind nicht bekannt, ebensowenig die finanzielle Situation des Täters. Diese dürfte jedoch, da er lediglich einen Kredit über 5.000 DM bekommen konnte, angespannt sein.
Es spricht deshalb viel dafür, daß der Täter mit Aufnahme des Kredits, der in voller Höhe dem Opfer zugute kam, an die Grenzen seiner finanziellen Belastbarkeit gegangen ist - durchaus ein Indiz für ein ernsthaftes Wiedergutmachungsbestreben.
Auch wenn im konkreten Fall noch weitere Feststellungen zu den tatsächlichen Voraussetzungen des § 46 a StGB zu treffen sind, erscheint es angesichts dieser Konstellation keineswegs ausgeschlossen, das Verhalten des Täters als hinreichend im Sinne der Voraussetzungen des § 46 a Nr. 1 StGB anzuerkennen. Die vom BGH vorgenommene pauschale Zurückweisung der Täterbemühungen als unzureichend ist deshalb unangemessen.

---

[466] Vgl. oben Zweiter Teil, B II 1 c.
[467] Vgl. BT-Drs. 12/6853, S. 21 f.

Damit soll freilich nicht verhehlt werden, daß es in Fällen wie dem vorliegenden auf der Rechtsfolgenebene durchaus sachgerecht sein kann, dem Täter wegen der Schwere der Schuld jegliche Strafmilderung zu verwehren[468].

IV) Mit Beschluß vom 25.7.1995 hob der 1. Strafsenat des BGH[469] einen Strafausspruch des LG Heilbronn wegen der unterbliebenen Prüfung von § 46 a StGB auf.
Hinsichtlich des zugrundeliegenden Sachverhalts ist lediglich bekannt, daß der Täter wegen vorsätzlichen Vollrausches in Tateinheit mit unerlaubtem Führen einer Waffe zu einer Freiheitsstrafe von zwei Jahren und neun Monaten verurteilt worden war. Nach der Tat hatte der Angeklagte an den Verletzten und andere Zeugen über 77.000 DM für Schmerzensgeld, Lohnfortzahlungs-, Krankenhaus-, Anwalts- und Nebenkosten gezahlt. Zur Abdeckung dieser Schadensersatzleistungen mußte der Angeklagte nach Darlegung des Tatrichters eine Eigentumswohnung verkaufen und eine gemietete Ferienwohnung im Schwarzwald kündigen.

Bei den Ausführungen zu § 46 a StGB macht sich der 1. Strafsenat zunächst die bereits diskutierte Auffassung des 5. Strafsenats[470], wonach sich § 46 a Nr. 1 StGB vor allem auf den Ausgleich der immateriellen Folgen einer Straftat beziehe, während § 46 a Nr. 2 StGB den materiellen Schadensersatz betreffe, zu eigen. Die weiteren Urteilsgründe beschränken sich auf die Wiedergabe der Darlegungen des Generalbundesanwalts, denen der 1. Senat beitritt.
Die Ausführungen von Generalbundesanwalt bzw. BGH zu den beiden Fallgruppen des § 46 a StGB erschöpfen sich im wesentlichen in der Wiedergabe des Gesetzestextes sowie der Begründung des Gesetzentwurfes der Regierungskoalition[471]. Zur Frage, ob die Anleitung eines Dritten notwendige Voraussetzung für einen TOA i.S.d. § 46 a Nr. 1 StGB ist, bezieht der BGH nicht ausdrücklich Stellung. Doch setze § 46 a Nr. 1 StGB jedenfalls einen auf den umfassenden Ausgleich der durch die Straftat verursachten Folgen gerichteten kommunikativen Prozeß zwischen Täter und Opfer voraus. Das einseitige Wiedergutmachungsbestreben ohne den Versuch der Einbeziehung des Opfers genüge nicht.
Der Grundgedanke des TOA als Element kommunikativer Konfliktregulierung wird vom BGH zu Recht betont. Gleiches gilt für die Anforderung an den Täter, auf das Tatopfer zuzugehen und den Versuch zu unternehmen, es zum Eintritt in

---

[468] Ebenso bereits Kilchling, NStZ 1996, S. 315 mit dem auf die Argumentation des Senats bezogenen Hinweis, daß es sich insoweit nicht um ein *tatbestandliches* Problem des § 46 a StGB handelt.
[469] BGH, Beschl. v. 25.7.1995 - 1 StR 205/95 (= StV 1995, 584 f.; NStZ 1995, 492 f.; wistra 1995, 308 f.).
[470] Vgl. BGH, Beschl. v. 2.5.1995 - 5 StR 156/95 (oben Zweiter Teil, E III).
[471] Vgl. BT-Drs. 12/6853, S. 21 f.

den kommunikativen Ausgleichsprozeß zu bewegen[472]. Wünschenswert wäre in diesem Zusammenhang ein klarstellender Hinweis gewesen, daß im Falle einer vom Opfer ausgesprochenen Verweigerung der Konfrontation mit dem Täter auch indirekte Ausgleichsformen, etwa die Kommunikation über Dritte, denkbar sind. Mit Recht vermißt der BGH Urteilsfeststellungen dazu, ob die vom Täter erbrachten Wiedergutmachungsleistungen im Rahmen eines TOA erfolgt sind.
Im Hinblick auf die in § 46 a Nr. 2 StGB normierte Fallgruppe merkt der 1. Senat zutreffend an, daß die Erfüllung von Schadensersatzansprüchen allein nicht genügt. Die zu den Schadensersatzleistungen des Angeklagten getroffenen Feststellungen sprechen aber nach Ansicht des BGH dafür, daß im konkreten Fall die Voraussetzungen der Nr. 2 gegeben sein könnten. Zwar enthält das Urteil keine Angaben über die persönlichen Verhältnisse, insbesondere die Vermögenslage, des Angeklagten, so daß die tatsächliche Belastungsintensität der erbrachten Leistungen nicht abschließend beurteilt werden kann. Jedoch legt die Art und Weise der Geldbeschaffung und die Höhe der geleisteten Zahlungen nahe, daß die Entschädigung des Opfers mit erheblichen, nicht allein finanziellen Einschränkungen des Angeklagten verbunden war. Der Verkauf einer Eigentumswohnung sowie die Kündigung einer gemieteten Ferienwohnung können insofern sogar geradezu als Musterbeispiele für spürbaren persönlichen Verzicht i.S.v. § 46 a Nr. 2 StGB angesehen werden[473].
Folglich drängte sich die Prüfung dieser Vorschrift förmlich auf und der Senat tat gut daran, das Urteil des Landgerichts wegen der Nichtberücksichtigung des § 46 a StGB aufzuheben.

V) Am 22.8.1995 befaßte sich der 1. Strafsenat des BGH mit einem Fall, in dem sich der Täter u.a. wegen sexuellen Mißbrauchs von Kindern gemäß § 176 StGB zu verantworten hatte[474].
Opfer der Sexualstraftat war ein 12-jähriges Mädchen. Der Angeklagte hatte mit der Geschädigten, die angesichts ihres Alters vermutlich von ihren Erziehungsberechtigten vertreten wurde, einen Vergleich über die Zahlung eines Schmerzensgeldes von 5.000 DM geschlossen.

Der 1. Strafsenat zog allein eine Prüfung von § 46 a Nr. 1 StGB in Betracht. Unter Bezugnahme auf den Beschluß des 5. Strafsenats vom 2. Mai 1995[475] beschränkte der Senat sich auf die Feststellung, daß der Vergleich über die Schmerzensgeldzahlung in Anbetracht des schwerwiegenden Eingriffs in die persönliche Integrität des Tatopfers nicht als Täter-Opfer-Ausgleich genüge.

---

[472] Vgl. die Mindestanforderungen an den Täter im Hinblick auf den TOA oben Zweiter Teil, B I 4 d.
[473] Ebenso Kilchling, NStZ 1996, S. 315.
[474] BGH, Beschl. v. 22.8.1995 - 1 StR 476/95 (= StV 1995, 635).
[475] Vgl. oben Zweiter Teil, E III.

Es liegt auf der Hand, daß infolge der unzureichenden tatsächlichen Feststellungen die Anwendbarkeit von § 46 a StGB nicht abschließend beurteilt werden kann.
Im Hinblick auf § 46 a Nr. 1 StGB bleibt offen, ob dem geschlossenen Vergleich ein wie auch immer gearteter kommunikativer Ausgleichsprozeß zwischen Täter und Opfer bzw. wenigstens ein in diese Richtung gehendes Bemühen des Täters vorausging. Nähere Umstände sowie eventuell über die Schmerzensgeldvereinbarung hinausgehender Inhalt des Vergleichs bleiben im dunkeln.
Angemerkt sei, daß im vorliegenden Fall, nicht zuletzt im Hinblick auf das jugendliche Alter des Tatopfers, die Vorbehalte des BGH gegen einen TOA i.S.v. § 46 a Nr. 1 StGB als Mittel der interpersonellen Konfliktlösung durchaus nachvollziehbar sind.
Deshalb hätte die - leider unterbliebene - Erörterung der auf die materielle Entschädigung des Tatopfers abzielenden Vorschrift des § 46 a Nr. 2 StGB umso näher gelegen. Die von dieser Norm erfaßte materielle Schadenswiedergutmachung schließt grundsätzlich auch die Zahlung von Schmerzensgeld ein[476]. In Ermangelung hinreichender Tatsachenfeststellungen sind Ausführungen zu den von § 46 a Nr. 2 StGB vorausgesetzten besonderen Umständen der Entschädigung unmöglich. Insoweit wäre eine weitere Sachverhaltsaufklärung angezeigt gewesen.

VI) Am 28.2.1996 hatte sich der 4. Strafsenat des BayObLG[477] mit der in der Literatur heftig diskutierten Frage, ob § 46 a StGB auch im Steuerstrafrecht Anwendung finden kann, auseinanderzusetzen[478].
Der mit „nicht unerheblichen Verbindlichkeiten“ belastete Angeklagte hatte in der Umsatzsteuererklärung für das Jahr 1991 den steuerpflichtigen Umsatz um ca. 27.000 DM zu niedrig angegeben und dadurch, „worauf es ihm ankam“, die Umsatzsteuer für 1991 um ca. 3.300 DM verkürzt. Später hatte er diesen Betrag nachgezahlt.
Die vom Amtsgericht verhängte Freiheitsstrafe von drei Monaten war vom Berufungsgericht bestätigt worden.

Das BayObLG gelangt zu dem Ergebnis, daß bei dem hier abzuurteilenden Steuerdelikt, geschütztes Rechtsgut sei der staatliche Steueranspruch, ein Täter-Opfer-Ausgleich i.S.d. § 46 a Nr. 1 StGB nicht in Betracht komme. In der Begründung knüpft der 4. Strafsenat des BayObLG an den Beschluß des BGH vom 2.5.1995[479], wonach sich § 46 a Nr. 1 StGB vor allem auf den immateriellen Tatfolgenausgleich beziehe, an. Ein solcher Ausgleich sei - in Anlehnung an

---

[476] Vgl. oben Zweiter Teil, B II 1 a sowie E III.
[477] BayObLG, Beschl. v. 28.2.1996 - 4 St RR 33/96 (= NJW 1996, 2806; StV 1996, 323; wistra 1996, 152; NStZ 1997, 33 m. Anm. v. Briel).
[478] Vgl. hierzu die Ausführungen oben Zweiter Teil, C I 2 b cc („Sonderproblem“).
[479] Vgl. oben Zweiter Teil, E III.

Horn[480] - jedenfalls dann ausgeschlossen, wenn das geschützte Rechtsgut allein dem Staat bzw. der Allgemeinheit zustehe.
Damit spricht sich das BayObLG grundsätzlich gegen eine Anwendbarkeit des § 46 a Nr. 1 StGB auf Steuerstraftaten aus. Dies entspricht der hier vertretenen Auffassung[481].
Die sich anschließende grundlegende Frage, ob die Nachzahlung hinterzogener Steuern ein Fall der Schadenswiedergutmachung i.S.v. § 46 a Nr. 2 StGB sein kann, ließ das BayObLG dahingestellt sein. Man berief sich darauf, daß jedenfalls im konkreten Fall die Begleichung der (relativ geringen) Steuerschuld auch unter Berücksichtigung der vom Berufungsgericht festgestellten wirtschaftlichen Situation des Angeklagten den besonderen Erfordernissen des § 46 a Nr. 2 StGB (Schadenswiedergutmachung aufgrund erheblicher persönlicher Leistungen oder persönlichen Verzichts) nicht genüge. Auch wenn diese Wertung dem Fall im Ergebnis wohl gerecht wird, wäre die Problematisierung der Anwendbarkeit von § 46 a Nr. 2 StGB auf Steuerstraftaten wünschenswert gewesen[482].

VII) Der Entscheidung des OLG Stuttgart vom 8.3.1996[483] lag ein Fall gefährlicher Körperverletzung zugrunde.
Im Februar 1993 hatte der Angeklagte nach einer Streiterei in einer Gaststätte sein Opfer mit zwei zwischenzeitlich hinzugekommenen Bekannten vor dem Lokal abgepaßt und diesem mit einem harten Gegenstand einen Nasenbeinbruch zugefügt. Nachdem er sich zunächst, indem er die beiden Bekannten zu einer Falschaussage bewog, um die Verdunkelung der Tat bemüht hatte, verpflichtete sich der Angeklagte dann in der Berufungshauptverhandlung im Dezember 1994 vergleichsweise zur Zahlung eines Schmerzensgeldes in Höhe von 3.000 DM an den Geschädigten und kam dieser Verpflichtung auch nach. Bereits seit März 1994 hatte der mit mindestens 125.000 DM, höchstens 160.000 DM verschuldete Angeklagte unter Einschränkung der persönlichen und familiären Lebensführung freiwillig ständig während der Nachtschicht gearbeitet, um zugunsten seiner Gläubiger sein Einkommen zu erhöhen.

Im Gegensatz zur Vorinstanz, die die Anwendung von § 46 a Nr. 2 StGB bejaht hatte, sah das OLG Stuttgart die Voraussetzungen für eine Strafrahmenverschiebung nach §§ 46 a, 49 Abs. 1 StGB nicht als gegeben an.
In Anlehnung an die zu § 46 a StGB ergangene Rechtsprechung des Bundesgerichtshofs[484] soll im vorliegenden Fall einer Straftat gegen die körperliche

---

480 SK/Horn, § 46 a, Rdn. 3.
481 Vgl. oben Zweiter Teil, C I 2 b cc („Sonderproblem").
482 Zur hier vertretenen Auffassung vgl. oben Zweiter Teil, C I 2 b cc („Sonderproblem").
483 OLG Stuttgart, Urt. v. 8.3.1996 - 1 Ss 38/96 (= NJW 1996, 2109 f.; NStZ 1996, 390 f.).

Unversehrtheit zumindest in erster Linie die Anwendung des § 46 a Nr. 1 StGB in Betracht kommen. Insofern verbleibt es bei der bereits geäußerten Kritik an einer deliktsspezifischen Abgrenzung der Anwendungsalternativen des § 46 a StGB[485]. Diese Ansicht scheint das OLG Stuttgart trotz an und für sich gegenteiliger Bezugnahme auf den Beschluß des BGH vom 2.5.1995 zu teilen, da es seine Prüfung letztendlich auch auf die zweite Fallgruppe des § 46 a StGB erstreckt, obwohl weder ein materieller Schaden noch ein Vermögensdelikt - also keiner der Faktoren, für die § 46 a Nr. 2 StGB nach dem erwähnten BGH-Beschluß[486] in erster Linie vorgesehen sein soll - in Rede stand.
Zutreffend versteht der Senat die Anleitung eines Dritten nicht als notwendige Voraussetzung eines Täter-Opfer-Ausgleichs[487].
Doch könne im Rahmen von § 46 a Nr. 1 StGB die Zahlung von Schmerzensgeld immer nur einen Teil der Ausgleichsbemühungen darstellen. Darüber hinaus setze § 46 a Nr. 1 StGB voraus, daß der Täter in einen „kommunikativen Prozeß“[488] mit dem Opfer eintrete und daß er die Initiative für einen friedenstiftenden Ausgleich ergreife. Die Schwelle für die Erfüllung dieser Voraussetzung dürfe nicht zu niedrig angesetzt werden, da ansonsten statt der Belange des Tatopfers die Privilegierung bestimmter Täter in den Vordergrund träte.
Vor dem gesetzgeberischen Postulat „umfassender Ausgleichsbemühungen“[489] verdienen diese Ausführungen des OLG Stuttgart Zustimmung[490].
Im Abschluß eines Vergleichs über die Zahlung von Schmerzensgeld in der Berufungshauptverhandlung konnte das Gericht eine ausreichende Ausgleichsinitiative nicht erkennen, zumal „nicht einmal eine Entschuldigung des Angeklagten“ festgestellt wurde. Die Tatumstände sowie der Zeitpunkt des Vergleichsabschlusses sprechen nach Ansicht des OLG-Senats vielmehr dafür, daß es dem Täter weniger um einen Ausgleich mit dem Verletzten als vielmehr darum ging, doch noch mit einer Freiheitsstrafe auf Bewährung davonzukommen.
Dazu ist zu sagen, daß nach der hier vertretenen Auffassung die Ausgleichsmotivation des Täters grundsätzlich irrelevant ist, d.h. das Erstreben eines günstigen Verfahrensausganges gereicht dem Täter prinzipiell nicht zum Nachteil[491]. Dennoch müssen, und insofern besteht Übereinstimmung mit dem OLG Stuttgart, im Rahmen von § 46 a Nr. 1 StGB die Bemühungen des Täters auf einen interpersonellen Ausgleich mit dem Opfer gerichtet sein, d.h. sie dürfen sich nicht von vornherein auf rein materielle Schadenswiedergutmachung beschränken.

---

484 Zitiert werden die Beschlüsse des BGH vom 2.5. und 25.7.1995, vgl. oben Zweiter Teil, E III, IV.
485 Vgl. oben Zweiter Teil, E III.
486 Vgl. BGH StV 1995, 465 (Beschl. v. 2.5.1995 - 5 StR 156/95).
487 Ebenso die ganz herrschende Literatur und Rspr., vgl. oben Zweiter Teil, B I 4 b cc.
488 Vgl. BGH StV 1995, 585 (Beschl. v. 25.7.1995 - 1 StR 205/95).
489 Vgl. BT-Drs. 12/6853, S. 21 f.
490 Vgl. die Mindestanforderungen an den Täter oben Zweiter Teil, B I 4 d.
491 Vgl. oben Zweiter Teil, B I 3 d, 4 e sowie E II am Ende.

Leider bleiben die näheren Umstände des Schmerzensgeldvergleichs unerörtert. Ob der Täter sich über die Schmerzensgeldzahlung hinaus um Kontakt zum Tatopfer bemüht und den - möglicherweise vergeblichen - Versuch unternommen hat, auf das Opfer zuzugehen und es zum Eintritt in einen kommunikativen Ausgleichsprozeß zu bewegen, ist den Urteilsfeststellungen nicht zu entnehmen. Die nach der Tat gegen das Opfer angezettelten Machenschaften sprechen allerdings eher gegen derartige Bemühungen des Täters. Gerade das auf die Tatverdunkelung abzielende Täterverhalten dürfte aber im Hinblick auf die Wiederherstellung des Rechtsfriedens besondere kommunikative Ausgleichsanstrengungen erforderlich gemacht haben.
Angesichts dieser Konstellation darf im Einklang mit dem OLG Stuttgart bezweifelt werden, daß schon in der Erfüllung des getroffenen Schmerzensgeldvergleiches ein umfassendes Ausgleichsbemühen des Angeklagten zum Ausdruck gekommen ist. Die Anwendung des § 46 a Nr. 1 StGB wurde infolgedessen zu Recht abgelehnt.

Die Voraussetzungen des § 46 a Nr. 2 StGB sah das OLG Stuttgart gleichfalls nicht als gegeben an. Die Vorinstanz hatte die „arbeitsmedizinisch nicht zu empfehlende ständige Nachtarbeit" des Angeklagten zugunsten seiner Gläubiger als „erhebliche persönliche Leistung" i.S.v. § 46 a Nr. 2 StGB anerkannt. Das OLG Stuttgart hingegen knüpfte die Anwendung dieser Norm an die Voraussetzung, daß der Täter „gerade um des Opfers willen die persönliche Leistung erbringt", weil diese nur dann die „individuelle Übernahme von Verantwortung"[492] des Täters gegenüber dem Tatopfer ausdrücken könne. Daran fehle es hier, weil der Angeklagte die Nachtarbeit bereits ca. neun Monate vor dem Abschluß des Schmerzensgeldvergleichs aufgenommen habe, um seine erheblichen Schulden bei diversen Gläubigern abzutragen.
Diese Auslegung des Begriffs der „persönlichen Leistung" i.S.v. § 46 a Nr. 2 StGB durch das OLG Stuttgart ist in sich schlüssig, erscheint aber allzu restriktiv[493]. Zwar ist es durchaus zutreffend, daß zwischen der vom Gesetz geforderten „persönlichen Leistung" des Täters und der Entschädigung des Opfers ein Kausalzusammenhang bestehen muß, d.h. der Täter muß die Leistung tatsächlich um der Entschädigung des Opfers willen erbracht haben[494]. Insoweit ist zuzugestehen, daß der Angeklagte zum Zeitpunkt der Aufnahme der Nachtarbeit neun Monate vor dem Abschluß des Schmerzensgeldvergleichs noch nicht im Hinblick auf die Entschädigung des Opfers tätig geworden ist. Das ändert jedoch nichts daran, daß er zu einem späteren Zeitpunkt und über einen nicht nur unerheblichen Zeitraum hinweg zugunsten des Tatopfers sein Einkommen durch Nachtarbeit erhöhte, um auf diesem Weg den für ihn ansonsten nicht erbringbaren Schmerzensgeldbetrag von 3.000 DM zu erwirtschaften. Da diese (Zusatz-)Er-

---

[492] So die Formulierung in der Begründung des Gesetzentwurfs, vgl. BT-Drs. 12/ 6853, S. 22.
[493] So im Ergebnis auch Steffens, S. 161.
[494] Vgl. oben Zweiter Teil, B II 1 d.

träge aus der Nachtarbeit dem Opfer unmittelbar zugute kamen, hat der Täter seine Arbeitsleistung zumindest über einen gewissen Zeitraum hinweg um der Entschädigung des Opfers willen erbracht und damit einen Beitrag zum Ausgleich der von ihm verursachten Tatfolgen geleistet. Diesem Beitrag im Rahmen von § 46 a Nr. 2 StGB nur deshalb die Anerkennung zu verweigern, weil dem Täter im Zeitraum der Leistungserbringung möglicherweise das konkret-personifizierte Bewußtsein fehlte, für das Opfer tätig zu sein bzw. weil er das Tätigwerden für das Opfer keinem exakt bestimmten Zeitraum zugeordnet hat, erscheint unbillig. Entgegen der Auffassung des OLG Stuttgart kann deshalb § 46 a Nr. 2 StGB auf den konkreten Fall Anwendung finden.

VIII) In der Entscheidung des OLG Karlsruhe vom 10.5.1996[495] ging es u.a. um die Reichweite des § 46 a StGB.
Dem Beschluß lagen mehrere Fälle des Betruges, einmal in Tateinheit mit Urkundenfälschung, zugrunde. Der Schwiegervater des Angeklagten hatte der durch diese Vergehen geschädigten Raiffeisenbank die gesamte Schuldsumme zurückgezahlt, wobei offen geblieben ist, ob dies im Einvernehmen mit dem Angeklagten und unter gleichzeitiger Begründung einer Rückzahlungsverpflichtung erfolgte oder ob der Schwiegervater die Zahlung aus eigennützigen Motiven von sich aus geleistet hat.

Da eine rein materielle Opferentschädigung im Raume stand, zog das OLG Karlsruhe allein die Anwendung von § 46 a Nr. 2 StGB in Betracht.
Es gelangt zu der Auffassung, daß, wenn die Tat auf einen materiellen Schaden (§ 263 StGB) hin angelegt und dieser Schaden wiedergutgemacht worden sei, die Regelung des § 46 a StGB - deren weitere Merkmale vorausgesetzt - auch für „die weiteren in diesem Rahmen tateinheitlich verwirklichten Delikte" Geltung beanspruche. Demnach bestehe die Möglichkeit der Strafrahmenherabsetzung (§ 49 Abs. 1 StGB) im Falle tateinheitlicher Verwirklichung der §§ 263, 267 StGB auch für den Strafrahmen der Urkundenfälschung, wenn diese ausschließlich als Mittel zum Zweck der Täuschung erfolgte und der Betrugsschaden wiedergutgemacht wurde.
Schon die Verschiedenartigkeit der in § 263 und § 267 StGB geschützten Rechtsgüter legt eine solche Ausweitung des Anwendungsbereiches des § 46 a StGB nicht nahe. Des weiteren läßt sie sich auch mit dem Gesetzeswortlaut schwerlich vereinbaren - der im Hinblick auf die Sicherheit und Zuverlässigkeit des Rechtsverkehrs entstandene Schaden wurde durch den Ausgleich des Vermögensschadens nicht berührt[496]. Die vom OLG Karlsruhe vorgenommene Ausweitung des Anwendungsbereiches des § 46 a StGB auf die tateinheitlich verwirklichte

---

[495] OLG Karlsruhe, Beschl. v. 10.5.1996 - 1 Ss 192/95 (= NJW 1996, 3286; StV 1996, 610 f.; wistra 1997, 71).
[496] Vgl. die Ausführungen zur Anwendbarkeit des § 46 a StGB bei Gefährdungsdelikten und Delikten gegen die Allgemeinheit oben Zweiter Teil, C I 2 b cc.

Urkundenfälschung ist deshalb selbst in den vom Gericht aufgeführten engen Grenzen abzulehnen.
Ob angesichts der Tatsache, daß die Rückzahlung der betrügerisch erlangten Gelder durch den Schwiegervater erfolgte, überhaupt von einer persönlichen Leistung oder persönlichem Verzicht des Angeklagten die Rede sein könne, vermochte das Gericht auf der Grundlage der getroffenen Feststellungen nicht abschließend zu beurteilen. Die weiteren Ausführungen lassen jedoch, sofern der Angeklagte die Schuldsumme an den - quasi in Vorleistung getretenen - Schwiegervater zurückzahlt, die Bereitschaft des Gerichts erkennen, die Schadenswiedergutmachung durch Dritte dem Angeklagten als persönliche Leistung zuzurechnen. Dagegen ist nichts einzuwenden, da der Täter in diesem Fall, wenn auch nicht mehr unmittelbar opferbezogen, immer noch Ersatz des durch seine Tat angerichteten Schadens leistet[497].

IX) Im Dezember 1996 urteilte das Kammergericht[498] über einen Fall, in dem der Angeklagte durch Betrug zu Lasten des Arbeitsamtes höhere Arbeitslosenhilfezahlungen erlangt hatte, als er tatsächlich beanspruchen konnte. Anschließend hatte der Angeklagte Rückzahlungen geleistet, und zwar auch im Hinblick auf Zeiträume, für die nach Ansicht der Berufungsinstanz „eigentlich keine Rückforderungsansprüche seitens des Arbeitsamtes bestanden hätten".

Unter Bezugnahme auf die Rechtsprechung des Bundesgerichtshofs[499] lehnte das Kammergericht abweichend von der Vorinstanz eine Anwendung des § 46 a Nr. 1 StGB ab, da es im vorliegenden Fall ersichtlich nicht um einen Ausgleich immaterieller Tatfolgen gegangen sei. Dem ist beizupflichten.
Die Voraussetzungen der in § 46 a Nr. 2 StGB normierten Fallgruppe sah das Kammergericht gleichfalls nicht als gegeben an. Wiederum unter Rückgriff auf die Rechtsprechung des Bundesgerichtshofs[500] sowie die Gesetzesbegründung[501] wird, damit die Schadenswiedergutmachung ihre friedenstiftende Wirkung entfalten kann, verlangt, daß der Täter durch erhebliche persönliche Leistungen oder persönlichen Verzicht einen über die rein rechnerische Schadenskompensation hinausgehenden Beitrag zum Tatfolgenausgleich erbringt. Mit Recht bemerkt das Kammergericht, daß die Urteilsfeststellungen in dieser Richtung nichts hergeben. Dies gilt, wie das KG zutreffend weiter ausführt, auch für die vom Angeklagten geleisteten, aber „eigentlich" nicht erforderlichen Rückzahlungen, da auch

---

497 Vgl. die Argumentation oben Zweiter Teil, B I 3 a dd.
498 KG, Urt. v. 30.12.1996 - (4) 1 Ss 15/96 (16/96) (= StV 1997, 473 f.; wistra 1997, 229 ff.).
499 BGH StV 1995, 465 (Beschl. v. 2.5.1995 - 5 StR 156/95), vgl. oben Zweiter Teil, E III.
500 BGH StV 1995, 584 f. (Beschl. v. 25.7.1995 - 1 StR 205/95), vgl. oben Zweiter Teil, E IV.
501 Vgl. BT-Drs. 12/6853, S. 22.

hinsichtlich dieser Beträge die Umstände der Rückerstattung, insbesondere etwaige damit für den Angeklagten verbundene Belastungen oder Nachteile, im dunkeln bleiben.
Das landgerichtliche Urteil wurde, auch wegen weiterer rechtsfehlerhafter Erwägungen, aufgehoben und zu neuer Verhandlung und Entscheidung an eine andere Strafkammer des Landgerichts zurückverwiesen.

X) Der Entscheidung des Bayerischen Obersten Landesgerichtes vom 29. April 1997[502] lagen mehrere Fälle der Steuerhinterziehung durch eine Finanzbeamtin zugrunde.
Diese hatte, indem sie fiktive Steuervorgänge in die EDV-Anlage der Finanzverwaltung eingab, Steuererstattungen ausgelöst, wobei die Erstattungsbeträge in Höhe von insgesamt knapp 190.000 DM auf Konten der Angeklagten und ihres Ehemannes ausbezahlt wurden. Später kam es zu einer nicht näher spezifizierten Rückzahlung dieser Beträge.
In der angefochtenen Entscheidung des Berufungsgerichts war von der Milderungsmöglichkeit des § 46 a StGB Gebrauch gemacht worden, ohne anzugeben, welche der Alternativen angewandt worden war.

Bezugnehmend auf die Entscheidung des gleichen Senats vom 28. Februar 1996[503] stellt nach Auffassung des 4. Strafsenats des BayObLG die Nachzahlung hinterzogener Steuern keine Wiedergutmachung im Sinne von § 46 a Nr. 1 StGB dar. Auch im Hinblick auf den Tatvorwurf einer Falschbeurkundung im Amt scheide eine Anwendung von § 46 a Nr. 1 StGB aus, da sich diese Bestimmung vor allem auf die immateriellen Folgen einer Straftat beziehe und ein Ausgleich in diesem Sinne zumindest dann ausgeschlossen sei, wenn das geschützte Rechtsgut allein dem Staat bzw. der Allgemeinheit zustehe[504]. Dies deckt sich mit der hier vertretenen Auffassung[505].

Die Anwendung von § 46 a Nr. 2 StGB betreffend greift das BayObLG die von der Gesetzesbegründung[506] vorgegebene und vom Bundesgerichtshof[507] übernommene Anforderung eines über die rein rechnerische Schadenskompensation hinausgehenden Täterbeitrags auf und gelangt zu dem Ergebnis, daß diesbezüglich bisher keine Feststellungen getroffen wurden. Da über die Umstände

---

[502] BayObLG, Urt. v. 29.4.1997 - 4 St RR 35/97 (= wistra 1997, 313 ff.; NStZ-RR 1997, 341 f.).
[503] BayObLG NJW 1996, 2806 (Beschl. v. 28.2.1996 - 4 St RR 33/96), vgl. oben Zweiter Teil, E VI.
[504] Vgl. wiederum den Beschluß des BayObLG v. 28.2.1996, a.a.O.
[505] Vgl. oben Zweiter Teil, C I 2 b cc.
[506] Vgl. BT-Drs. 12/6853, S. 22.
[507] Vgl. BGH StV 1995, 585 (Beschl. v. 25.7.1995 - 1 StR 205/95).

der Schadenswiedergutmachung rein gar nichts bekannt ist, ist dem beizupflichten.
Einer Stellungnahme zu der grundsätzlichen Frage, ob die Nachzahlung hinterzogener Steuern überhaupt als Schadenswiedergutmachung i.S.v. § 46 a Nr. 2 StGB tatbestandsmäßig sein kann, war der 4. Strafsenat des BayObLG damit wiederum enthoben[508].

XI) Im August 1997 hatte das Berliner Kammergericht[509] in einer Revisionssache zu entscheiden.
Der Angeklagte, ein Finanzbeamter, war wegen Untreue in 115 Fällen verurteilt worden. Nach seiner vorläufigen Enthebung vom Dienst, die mit einer Kürzung der Dienstbezüge einherging, hatte er eine unter seinem Ausbildungsniveau liegende Nebentätigkeit als Gebäudereiniger aufgenommen. Durch eine von dem Gläubiger vorgenommene Aufrechnung hatte er sodann etwa 75 % des durch seine Straftaten verursachten Schadens wiedergutgemacht.

Das Landgericht hatte auf die Berufung des Angeklagten den amtsgerichtlichen Strafausspruch (Verurteilung zu einer Gesamtgeldstrafe) aufgehoben und von Strafe abgesehen. Dieser Entscheidung hatte es „zwar nicht ausdrücklich, aber in aus ihren Gründen erkennbarer Weise", die Vorschrift des § 46 a Nr. 2 StGB zugrundegelegt.
Im Gegensatz dazu gelangte das Kammergericht zu dem Schluß, daß das Vorliegen der Voraussetzungen des § 46 a Nr. 2 StGB auf der Grundlage der vom Landgericht getroffenen Urteilsfeststellungen nicht abschließend beurteilt werden könne. Zwar stehe der Umstand, daß die Schadenswiedergutmachung jeweils durch eine von dem Gläubiger vorgenommene Aufrechnung und nicht durch freiwillige Zahlungen des Angeklagten erfolgt ist, einer Anwendung des § 46 a Nr. 2 StGB nicht von vornherein entgegen[510].
Jedoch stellt sich die Frage, ob diese an und für sich eher passiv erbrachte Schadenswiedergutmachung mit „erheblichen persönlichen Leistungen" des Angeklagten einhergegangen ist. Mit Recht betont das Kammergericht, daß an die „Erheblichkeit" der persönlichen Leistungen im Sinne von § 46 a Nr. 2 StGB strenge Anforderungen zu stellen sind. Es gehe „um die besonderen Belastungen und Schwierigkeiten des Täters, die mit seiner persönlichen Entschädigungsleistung verbunden sind".
Als eine solche Belastung kommt die Aufnahme der Nebentätigkeit als Gebäudereiniger in Betracht. Diesbezüglich vermißt das Kammergericht Feststellungen

---

[508] Vgl. bereits den Beschluß vom 28.2.1996 (oben Zweiter Teil, E VI).
[509] KG, Urt. v. 21.8.1997 - (4) 1 Ss 351/96 (142/96) (noch unveröffentlicht).
[510] Insofern wird auf BGH StV 1995, 249 (Beschl. v. 17.1.1995 - 4 StR 755/94) verwiesen, wonach es der Anwendung der Norm nicht entgegenstehe, wenn der Täter Entschädigungsleistungen erst erbringt, nachdem er vom Opfer gerichtlich auf Zahlung in Anspruch genommen worden ist (vgl. oben Zweiter Teil, E I).

dazu, „welche Belastung für den Angeklagten mit seiner Nebentätigkeit verbunden war, und ob es sich auch in Anbetracht der Tatsache, daß er vorläufig von seinem Dienst als Finanzbeamter enthoben war, um eine besondere Belastung handelte". In der Tat ist der Sachverhalt in dieser Hinsicht wenig aufbereitet. Es sei jedoch angemerkt, daß der Belastungsfaktor der „Nebentätigkeit" angesichts der Tatsache, daß der Angeklagte wegen der vorläufigen Suspendierung vom Dienst ansonsten keiner Arbeit mehr nachging, eher gering erscheint. Der Gesetzgeber hatte aber, wie das in der Begründung des Gesetzentwurfs[511] angeführte Beispiel der „umfangreichen Arbeiten in der Freizeit" zeigt, bei den „erheblichen persönlichen Leistungen" i.S.v. § 46 a Nr. 2 StGB insbesondere zusätzliche, d.h. über das normale Maß hinausgehende Arbeitsleistungen des Täters vor Augen. Dieses Defizit kann, wie das KG zutreffend feststellt, auch nicht dadurch wettgemacht werden, daß es sich bei der Tätigkeit als Gebäudereiniger angeblich um eine solche „unter der Würde" des Angeklagten handelt.
Bedenken gegen eine Anerkennung der vom Angeklagten aufgenommenen Nebentätigkeit als „erhebliche persönliche Leistung" erwachsen darüber hinaus daraus, daß vorliegend ein unmittelbarer Zusammenhang zwischen Nebentätigkeit und Schadenswiedergutmachung nicht feststeht:
Die Schadenswiedergutmachung erfolgte durch die vom Dienstherrn vorgenommene Aufrechnung des Schadens mit den (gekürzten) Dienstbezügen, während die aus der Nebentätigkeit erzielten Einkünfte allein dem Täter zuflossen[512].
Ob sich aber die finanzielle Situation des Täters dergestalt darstellte, daß er nur durch die Einkünfte aus der Nebentätigkeit die Mittelabflüsse für die Schadenswiedergutmachung kompensieren konnte, läßt sich den eher verwirrenden Urteilsfeststellungen zu Einnahmen und Ausgaben des Angeklagten nicht entnehmen.
Vor diesem Hintergrund ist die Entscheidung des 4. Strafsenats, das angefochtene Urteil aufzuheben und an eine andere Strafkammer des Landgerichts zurückzuverweisen, durchaus nachvollziehbar.

XII) Im Beschluß des LG Potsdam vom 5. Dezember 1997[513] ging es um den deliktsbezogenen Anwendungsbereich des § 46 a StGB.
Verhandlungsgegenstand war ein Fall schweren Raubes (§ 250 StGB) „mit geringem materiellen Schaden, aber sehr erheblicher persönlicher Einwirkung des Täters auf das Opfer bis hin zur Hervorrufung nachvollziehbar empfundener Todesangst". Unter Vermittlung eines Mitarbeiters der Sozialen Dienste der Justiz hatten Täter und Opfer ein ausführliches Vermittlungsgespräch geführt, in

---

[511] BT-Drs. 12/6853, S. 22.
[512] Anders - bei ähnlicher Problematik - die Sachlage im vom OLG Stuttgart (Urt. v. 8.3.1996 - 1 Ss 38/96, vgl. oben Zweiter Teil, E VII) entschiedenen Fall, da dort die (Zusatz-)Erträge aus der vom Täter aufgenommenen Nachtarbeit unmittelbar der Entschädigung des Opfers zugute kamen.
[513] LG Potsdam, Beschl. v. 5.12.1997 - 24 Kls 34/97 (in Zusammenfassung mitgeteilt in Neue Justiz (NJ) 1998, 214).

dessen Verlauf sich der Täter entschuldigt und dem Opfer eine materielle Entschädigung angeboten hatte. Das Tatopfer hatte sich einverstanden erklärt. Wegen des erfolgreich durchgeführten Täter-Opfer-Ausgleichs nahm die Strafkammer trotz der zugrundeliegenden sehr schweren Straftat eine Strafrahmenverschiebung nach §§ 46a, 49 StGB vor.
Dies ist, da der Tatbestand des § 46 a StGB keine Beschränkung auf bestimmte Delikte enthält, nur konsequent[514]. Das von der Kammer verhängte Strafmaß (Freiheitsstrafe von vier Jahren) zeigt, daß die Anwendung von § 46 a StGB einer angemessenen Ahndung von Gewalttaten durchaus nicht im Wege stehen muß.

XIII) In der Entscheidung vom 17. Dezember 1997 befaßte sich das Bayerische Oberste Landesgericht[515] mit der Frage, ob Schadensersatzzahlungen der Haftpflichtversicherung die Anwendung von § 46 a StGB rechtfertigen.

Die Angeklagte hatte infolge fahrlässiger Mißachtung der Vorfahrtregelung einen Verkehrsunfall verursacht, der zu erheblichen, fünf Wochen stationäre Krankenhausbehandlung erfordernden Verletzungen des Opfers und zu schweren Schäden an dessen Pkw geführt hatte. Der Schaden war im Zeitpunkt der Berufungshauptverhandlung durch die Haftpflichtversicherung der Angeklagten „zumindest teilweise reguliert" worden.
Das BayObLG als Revisionsinstanz hat in Übereinstimmung mit dem Berufungsgericht die Anwendung von § 46 a StGB zugunsten der Angeklagten abgelehnt. Dies wird unter Hinweis auf den Gesetzeswortlaut und den im Gesetzgebungsverfahren zum Ausdruck gekommenen Willen des Gesetzgebers zutreffend damit begründet, daß die Vorschrift in beiden Alternativen eine „eigene Leistung des Täters aus Anlaß der konkreten Tat" voraussetze[516].
An einer solchen Leistung fehlt es hier in der Tat, denn die Schadensersatzzahlungen wurden allein von der Haftpflichtversicherung der Angeklagten erbracht.
Dagegen vertritt Horn[517] die Ansicht, auch die Schadensmeldung an die Haftpflichtversicherung stelle wegen des vom Versicherten zu tragenden Bonusverlustes eine eigene Leistung dar. Doch erscheint es selbst angesichts eines möglichen Bonusverlustes unangemessen, allein dem bloßen Weiterreichen der Schadensmeldung Leistungscharakter zuzuerkennen. Außerdem ist dieses weniger Ausdruck einer „individuellen Übernahme von Verantwortung"[518], sondern Voraussetzung dafür, daß ein Dritter - nämlich die Versicherung - für die unmittelbaren Folgen der Tat aufkommt.

---

[514] Vgl. oben Zweiter Teil, C I 1 sowie 2 c.
[515] BayObLG, Beschl. v. 17.12.1997 - 2 St RR 273/97 (= NStZ 1998, 356 f.; NJW 1998, 1654 f.; JR 1999, 40 f. m. Anm. Horn).
[516] Vgl. dazu oben Zweiter Teil, B I 3 a cc.
[517] Vgl. die Urteilsanmerkung JR 1999, S. 41.
[518] Vgl. die Begründung des Gesetzentwurfs BT-Drs. 12/6853, S. 22.

Auch die Zahlung der Versicherungsprämien durch die Angeklagte kann nicht als Leistung i.S.v. § 46 a StGB begriffen werden, da diese, wie das BayObLG mit Recht ausführt, laufend und unabhängig von einem konkreten Schadensereignis zu zahlen sind und dem durch eine Straftat Verletzten auch nur mittelbar zugute kommen.

Abgesehen davon würde eine Anwendung von § 46 a StGB ohnehin an den weiteren Tatbestandsvoraussetzungen der beiden Fallgruppen scheitern:
Im Hinblick auf § 46 a Nr. 1 StGB ist weder ein Versuch des Täters, das Opfer zum Eintritt in einen kommunikativen Ausgleichsprozeß zu bewegen, noch eine andere Initiative, die dem Postulat „umfassender Ausgleichsbemühungen"[519] auch nur nahe käme, festgestellt. Dies sieht auch das BayObLG so und verweist auf die bereits zustimmend besprochene Rechtsprechung des Bundesgerichtshofs[520], wonach das einseitige Wiedergutmachungsbestreben ohne den Versuch der Einbeziehung des Opfers im Rahmen von § 46 a Nr. 1 StGB nicht hinreichend ist.

In diesem Zusammenhang setzt sich das BayObLG mit der abweichenden Auffassung von Horn[521], auf die sich die Angeklagte beruft, auseinander.
Dieser will einem haftpflichtversicherten Fahrlässigkeitstäter, damit § 46 a Nr. 1 StGB eingreift, nicht mehr abverlangen, als daß er den Vorfall seiner Versicherung meldet und für die Ersatzleistung an den Verletzten sorgt. Zur Begründung führt er an, daß es in Fahrlässigkeitsfällen regelmäßig an einem „Gesamtkonflikt" zwischen Täter und Opfer fehle[522], weshalb es „unter erwachsenen Menschen keiner zusätzlichen Beschwichtigungsgesten des Täters (z.B. persönlicher Kontakte), die über die nackte Regelung des konkret gebotenen Ausgleichs hinausgingen", bedürfe. Das Schreiben, mit dem der Scheck zur Schadensregulierung übersandt werde, müsse nicht „auch noch mit Entschuldigungsfloskeln garniert" werden.

Das BayObLG hält dieser Auffassung den Einwand einer „höchst unsensiblen Betrachtungsweise" entgegen und stellt sich auf den Standpunkt, daß von einem Täter, der die Anwendung des § 46 a StGB für sich in Anspruch nimmt, auch verlangt werden könne, daß er sich etwa bei fahrlässig herbeigeführten Verletzungen des Opfers um einen persönlichen Kontakt bemüht und sich entschuldigt.

---

[519] Vgl. BT-Drs. 12/6853, S. 21 f.
[520] BGH StV 1995, 584 f. (Beschl. v. 25.7.1995 - 1 StR 205/95), vgl. oben Zweiter Teil, E IV.
[521] Vgl. SK/Horn, § 46 a, Rdn. 6.
[522] Den in der Begründung des Gesetzentwurfs (BT-Drs. 12/6853, S. 22) verwandten Begriff des „Gesamtkonflikts" bezeichnet Horn in der Anmerkung zu dieser Entscheidung als „soziologischen Jargon", vgl. Horn, JR 1999, S. 41.

Horn sei zugestanden, daß das vom Gesetzgeber verwandte Bild eines „der Tat zugrundeliegenden Gesamtkonflikts“[523] auf das Verhältnis zwischen Täter und Opfer eines Fahrlässigkeitsdelikts nicht recht passen will. Ansonsten spricht allerdings der eindeutige Gesetzeswortlaut gegen seine Auffassung. Nach § 46 a Nr. 1 StGB können sich nun einmal die Rechtsfolgen der Norm nur demjenigen Täter eröffnen, der sich zuvor um einen Ausgleich mit dem Verletzten wenigstens bemüht hat. Dies ist selbstverständlich auch Horn nicht entgangen, denn er weist selbst darauf hin, daß „diese Art Sozialromantik“ vom Gesetzgeber des § 46 a StGB offenbar gewollt war[524].
Dagegen ist jedoch im Ergebnis nichts einzuwenden, da nicht einsichtig ist, warum dem haftpflichtversicherten Fahrlässigkeitstäter, die Auffassung Horns zugrundegelegt, die Rechtswohltat des § 46 a StGB quasi „zum Nulltarif“[525] gewährt werden sollte.
Schließlich ist, worauf auch das BayObLG hinweist, die bloße Schadenswiedergutmachung bereits nach der Strafzumessungsvorschrift des § 46 Abs. 2 S. 2 StGB zugunsten des Täters zu berücksichtigen. Um in den Genuß der Rechtsfolgen des § 46 a StGB gelangen zu können, muß der Täter aber gerade mehr tun. Insofern ist letztendlich dem BayObLG zuzustimmen.

Für eine Anwendung von § 46 a Nr. 2 StGB würde es selbst bei Zugrundelegung der Auffassung Horns an einer Ermöglichung der Schadenswiedergutmachung aufgrund erheblicher persönlicher Leistungen oder persönlichen Verzichts fehlen, da weder die Zahlung der laufenden Versicherungsprämien noch die Schadensmeldung an die Haftpflichtversicherung eine derart fühlbare Eigenbelastung der Angeklagten darstellen bzw. zur Folge haben, daß sie diesen Merkmalen gerecht würden.
Der Revision der Angeklagten war deshalb zu Recht kein Erfolg beschieden.

XIV) Um die Anwendbarkeit von § 46 a Nr. 1 StGB ging es in einer Entscheidung des Bundesgerichtshofs vom 17. Juni 1998[526].
Der Angeklagte hatte eine Prostituierte überfallen, um sie zu berauben, und ihr dabei mit dem Griffstück einer Pistole mindestens zehnmal auf den Kopf geschlagen. Das Opfer erlitt zehn Platzwunden, die genäht werden mußten, sowie eine Handverletzung, die operativ zu versorgen war. Der Angeklagte war hinsichtlich der Verletzungsdelikte geständig. Er entschuldigte sich bei der Geschädigten und ließ ihr, noch aus der Untersuchungshaft, über seinen Verteidiger Zahlungen in Höhe von 13.000 DM - 12.000 DM Schmerzensgeld und 1.000 DM für

---

[523] BT-Drs. 12/6853, S. 22.
[524] Vgl. die Urteilsanmerkung Horns in JR 1999, S. 41.
[525] So die prägnante Formulierung von Steffens, S. 167, der die Auffassung Horns aus eben diesem Grunde gleichfalls ablehnt.
[526] BGH, Beschl. v. 17.6.1998 - 1 StR 249/98 (= NStZ-RR 1998, 297; StV 1999, 89).

Anwaltskosten - zukommen. Daraufhin zog die Geschädigte ihren Strafantrag zurück und widerrief ihre Nebenklageanschlußerklärung.
Die Vorinstanz hatte diesen Schadensausgleich bei der Strafzumessung berücksichtigt, ohne auf die Vorschrift des § 46 a StGB einzugehen.

Nach Ansicht des 1. Strafsenats des BGH lag es in diesem Fall zumindest nahe, daß die Voraussetzungen des § 46 a Nr. 1 StGB gegeben sind. Die Geschädigte habe, da sie daraufhin Strafantrag und Nebenklage zurückzog, „die Zahlungen des Angeklagten ... offenbar als Ausgleich akzeptiert". Nicht entgegen stehe, daß der in U-Haft befindliche Angeklagte „den Ausgleich durch seinen Verteidiger bewirkt" habe; ebensowenig sei für § 46 a Nr. 1 StGB Voraussetzung, daß die Wiedergutmachung - wie in Nr. 2 der Vorschrift - erhebliche persönliche Leistungen oder persönlichen Verzicht erfordere.

Diese Ausführungen des 1. Senats lassen erkennen, daß die Subsumtion des Sachverhaltes unter den Gesetzestatbestand darunter leidet, wenn eine Abgrenzung von Wiedergutmachungs- und Ausgleichskomponente der Norm gänzlich unterbleibt.
Als Wiedergutmachungsleistungen kommen die dem Tatopfer zugeflossenen Zahlungen in Höhe von 13.000 DM sowie die Entschuldigung des Täters in Betracht. Aus dem oben zitierten Zusammenhang läßt sich die vom BGH verwandte Formulierung, der Angeklagte habe „den Ausgleich durch seinen Verteidiger bewirkt", dahingehend deuten, daß jener für den in U-Haft sitzenden Angeklagten die Zahlungen an das Opfer geleistet hat. § 46 a Nr. 1 StGB setzt aber voraus, daß „der Täter" - nicht ein Dritter - „seine Tat" wiedergutmacht[527].
Bei lebensnaher Auslegung ist allerdings davon auszugehen, daß der Verteidiger lediglich für seinen - aufgrund der Inhaftierung verhinderten - Mandanten in Vorleistung getreten ist und dieser die vorgelegte Summe auf Heller und Pfennig zurückzahlen muß. An einer eigenen Wiedergutmachungsleistung des Täters fehlt es daher nicht[528]. Im Hinblick auf die Erfüllung der Normvoraus-setzungen durch den Angeklagten hat der 1. Strafsenat des BGH deshalb das Tätigwerden des Verteidigers zu Recht als unschädlich angesehen.
Die Entschuldigung des Angeklagten betreffend bleibt unklar, in welcher Form (schriftlich, unmittelbar persönlich oder mittelbar über den Verteidiger) diese erfolgt ist.
Das Zurückziehen des Strafantrages sowie der Widerruf der Nebenklageanschlußerklärung durch das Tatopfer sprechen jedenfalls dafür, daß die vom Täter erbrachten Wiedergutmachungsleistungen der zwischen Täter und Opfer getroffenen Verabredung, über deren Umstände nichts bekannt ist, entsprachen.
Dem Bundesgerichtshof ist darin beizupflichten, daß im Rahmen von § 46 a Nr. 1 StGB die Wiedergutmachung, solange sie der zwischen den Tatbeteiligten getrof-

---

527 Vgl. oben Zweiter Teil, B I 3 a cc.
528 Vgl. die Argumentation oben Zweiter Teil, B I 3 a dd.

fenen Vereinbarung entspricht, nicht notwendigerweise erhebliche persönliche Leistungen oder persönlichen Verzicht erfordern muß.

Als einschränkendes Kriterium und Rahmenbedingung der Wiedergutmachung[529] verlangt die Vorschrift dem Täter aber das Bemühen um einen Ausgleich mit dem Verletzten ab. Hier ist fraglich, ob der Täter durch sein Verhalten der Ausgleichskomponente des § 46 a Nr. 1 StGB Genüge getan hat. Zwar ist eine Entschuldigung bei der Geschädigten festgestellt. Abgesehen davon, daß über deren Umstände rein gar nichts bekannt ist, genügt eine Entschuldigung nicht ohne weiteres dem Postulat „umfassender Ausgleichsbemühungen"[530]. Vielmehr müssen die Anstrengungen des Täters auf einen persönlichen Kontakt mit dem Tatopfer und den Eintritt in einen kommunikativen Ausgleichsprozeß gerichtet sein[531]. Ob der Täter eine dahingehende Initiative entwickelt hat oder ob entsprechende ernsthafte Bemühungen möglicherweise wegen fehlender Mitwirkungsbereitschaft des Tatopfers eingestellt wurden, läßt sich den knappen Urteilsfeststellungen nicht entnehmen. Allerdings ist das Tatopfer durch die geschilderten prozessualen Maßnahmen dem Täter in einer Weise entgegengekommen, daß das Vorhergehen einer wie auch immer gearteten konfliktregelnden Verständigung durchaus nahe liegt.
Der BGH hat es folgerichtig als Rechtsfehler angesehen, daß unter diesen Umständen die Prüfung der Voraussetzungen des § 46 a Nr. 1 StGB unterblieben ist. Sofern eine Anwendung dieser Variante in Ermangelung hinreichender kommunikativer Ausgleichsanstrengungen ausscheiden sollte, wird das erkennende Gericht angesichts der vom Täter geleisteten Geldzahlungen auch in eine Prüfung der Voraussetzungen des § 46 a Nr. 2 StGB einzutreten haben.

XV) Fehlende Erörterungen zur Frage der Anwendung des § 46 a StGB waren auch der Grund dafür, daß im Juli 1998 das OLG Hamm[532] ein amtsgerichtliches Urteil im Rechtsfolgenausspruch aufhob.
Der Angeklagte war vom Amtsgericht wegen Diebstahls mit Waffen in Tateinheit mit Bedrohung zu einer Freiheitsstrafe von zehn Monaten, deren Vollstreckung zur Bewährung ausgesetzt wurde, verurteilt worden.
Dem Geschädigten war durch den Diebstahl ein materieller Schaden in Höhe von 540 DM entstanden, den der Angeklagte vollständig ausgeglichen hatte. Die Schadensersatzleistungen an den Geschädigten resultierten aus einem von dem Büro für Täter-Opfer-Ausgleich und Konfliktregelung in Dortmund („Brücke") durchgeführten Projekt, in dessen Rahmen der Täter gemeinnützige Arbeit abgeleistet hatte. Das Amtsgericht hatte die vom Angeklagten erbrachten Schadens-

---

529 Vgl. die Begründung des Gesetzentwurfs BT-Drs. 12/6853, S. 21.
530 Vgl. BT-Drs. 12/6853, S. 21 f.
531 Vgl. die Mindestanforderungen an den Täter im Hinblick auf den TOA oben Zweiter Teil, B I 4 d.
532 OLG Hamm, Beschl. v. 24.7.1998 - 2 Ss 740/98 (= StV 1999, 89).

ersatzleistungen lediglich im Rahmen der Strafzumessung nach § 46 StGB strafmildernd berücksichtigt.

Dem OLG Hamm ist darin beizupflichten, daß die zur Schadenswiedergutmachung getroffenen Feststellungen eine Auseinandersetzung mit der Frage der Anwendung des § 46 a StGB erforderlich machten. Da auf Seiten des Angeklagten neben den materiellen Schadensersatzleistungen lediglich gemeinnützige Arbeit festgestellt wurde, fehlt es an dem für einen TOA grundlegenden interpersonellen Interaktionszusammenhang; sofern auch für darauf abzielende Bemühungen keine Anhaltspunkte vorliegen, wird eine Anwendung von § 46 a Nr. 1 StGB daher kaum in Frage kommen.
Im Hinblick auf die Voraussetzungen des § 46 a Nr. 2 StGB ist eine materielle Schadenswiedergutmachung durch den Täter festgestellt. Diese müßte ihm weiterhin „erhebliche persönliche Leistungen oder persönlichen Verzicht“ abverlangt haben. Hier hat sich der Täter mit Hilfe eines von der „Brücke“ durchgeführten Projekts die Mittel für die Schadenswiedergutmachung durch Ableistung gemeinnütziger Arbeit verschafft. Auch wenn über Art und Umfang dieser Arbeit nichts Näheres bekannt ist, erscheint es durchaus wahrscheinlich, daß sie mit einer nicht nur unerheblichen persönlichen Eigenbelastung des Täters verbunden war. Zwar sind gemeinnützige Arbeiten in der Regel nicht als persönliche Leistungen im Sinne von § 46 a Nr. 2 StGB anzusehen, da ihnen für gewöhnlich der vom Gesetz vorgegebene unmittelbare Bezug zur Schadenswiedergutmachung fehlt[533]. Dieser Bezug wird hier aber durch die Zwischenschaltung der „Brücke“ Dortmund hergestellt, da dieses Projekt dem Täter die Möglichkeit einräumt, durch die Ableistung gemeinnütziger Arbeit die Mittel für eine Opferentschädigung aufzubringen. Die gemeinnützige Arbeit hat also, wie es dem Gesetzgeber vorschwebte, „erst eine materielle Entschädigung ermöglicht“[534] und kann deshalb als „erhebliche persönliche Leistung“ Anerkennung finden. Nach alledem dürften die Voraussetzungen des § 46 a Nr. 2 StGB im konkreten Fall durchaus erfüllt sein.

XVI) Nur knapp einen Monat nach der zuvor besprochenen Entscheidung erging ein Beschluß des gleichen Strafsenats des OLG Hamm[535] zu den Urteilsanforderungen bei Schadenswiedergutmachung.
Im zugrundeliegenden Fall war den Urteilsfeststellungen des Landgerichts lediglich zu entnehmen, daß der Angeklagte an zwei Zeugen Zahlungen geleistet und außerdem mit einer Zeugin einen Vergleich über ein zu zahlendes Schmerzensgeld getroffen hat.
Das OLG Hamm moniert zu Recht, daß sich aufgrund der vom LG getroffenen Feststellungen nicht abschließend beurteilen läßt, ob diese persönlichen

---

[533] Vgl. oben Zweiter Teil, B II 1 d.
[534] Vgl. BT-Drs. 12/6853, S. 22.
[535] OLG Hamm, Beschl. v. 20.8.1998 - 2 Ss 972/98 (= StV 1999, 89 f.).

Leistungen zur Schadenswiedergutmachung die Voraussetzungen des § 46 a Nr. 1 oder Nr. 2 StGB erfüllen. In Anbetracht der insoweit lückenhaften Urteilsfeststellungen hielt das OLG Hamm eine weitere Sachverhaltsaufklärung für angebracht und ordnete deshalb eine neue Hauptverhandlung an.
Dies verdient Zustimmung.

XVII) Am 13. April 1999 ging der Bundesgerichtshof[536] im Rahmen eines Beschlusses betreffend die Annahme von Bandenraub auch auf die Voraussetzungen des § 46 a StGB ein.
In dem zugrundeliegenden Fall hatte der Angeklagte offenbar zugesagt, den von ihm verursachten Schaden später wiedergutmachen zu wollen.

Der 1. Strafsenat wies darauf hin, daß hier die Voraussetzungen des § 46 a StGB nicht erfüllt seien. Gehe es vorrangig um den Ausgleich materieller Schäden, müsse der Täter über die erforderlichen Mittel verfügen, diese Schäden tatsächlich wiedergutmachen zu können. Ein ernsthaftes, im Ergebnis aber erfolgloses Bemühen um Wiedergutmachung könne in diesem Bereich allenfalls in Frage kommen, wenn sich der Geschädigte weigere, Ausgleichsleistungen entgegenzunehmen, oder andere, vergleichbare Hindernisse entgegenstünden; die Zusage, später den Schaden wiedergutmachen zu wollen, könne nicht genügen.

Der BGH hätte gut daran getan, seine Ausführungen zu den Voraussetzungen des § 46 a StGB konkret an den beiden Fallgruppen der Norm und deren Begrifflichkeiten auszurichten. Der angesprochene Ausgleich materieller Schäden wird in erster Linie durch § 46 a Nr. 2 StGB geregelt, da sich diese Fallgruppe - im Gegensatz zur Nr. 1 des § 46 a StGB - auf rein materielle Schadensersatzleistungen des Täters zugunsten des Tatopfers bezieht[537].
Für die Schadenswiedergutmachung im Sinne dieser Norm kommt es aber nicht darauf an, daß der Täter über die dafür erforderlichen Mittel ohne weiteres und von vornherein verfügt[538], sondern vielmehr darauf, daß er sich durch erhebliche persönliche Leistungen oder persönlichen Verzicht in die Lage versetzt, das Opfer zu entschädigen. Da § 46 a Nr. 2 StGB dem Täter einen Entschädigungserfolg - die Entschädigung ganz oder zum überwiegenden Teil - abverlangt, genügt insoweit weder ein (warum auch immer) erfolgloses Bemühen noch die Zusage, später Schadenswiedergutmachung leisten zu wollen. Demnach sind die Voraussetzungen des § 46 a Nr. 2 StGB jedenfalls nicht erfüllt.
Das ernsthafte, aber erfolglose Bemühen um Wiedergutmachung kann unter den vom BGH genannten Umständen nur im Hinblick auf die Erfüllung der Voraussetzungen des § 46 a Nr. 1 StGB Relevanz erlangen. Im konkreten Fall fehlt es

---

[536] BGH, Beschl. v. 13.4.1999 - 1 StR 77/99 (= NStZ 1999, 454 f.).
[537] Vgl. oben Zweiter Teil, B II 1 a.
[538] Ein solches Erfordernis würde eine - vom Gesetzgeber gerade nicht gewollte (vgl. BT-Drs. 12/6853, S. 22) - Privilegierung reicher Täter bedeuten.

allerdings für eine diesbezügliche Bewertung an entsprechenden Urteilsfeststellungen.

XVIII) In der Entscheidung vom 8. September 1999 hatte sich der 3. Strafsenat des Bundesgerichtshofs[539] sowohl mit den Voraussetzungen des § 46 a StGB als auch mit Fragen der Strafrahmenbestimmung auseinanderzusetzen.
Der erheblich verschuldete Angeklagte hatte unter Einsatz einer ungeladenen Gaspistole sowie einer Bombenattrappe eine Bank überfallen und dabei einen Betrag von über 64.000 DM erpreßt. Bei seiner späteren Festnahme war etwa ein Drittel der Beute sichergestellt und an die geschädigte Bank zurückgegeben worden. Anschließend hatte der Angeklagte die von der Beute gekauften Gegenstände zum Zweck der Verwertung durch die Geschädigte herausgegeben und mit dieser eine Vereinbarung über die ratenweise Rückzahlung des verbliebenen Schadens getroffen. Dieser summierte sich abzüglich einer aus eigenen Mitteln des Angeklagten geleisteten Zahlung von 3.100 DM noch auf ca. 38.000 DM. An die betroffenen Bankangestellten hatte der Angeklagte ein Entschuldigungsschreiben gerichtet.
Das Landgericht hatte die Voraussetzungen des § 46 a StGB bejaht, wobei das Urteil nicht erkennen ließ, welche Fallgruppe der Vorschrift das LG annehmen wollte.

Der BGH führte zunächst aus, daß sich § 46 a Nr. 1 StGB vor allem auf den Ausgleich der immateriellen Tatfolgen, der auch bei einer gegen das Vermögen gerichteten Straftat möglich sei, beziehe. Sodann stellte der 3. Strafsenat lapidar fest, daß ein Entschuldigungsschreiben des Angeklagten an die geschädigten Bankangestellten die Voraussetzungen für einen TOA nach § 46 a Nr. 1 StGB jedoch nicht erfülle. Dem wird man, sofern sich die Ausgleichsbemühungen des Täters von vornherein auf dieses Entschuldigungsschreiben beschränkten, zustimmen können, da § 46 a Nr. 1 StGB dem Täter umfassende Ausgleichsbemühungen und damit zumindest den Versuch abverlangt, in einen auf Verständigung ausgerichteten kommunikativen Prozeß mit dem Opfer einzutreten.
Auch die Voraussetzungen des § 46 a Nr. 2 StGB sieht der BGH zu Recht als nicht gegeben an. Dies liegt bereits darin begründet, daß angesichts des verbleibenden Schadens von ca. 38.000 DM eine Entschädigung weder ganz noch zum überwiegenden Teil erfolgt ist. Abgesehen davon wurde ein Teil der Beute ohne Zutun des Angeklagten sichergestellt und auch die Herausgabe der von der Beute gekauften Gegenstände zwecks Verwertung durch die Geschädigte kann offensichtlich nicht als über die rein rechnerische Schadenskompensation hinausgehende erhebliche persönliche Leistung oder persönlicher Verzicht des Täters im Sinne von § 46 a Nr. 2 StGB angesehen werden.

---

[539] BGH, Urt. v. 8.9.1999 - 3 StR 327/99 (= NStZ 1999, 610).

Bei der Strafrahmenbestimmung hatte das Landgericht zunächst aufgrund des Zusammenwirkens allgemeiner Strafmilderungsgründe mit dem vertypten Milderungsgrund des § 46 a StGB zulässigerweise einen minder schweren Fall der schweren räuberischen Erpressung bejaht. Anschließend legte das LG seiner Entscheidung jedoch nicht den dadurch eröffneten Strafrahmen zugrunde, sondern bestimmte einen (neuen) Strafrahmen, dessen Obergrenze dem Strafrahmen des minder schweren Falles der schweren räuberischen Erpressung (§ 255 i.V.m. § 250 Abs. 3 StGB) und dessen Untergrenze dem nach §§ 46 a, 49 Abs. 1 StGB gemilderten Strafrahmen der schweren räuberischen Erpressung (§ 255 i.V.m. § 250 Abs. 1 StGB) entnommen war. Hierzu äußert der BGH zutreffend, daß das Gesetz eine solche Kombination von Strafrahmen im Sinne einer Meistbegünstigung des Angeklagten nicht vorsieht[540].

XVIV) Im Beschluß vom 19. Oktober 1999 befaßte sich der 1. Strafsenat des Bundesgerichtshofs[541] mit den Anforderungen an die Schadenswiedergutmachung gemäß § 46 a Nr. 2 StGB.

Im zugrundeliegenden Fall war der Angeklagte wegen Untreue verurteilt worden. Zusammen mit einem Mittäter hatte er seiner Arbeitgeberin, einer Speditionsfirma, einen Gesamtschaden von mehr als 2,7 Millionen DM zugefügt, wobei der Angeklagte von diesem Geld knapp 1,8 Millionen DM erhalten hatte. Die Feststellungen zu den vom Mittäter erbrachten Schadenswiedergutmachungsleistungen sprechen laut BGH dafür, daß die Schadensregulierung für den Angeklagten auf den von ihm erhaltenen Betrag abgestellt ist. Zur Wiedergutmachung dieses Schadens waren durch einen Arrest ein Anspruch des Angeklagten auf Rückzahlung von 132.000 DM sowie zwei Pkw's im Wert von ca. 200.000 DM gepfändet worden. Außerdem war auf das mit einem Einfamilienhaus bebaute Grundstück des Angeklagten eine Grundschuld von 800.000 DM zugunsten eines Kreditinstituts bestellt worden. Im weiteren Verlauf des Arrestverfahrens wurde ein Vergleich geschlossen, durch den sich der Angeklagte verpflichtete, den Betrag von 300.000 DM in fünf gleichen Jahresraten zu bezahlen; außerdem stellte er sein noch vorhandenes Vermögen und das seiner Ehefrau zur Verfügung.

Das Landgericht hat trotz dieser zur Schadenswiedergutmachung getroffenen Feststellungen die Möglichkeit einer Strafrahmenverschiebung nach § 46 a StGB unerörtert gelassen und ist dafür vom BGH verdientermaßen kritisiert worden. Die vom Täter entfalteten Anstrengungen zur materiellen Schadenswiedergutmachung boten offensichtlich hinreichenden Anlaß, das Vorliegen der in § 46 a Nr. 2 StGB normierten Voraussetzungen in Erwägung zu ziehen.

---

[540] Vgl. zur Strafrahmenproblematik auch Zweiter Teil, D V.

[541] BGH, Beschl. v. 19.10.1999 - 1 StR 515/99 (= NStZ 2000, 83 f.; wistra 2000, 17).

Zweifelhaft ist allerdings, ob die zur Schadenswiedergutmachung getroffenen Urteilsfeststellungen ausreichen, um die Erfüllung der Voraussetzungen des § 46 a Nr. 2 StGB abschließend beurteilen zu können. Zwar ist im Einklang mit dem BGH davon auszugehen, daß der Angeklagte sein gesamtes Vermögen zur Schadenswiedergutmachung zur Verfügung gestellt und so persönlichen Verzicht geleistet hat. Ob hingegen der vom Gesetz verlangte Entschädigungserfolg, also eine zumindest „zum überwiegenden Teil" erreichte Entschädigung des Tatopfers, vorliegt, läßt sich, wie der 1. Strafsenat zu Recht konstatiert, den Urteilsfeststellungen bisher nicht entnehmen. Bezogen auf die für fünf Jahre in Aussicht gestellten jährlichen Rückzahlungsraten weist der BGH zutreffend darauf hin, daß Zusagen, den Schaden wiedergutmachen zu wollen, zur Schadenswiedergutmachung im Sinne von § 46 a Nr. 2 StGB nicht genügen[542]. Betreffend die Stellung einer Sicherheit führt der BGH aus, daß eine solche nur dann der Zahlung gleichgestellt werden könne, wenn der Gläubiger auf die alsbaldige Verwertung verzichte, etwa um dem Schuldner Gelegenheit zu geben, durch Ratenzahlungen seine Schuld abzutragen. Außerdem bleibe insofern unklar, welcher Erlös der Geschädigten aus der Grundschuldbestellung zugeflossen sei.
Im Hinblick auf das zur Befriedigung der Opferansprüche zur Verfügung gestellte noch vorhandene Vermögen des Angeklagten und seiner Ehefrau lassen die Urteilsfeststellungen eine wertmäßige Bezifferung vermissen.
Nach alledem ist dem BGH darin zuzustimmen, daß sich dem Urteil nicht entnehmen läßt, welche Leistungen des Angeklagten tatsächlich an die Geschädigte geflossen sind. Bei einer erneuten Sachentscheidung sind die insoweit erforderlichen Feststellungen zu treffen und die geleisteten Schadenswiedergutmachungen zu gewichten. Die Entscheidung des BGH, das landgerichtliche Urteil im Strafausspruch mit den Feststellungen aufzuheben und die Sache im Umfang der Aufhebung zu neuer Verhandlung und Entscheidung an eine andere Strafkammer des LG zurückzuverweisen, ist deshalb zu begrüßen.

XX) Im Urteil vom 18. November 1999 setzte sich der 4. Strafsenat des Bundesgerichtshofs[543] mit einem Fall auseinander, in dem der Angeklagte sich wegen Untreue in fünf Fällen strafrechtlich zu verantworten hatte.

Nach den Urteilsfeststellungen war der Angeklagte von Juli 1994 bis Oktober 1997 als Geschäftsführer des Diakonievereins des Kirchenkreises P e.V. tätig, welcher in Erfüllung seiner vielfältigen sozialen Aufgaben jährlich hohe Geldbeträge - im Jahr 1997 ca. 25 Millionen DM - umsetzte. Unter Ausnutzung der Tatsache, daß er für etwa 25 Konten des Diakonievereins allein zeichnungsberechtigt war, hatte der Angeklagte dem Diakonieverein durch fünf Untreuehandlungen

[542] Ebenso der gleiche Senat im Beschluß vom 13.4.1999 - 1 StR 77/99 (NStZ 1999, 454 f.), vgl. oben Zweiter Teil, E XVII.
[543] BGH, Urt. v. 18.11.1999 - 4 StR 435/99 (= StV 2000, 128 f.; NStZ 2000, 205 f.).

einen Gesamtschaden von knapp 490.000 DM zugefügt. Das erlangte Geld verwendete er u.a. für einen Autokauf sowie für Ankauf und Renovierung seines Hauses in Pl. Der Angeklagte hoffte, den im Dezember 1996 veruntreuten Betrag von 410.000 DM aus dem Verkaufserlös seines Hauses in O. zurückzahlen zu können; gegenüber der Buchhalterin des Diakonievereins behauptete er wahrheitswidrig, das Geld sei für Immobilienankäufe des Vereins, u.a. den Erwerb des Sophienstifts, verwendet worden.
Im Juni 1997 - vor Entdeckung der Taten - zahlte der Angeklagte aus eigenen Mitteln den Kaufpreis für das Sophienstift in Höhe von 312.000 DM. Da dieser bereits Ende Januar 1997 fällig gewesen war, forderte die Verkäuferin vom Diakonieverein Verzugszinsen in Höhe von mehr als 9.000 DM.
Nach Aufdeckung der Taten gab der Angeklagte im Dezember 1997 ein notarielles Schuldanerkenntnis ab, wonach er dem Diakonieverein mit sofortiger Fälligkeit wegen dieser und weiterer Forderungen einen Betrag von insgesamt 800.000 DM (zuzüglich 5 % Zinsen jährlich ab 1.1.1998) schulde, und unterwarf sich der sofortigen Zwangsvollstreckung in sein gesamtes Vermögen; außerdem wurde eine Sicherungshypothek in Höhe von 300.000 DM auf das seiner Ehefrau und ihm gehörende Hausgrundstück eingetragen. Der Diakonieverein hat aufgrund des Schuldanerkenntnisses bisher - teilweise im Wege der Zwangsversteigerung - insgesamt etwa 42.000 DM erlangt.
Das Landgericht hatte bei der Bemessung der Einzelstrafen eine Strafrahmenmilderung nach §§ 46 a Nr. 1, 49 Abs. 1 StGB vorgenommen. Dies hält, wie der 4. Strafsenat seinen Ausführungen zutreffend voranstellt, rechtlicher Prüfung nicht stand.

Der Anwendung des § 46 a StGB soll allerdings nicht entgegenstehen, daß das Opfer im vorliegenden Falle keine natürliche, sondern eine juristische Person (eingetragener Verein) war. Auch bei dieser Konstellation könne der Täter durch sein Verhalten nach der Tat zeigen, daß er zur Übernahme von Verantwortung bereit ist. Im Hinblick auf die Anwendung des § 46 a Nr. 2 StGB entspricht dies der hier vertretenen Auffassung[544]. Eine Anwendbarkeit des § 46 a Nr. 1 StGB bei Straftaten zum Nachteil juristischer Personen wurde hingegen wegen des immateriell-personalen, auf kommunikative Konfliktlösung angelegten Charakters des Täter-Opfer-Ausgleichs nicht uneingeschränkt, sondern nur bei erkennbar (mit-)betroffenem personalen Opfer befürwortet[545].
Bei den gegenüber dem Diakonieverein begangenen Untreuehandlungen dürfte allerdings ein personales Opfer, das durch die gegen die juristische Person gerichteten Straftaten des Angeklagten (mit-)betroffen ist und demzufolge ein Ausgleichsbedürfnis aufweist, durchaus auszumachen sein; zu denken ist hier etwa an die in den Urteilsfeststellungen genannte, vom Angeklagten hintergangene Buch-

---

[544] Vgl. oben Zweiter Teil, C I 2 b bb.
[545] Vgl. oben Zweiter Teil, C I 2 b bb.

halterin des Diakonievereins. Der Status des Opfers als juristische Person stand also im konkreten Fall einer Anwendung des § 46 a Nr. 1 StGB nicht im Wege. Diese scheitert vielmehr daran, daß umfassende, auf interpersonelle kommunikative Konfliktregulierung gerichtete Ausgleichsbemühungen des Angeklagten überhaupt nicht festgestellt sind. Zu Recht urteilt der 4. Strafsenat, daß es dem Angeklagten, als er „frühzeitig ernsthafte Bemühungen zur umfassenden Schadenswiedergutmachung gezeigt hat“[546], ersichtlich nicht um den Ausgleich v.a. immaterieller Folgen seiner Taten i.S.v. § 46 a Nr.1 StGB ging, sondern um Schadensersatz.

Nach Überzeugung des BGH reichen die getroffenen Feststellungen aber auch für eine Anwendung von § 46 a Nr. 2 StGB nicht aus. In der Tat lassen die Urteilsfeststellungen im Hinblick auf den durch die Norm vorausgesetzten Entschädigungserfolg einige Fragen offen. Zunächst einmal erscheint erklärungsbedürftig, wieso der Angeklagte im notariellen Schuldanerkenntnis vom Dezember 1997 einen geschuldeten Gesamtbetrag von 800.000 DM anerkannte, nachdem der dem Diakonieverein zugefügte Gesamtschaden zuvor mit knapp 490.000 DM beziffert worden ist und der Angeklagte zwischenzeitlich (Juni 1997) sogar noch den Kaufpreis für das Sophienstift in Höhe von 312.000 DM aus eigenen Mitteln bezahlt hat.
Bei Zugrundelegung der vom Angeklagten anerkannten Schuldhöhe kann die Summe von knapp 42.000 DM, die der Diakonieverein bisher aufgrund des Schuldanerkenntnisses erlangt hat, den Voraussetzungen des § 46 a Nr. 2 StGB offensichtlich nicht Genüge tun. Andererseits hat sich der Angeklagte mit Abgabe des notariellen Schuldanerkenntnisses der sofortigen Zwangsvollstreckung in sein gesamtes Vermögen unterworfen; in Verbindung mit der Bestellung der Sicherungshypothek könnte er damit, wie auch der BGH zugesteht, die Voraussetzungen der Vorschrift erfüllt haben. Insofern besteht allerdings im Hinblick auf die Höhe des dem Angeklagten verbliebenen Vermögens weiterer Feststellungsbedarf. Der Einsatz des gesamten Vermögens zur Schadenswiedergutmachung dürfte jedenfalls als Ausdruck persönlichen Verzichts Anerkennung finden.
Betreffend die Stellung einer Sicherheit führt der 4. Strafsenat unter Hinweis auf den zuvor besprochenen Beschluß des 1. Strafsenats[547] aus, daß eine solche allerdings nur dann der Zahlung gleichgestellt werden könne, wenn der Gläubiger auf die alsbaldige Verwertung freiwillig verzichte, etwa um dem Schuldner Gelegenheit zu geben, in anderer Weise seine Schuld abzutragen. Der anschließenden Wertung, daß es insoweit an ausreichenden Urteilsfeststellungen, insbesondere auch zur Werthaltigkeit der Sicherungshypothek, fehle, ist beizupflichten.

---

[546] So die bezeichnenderweise der Terminologie des § 46 a Nr. 2 StGB („Schadenswiedergutmachung“) verhaftete Formulierung des LG, mit der aber - rechtsfehlerhaft - eine Anwendung des § 46 a Nr. 1 StGB begründet wurde.
[547] BGH NStZ 2000, 83 f. (Beschl. v. 19.10.1999 - 1 StR 515/99), vgl. oben Zweiter Teil, E XVIV.

XXI) Der am 14. Dezember 1999 vom 4. Strafsenat des Bundesgerichtshofs[548] entschiedenen Revisionssache lag der Fall eines Angeklagten zugrunde, der wegen „sexuellen Mißbrauchs von Kindern in 15 Fällen ..." verurteilt worden war. Da dieser Schuldspruch durch Entscheidung des gleichen Senats vom 12. März 1998[549] bereits rechtskräftig geworden war, richtete sich die erneute Revision des Angeklagten allein gegen den Strafausspruch.

Nach den Urteilsfeststellungen des Landgerichts Hagen hatte sich der Angeklagte nach seinem bereits in der ersten Hauptverhandlung abgelegten umfassenden Geständnis „nunmehr bei den Tatopfern entschuldigt".
Außerdem hatte er sich „im Rahmen seiner finanziellen Möglichkeiten ... mittlerweile um Wiedergutmachung des Schadens bemüht, Zahlungsverpflichtungen gegenüber den geschädigten Kindern anerkannt und auch Teilzahlungen geleistet". Zivilrechtlichen Streit gab es lediglich mit einem Opfer, welches 15.000 DM als Schmerzensgeld verlangte, während der Angeklagte 4.500 DM anerkannt hatte. Zudem hatte der Angeklagte im Sommer 1997 Kontakt zu dem in der damaligen Hauptverhandlung zur Glaubwürdigkeit der Zeugen geladenen Diplom-Psychologen aufgenommen und sich dort seit Februar 1998 einer therapeutischen Behandlung unterzogen. Nach den Urteilsfeststellungen hat er „erst hierdurch ... gelernt, daß Kinder unter Taten wie den seinen leiden".

Die Revision des Angeklagten stützte sich u.a. darauf, daß das Landgericht eine Strafmilderung nach §§ 46 a, 49 Abs. 1 StGB nicht erörtert hatte. Aus diesem Grunde fühlte sich denn auch der BGH zur Aufhebung des Urteils genötigt; zu Recht sah der 4. Strafsenat die unterbliebene Beachtung der Vorschrift des § 46 a StGB bei dieser Sachlage als durchgreifenden Rechtsfehler an.

In Betracht zog der BGH allein eine Anwendung des § 46 a Nr. 1 StGB. Begründet wird dies unter Berufung auf die Entscheidung des 5. Strafsenats vom 2.5.1995[550] damit, daß diese Vorschrift - anders als die in erster Linie für materiellen Schadensersatz bei Vermögensdelikten vorgesehene Vorschrift des § 46 a Nr. 2 StGB - dem immateriellen Ausgleich zwischen Täter und Opfer diene. Im Rahmen der Auseinandersetzung mit der zitierten Entscheidung[551] wurde bereits deutlich gemacht, daß sich nach diesseitiger Auffassung § 46 a Nr. 2 StGB zwar auf rein materielle Schadensersatzleistungen des Täters zugunsten des Tatopfers bezieht, daß aber eine Beschränkung der Vorschrift in erster Linie auf Vermögensdelikte damit nicht verbunden ist. Auch für den vorliegenden Fall

---

[548] BGH, Beschl. v. 14.12.1999 - 4 StR 554/99 (= StV 2000, 129).
[549] BGH, Urt. v. 12.3.1998 - 4 StR 633/97 (= StV 1999, 408 ff.; NJW 1998, 3654 ff.).
[550] BGH StV 1995, 464 f. (Beschl. v. 2.5.1995 - 5 StR 156/95), vgl. oben Zweiter Teil, E III.
[551] Vgl. oben Zweiter Teil, E III.

erscheint es deshalb unangemessen, die Prüfung von Anfang an nur auf § 46 a Nr. 1 StGB zu erstrecken.
Dies umsomehr deshalb, als hier außer einer (späten) Entschuldigung bei den Tatopfern weitere Bemühungen des Angeklagten um eine „klassische" interpersonelle kommunikative Konfliktregulierung i.S.v. § 46 a Nr. 1 StGB weder festgestellt sind, noch - angesichts des Alters der Tatopfer - sinnvoll erscheinen. Diesbezügliche Zweifel hegte offensichtlich auch der 4. Strafsenat, denn er äußerte „grundlegende Bedenken" gegen „Anwendbarkeit und praktische Handhabbarkeit" der Norm in Fällen der vorliegenden Art. Trotzdem wollte er nicht von vornherein ausschließen, daß das Täterverhalten zumindest als ernsthaftes Erstreben der Wiedergutmachung Anerkennung i.S.v. § 46 a Nr. 1 StGB finden könne.
Dem ist im Ergebnis zuzustimmen, da in solch sensiblen Fällen wie Sexualdelikten ausnahmsweise auch Formen des indirekten TOA, etwa der Abschluß einer Ausgleichsvereinbarung über einen Vermittler, denkbar sind. Ob hier eine solche indirekte Ausgleichsvereinbarung getroffen und - für das Opfer besonders wichtig - vom Täter auch eingehalten wurde, läßt sich den Urteilsfeststellungen, in denen lediglich von einem durch den Verteidiger veranlaßten finanziellen Ausgleich und von „Teilzahlungen" des Täters die Rede ist, nicht hinreichend sicher entnehmen. Weitere Aufklärung ist auch im Hinblick auf Form und nähere Umstände der festgestellten Entschuldigung angezeigt.
Sofern sich für eine Erfüllung der in § 46 a Nr. 1 StGB genannten Tatbestandsmerkmale keine ausreichenden Anhaltspunkte ergeben, erscheint - wie bereits angedeutet - auch eine Prüfung der Voraussetzungen des § 46 a Nr. 2 StGB im vorliegenden Fall durchaus nicht abwegig. Schließlich hat der Angeklagte nach den getroffenen Urteilsfeststellungen Schadenswiedergutmachung durch Zahlung von Schmerzensgeld geleistet. Ob die vom Angeklagten geleisteten „Teilzahlungen" dem Anspruch einer Opferentschädigung „ganz oder zum überwiegenden Teil" gerecht werden und dem Täter des weiteren „erhebliche persönliche Leistungen oder persönlichen Verzicht" abverlangt haben, läßt sich den insoweit lückenhaften Urteilsfeststellungen aber bisher nicht entnehmen.

Für die erneute Entscheidung über den Strafausspruch merkt der 4. Strafsenat zunächst unter Hinweis auf zwei bereits besprochene BGH-Entscheidungen[552] an, es stünde der Anwendbarkeit des § 46 a StGB zwar nicht von vornherein entgegen, daß der Angeklagte den finanziellen Ausgleich durch seinen Verteidiger und erst veranlaßt hat, nachdem er von den geschädigten Kindern auf Zahlung in Anspruch genommen worden ist. Jedoch sei der Tatrichter bei der nach Ermessensgesichtspunkten („kann") zu treffenden Entscheidung, ob er von der Strafmilderungsmöglichkeit der Norm Gebrauch macht, nicht gehindert, auch zu berücksichtigen, daß der Angeklagte seine Ausgleichsbemühungen spät - und

[552] BGH StV 1995, 249 (Beschl. v. 17.1.1995 - 4 StR 755/94, vgl. oben Zweiter Teil, E I) sowie BGH StV 1999, 89 (Beschl. v. 17.6.1998 - 1 StR 249/98, vgl. oben Zweiter Teil, E XIV).

zwar erst, nachdem der Schuldspruch rechtskräftig geworden war - entfaltet hat. Zwar sollten nach der hier vertretenen Auffassung äußere Umstände, unter denen der Täter Ausgleichs- und Wiedergutmachungsanstrengungen unternommen hat, die Ermessensausübung nur in Ausnahmefällen negativ beeinflussen[553]. Den vorliegenden Fall wegen der in der Tat außergewöhnlich spät erfolgten Ausgleichsbemühungen als solchen Ausnahmefall zu begreifen, erscheint allerdings denkbar.

XXII) Im Beschluß vom 18. Januar 2000[554] beschäftigte sich der Bundesgerichtshof mit dem immer wiederkehrenden Problem unzureichender tatrichterlicher Feststellungen im Zusammenhang mit Leistungen des Täters zur Schadenswiedergutmachung.

Zum Tathergang ist lediglich bekannt, daß der Angeklagte mit dem Niedergang einer Firma und umfangreichen Insolvenzdelikten einen Schaden bei den Kunden von über 700.000 DM verursacht hatte. Im Rahmen der Strafzumessungserwägungen verwies das Landgericht u.a. auf „das in der erneuten Hauptverhandlung belegte ernsthafte Bemühen des Angeklagten um Schadenswiedergutmachung“. Die Vorschrift des § 46 a Nr. 2 StGB ließ das LG unerörtert.

Der 1. Strafsenat weist darauf hin, daß nach den getroffenen Feststellungen zu einer solchen Erörterung Anlaß bestand. Diese sprächen dafür, daß die von der Revision behaupteten Entschädigungen der Opfer zu erheblichen Einschränkungen des Angeklagten im finanziellen Bereich geführt haben und deshalb die Voraussetzungen des § 46 a Nr. 2 StGB gegeben sein könnten. Bei dieser Sachlage „hätte die Kammer die Bemühungen des Angeklagten im einzelnen darlegen und gewichten müssen“.

Diese Ausführungen des BGH verdienen uneingeschränkte Zustimmung.

XXIII) **Resümee**

Bei der Betrachtung der bisher zu § 46 a StGB ergangenen Rechtsprechung wird deutlich, daß die Gerichte bei Anzeichen für Ausgleichs- oder Wiedergutmachungsanstrengungen nicht mehr um die Erörterung des § 46 a StGB umhinkommen, wollen sie nicht eine Aufhebung ihrer Entscheidungen riskieren.

Außerdem zeigte sich immer wieder, daß die Subsumtion des Sachverhaltes unter die beiden Varianten des § 46 a StGB umfangreiche tatsächliche Feststellungen erforderlich macht. Die von den Tatgerichten getroffenen Urteilsfeststellungen bildeten nur in den wenigsten Fällen eine ausreichende Basis für die Erörterung der Normvoraussetzungen. Auch insoweit werden die von den Obergerichten regelmäßig ausgesprochenen Urteilsaufhebungen sicherlich schon in naher Zukunft eine disziplinierende Wirkung entfalten.

---

553 Vgl. die Ausführungen zu den Kriterien der Ermessensausübung oben Zweiter Teil, D III 1.

554 BGH, Beschl. v. 18.1.2000 - 1 StR 661/99 (= wistra 2000, 176 f.).

Soweit ersichtlich, lag nur der Entscheidung des LG Potsdam[555] ein förmliches TOA-Verfahren unter Beteiligung eines vermittelnden Dritten zugrunde. Dies macht deutlich, daß die Regelung des § 46 a Nr. 1 StGB weitgehend leerlaufen würde, wenn die Vermittlung eines Dritten als notwendige Voraussetzung eines Täter-Opfer-Ausgleichs begriffen würde.

Des weiteren kann man sich des Eindrucks nicht erwehren, daß die Abgrenzung der beiden Varianten des § 46 a StGB der Judikative jedenfalls in Grenzfällen nicht unerhebliche Schwierigkeiten bereitet. Insbesondere bei Konstellationen, in denen neben rein materieller Schadenswiedergutmachung noch andere, auf immaterielle Wiedergutmachung abzielende Aktivitäten zu verzeichnen waren, zeigt sich, daß es den Gerichten an nachvollziehbaren Kriterien für die Zuordnung zu den beiden Fallgruppen des § 46 a StGB fehlt[556]. Für eine diesbezügliche Unsicherheit spricht, daß selbst im Falle der Bejahung der Normvoraussetzungen manche Judikate nicht erkennen lassen, welche der Fallgruppen des § 46 a StGB das Gericht überhaupt annehmen wollte[557]. An dieser Schwachstelle der derzeitigen Gesetzesfassung wird ein Reformvorschlag für § 46 a StGB de lege ferenda anzusetzen haben[558].

Auch wenn die höchstrichterliche Rechtsprechung bisweilen, insbesondere im Falle sexuell motivierter Gewaltdelikte, eine gewisse Skepsis gegenüber dem Institut des Täter-Opfer-Ausgleichs nicht verhehlt[559], läßt sich an den bisher ergangenen Entscheidungen eine generell ausgleichsfeindliche Grundhaltung nicht festmachen. Ebenso erscheinen in den besprochenen Judikaten die an die besonderen Umstände der Schadenswiedergutmachung (§ 46 a Nr. 2 StGB) gestellten Anforderungen zwar streng[560], offenbaren aber angesichts der insoweit offenkundigen Freikaufproblematik keine übertrieben restriktive Einstellung.
Für ein abschließendes Urteil über die Rezeption des § 46 a StGB durch die Rechtsprechung ist in Anbetracht der verhältnismäßig geringen Anzahl veröffentlichter Entscheidungen die Zeit noch nicht reif.

---

[555] Vgl. oben Zweiter Teil, E XII.

[556] Vgl. etwa BGH StV 1995, 464 f. (Beschl. v. 2.5.1995 - 5 StR 156/95) sowie BGH StV 2000, 129 (Beschl. v. 14.12.1999 - 4 StR 554/99) mit kritischer Besprechung oben Zweiter Teil, E III, XXI.

[557] Vgl. die darauf bezogene Kritik in BayObLG wistra 1997, 314 (Urt. v. 29.4.1997 - 4 St RR 35/97); BGH NStZ 1999, 610 (Urt. v. 8.9.1999 - 3 StR 327/99).

[558] Dazu sogleich im Dritten Teil, A, B.

[559] Vgl. BGH StV 1995, 465 (Beschl. v. 2.5.1995 - 5 StR 156/95); BGH StV 2000, 129 (Beschl. v. 14.12.1999 - 4 StR 554/99).

[560] Vgl. etwa KG, Urt. v. 21.8.1997 - (4) 1 Ss 351/96 (142/96), oben Zweiter Teil, E XI.

Dritter Teil: Würdigung der Gesetzesfassung des § 46 a StGB de lege lata / Reformvorschlag für § 46 a StGB de lege ferenda

A) Stellungnahme: Die Schwachstellen der Gesetzesfassung des § 46 a StGB de lege lata

Vorab ist festzuhalten, daß die Entscheidung des Gesetzgebers, mit Einführung des § 46 a StGB (Zwischen-)Ergebnisse der intensiven Diskussion um Täter-Opfer-Ausgleich und Schadenswiedergutmachung im Gesetz zu verankern, Anerkennung verdient. Bei Beachtung der im zweiten Teil dieser Arbeit entwikkelten Auslegungskriterien stellt die neugeschaffene Norm eine durchaus praktikable Bereicherung des strafrechtlichen Sanktionensystems dar.
Dennoch kann die derzeitige gesetzliche Ausgestaltung des § 46 a StGB nicht vollends überzeugen.

Positiv ist zu sehen, daß § 46 a StGB keine abstrakt deliktsbezogenen Anwendbarkeitseinschränkungen enthält und damit der Vorschrift einen grundsätzlich breiten Anwendungsbereich einräumt. Diese gesetzlich vorgezeichnete Anwendungsrelevanz wird, wie Kilchling[561] zutreffend anmerkt, durch die technisch recht geschickte Plazierung im Strafzumessungsteil des Strafgesetzbuchs noch gefördert; die Integration in die regel- und routinemäßige Prüfungsreihenfolge bei der Strafzumessung sollte dazu führen, daß § 46 a StGB in einschlägigen Fällen auch tatsächlich Beachtung findet. Bei den Entscheidungsbesprechungen wurde bereits deutlich, daß für die Gerichte in den nicht wenigen Fällen, in denen eine Erfüllung der Voraussetzungen des § 46 a StGB möglich erscheint, ein erheblicher Erörterungs- und Begründungszwang erwächst.

Demgegenüber lehnt Walther[562] die im geltenden Recht verwirklichte materiellrechtliche Konzeption des § 46 a StGB (i.V.m. § 153 b StPO) ab und will sie durch eine wiedergutmachungszentrierte Neufassung von § 153 a StPO ersetzen[563]. Die Norm soll zu einem eigenständigen, kooperativ orientierten

---

[561] Kilchling, NStZ 1996, S. 311.
[562] Vgl. Walther, S. 362 ff. (365).
[563] Daneben schlägt sie einen im materiellen Sanktionenrecht zu verortenden § X StGB (Maßnahmen der Wiedergutmachung) sowie anstelle des nach ihrer Konzeption wegfallenden bisherigen § 46 a StGB einen § 46 a -neu StGB (Grundsätze der Anordnung von Maßnahmen) vor, vgl. Walther, S. 371 ff., insbes. S. 374 f. (§ X), 376 (§ 46 a -neu StGB).

Sanktionsverfahren ausgebaut werden[564]. Dahinter steht die Auffassung Walthers, daß bei der systematischen Integration der Wiedergutmachungsidee in das kriminalrechtliche Rechtsfolgesystem nicht das vom Gesetzgeber in § 46 a StGB (i.V.m. § 153 b StPO) verwirklichte Anreizmodell, sondern ein Sanktionsmodell den klaren Vorzug verdiene[565]. In einem solchen Modell werde Wiedergutmachung dem Beschuldigten oder Verurteilten als Leistungspflicht auferlegt, und dies ermögliche und verlange, daß genau gesagt wird, was er zu tun hat[566]. Hierzu ist anzumerken, daß konkrete Verhaltensvorgaben grundsätzlich im Rahmen beider Modelle, d.h. auch bei auf indirekte Verhaltenssteuerung abzielenden Anreizmodellen, denkbar sind.

Im Hinblick auf Anreizmodelle führt Walther weiter aus, diese würden die klassische Funktion des Strafgesetzes manipulieren und erweitern, denn im Rahmen solcher Modelle solle das Gesetz nicht mehr allein darüber Aufschluß geben, was einem Delinquenten im Falle einer Straftat an Rechtsfolgen drohe, sondern nun auch darüber, durch welche Verhaltensweisen er diese Drohung gleichsam prophylaktisch abwenden kann[567].

Nun ist aber, wie Walther zutreffend anmerkt[568], die Steuerung von Nachtat- und Prozeßverhalten dem geltenden Recht durchaus nicht fremd; so finden sich im Besonderen Teil des StGB etliche Privilegierungen von Tätern, die unmittelbar im Anschluß an ihre Tat „tätige Reue" geübt haben.

Die Ansicht Walthers, nur in diesen Fällen sei wegen der Rückbeziehung auf das konkrete Rechtsgut und der damit einhergehenden Möglichkeit deliktsspezifischer Ermittlung noch „einigermaßen umgrenzbar", was der Täter tun muß, um in den Genuß der Honorierung tätiger Reue zu kommen[569], entspricht nicht der hier vertretenen Auffassung. Danach kann auch ein gleichsam universelle Anwendbarkeit beanspruchendes allgemeines Anreizmodell, wie es in § 46 a StGB verwirklicht wurde, unter Berücksichtigung der in dieser Arbeit aufgezeigten Auslegungskriterien (sowie der im Anschluß vorgestellten Reformanregungen) dem Täter an den Vorstellungen der Tatbeteiligten bzw. am konkret verursachten Schaden orientierte und somit durchaus bestimmbare Wiedergutmachungsaktivitäten abverlangen und auf diese Weise die systematische Integration der Wiedergutmachungsidee ermöglichen.

Weiterhin führt Walther gegen ein Anreizmodell und für die Wahl eines Sanktionsmodells rechtsstaatliche Gründe, und zwar konkret Gründe der Rechtssicherheit, ins Feld[570]. Unter argumentativem Rückgriff auf den Bestimmtheitsgrundsatz und die Garantiefunktion des Strafgesetzes kritisiert sie das breite Spektrum an Reaktionsmöglichkeiten, welches durch das in § 46 a StGB

---

564 Walther, S. 362.
565 Vgl. Walther, S. 308.
566 Walther, S. 309.
567 Walther, S. 309.
568 Walther, S. 309.
569 Walther, S. 309.
570 Vgl. Walther, S. 311 ff.

verwirklichte Honorierungsmodell eröffnet wird[571]. Diesbezüglichen Bedenken trägt der im Anschluß vorgestellte Reformvorschlag des Verfassers insofern Rechnung, als darin anstelle der fakultative „Kann"-Regelung des § 46 a StGB eine obligatorische Rechtsfolgebestimmung treten wird.
Einen Beweis dafür, daß Sanktionsmodelle den Anforderungen des Bestimmtheitsgebots eher standhalten können als die „legalistische Mogelpackung" der §§ 46 a StGB, 153 b StPO[572], bleibt Walther übrigens schuldig. Ihr zentraler Reformvorschlag, in dem der Begriff der „Verantwortungsübernahme" den Kern einer eigenständigen Verfahrenskategorie des Absehens von Klage bildet, muß sich nämlich den gegenüber § 46 a StGB erhobenen Vorwurf einer Aneinanderreihung unbestimmter Begriffe mindestens im gleichen Umfang gefallen lassen[573].
Nach alledem sollte das vom Gesetzgeber gewählte Anreizmodell zwar - insbesondere unter dem Aspekt der Bestimmtheit der verwandten Begriffe sowie der Vorhersehbarkeit der Rechtsfolgen - kritisch überprüft, aber grundsätzlich beibehalten werden. Dafür spricht auch, daß der einem Sanktionsmodell immanente Sanktionscharakter[574] über den Druck des laufenden Strafverfahrens hinausgehenden äußeren Zwang entfaltet, der in einem auf friedenstiftenden Tatfolgenausgleich angelegten Verfahren eher kontraproduktiv wirken dürfte.
Die einschlägige Grundnorm - § 46 a StGB - ist, da Wiedergutmachung und TOA Gesichtspunkte sind, die genuin der Strafzumessungsschuld und der Wertung der präventiven Strafbedürfnisse angehören, zutreffend im materiellen Strafzumessungsrecht eingeordnet und sollte dies bleiben[575].

Abgesehen von dem angesprochenen Erörterungs- und Begründungsaufwand sowie etwaigen, möglicherweise durch eine punitive Einstellung geprägten generellen Vorbehalten[576] dürfte die eher zurückhaltende Anwendung des § 46 a StGB in der Rechtspraxis[577] jedoch nicht zuletzt mit Anwendungsproblemen zusammenhängen, die sich aus der derzeitigen Gesetzesfassung ergeben.

So bleibt der Gesetzeswortlaut hinsichtlich einer Anwendung des § 46 a Nr. 1 StGB eine Antwort auf die grundlegende Frage schuldig, nach welchen Kriterien

---

571 Walther, S. 311.
572 So Walther, S. 313.
573 Vgl. nur die in § 153 a -neu StPO (Walther, S. 363 f.) verwandten, zuvor (Walther, S. 312) im Rahmen des § 46 a StGB kritisierten Begriffe „Bemühen", „Ausgleich", „Wiedergutmachung" sowie (darüber hinaus) „Verantwortungsübernahme", „verbindliche Selbstverpflichtung", „alsbaldige Erfüllungserwartung", Schadenswiedergutmachung „nach Kräften".
574 Vgl. dazu die Ausführungen oben Erster Teil, I II 3.
575 So mit Recht Brauns, S. 320; im Grundsatz auch Meier, GA 1999, S. 16.
576 Vgl. die Überlegungen zur geringen Akzeptanz des TOA bei Stein, NStZ 2000, S. 393 ff.
577 Zur Anwendungshäufigkeit vgl. Arthur Hartmann, Die Entwicklung des Täter-Opfer-Ausgleichs im Spiegel der „Bundesweiten TOA-Statistik", 1996.

die Leistungen des Täters zur Wiedergutmachung der Tat zu bewerten sind. Nach der hier vertretenen Auffassung, die auch der Praxis der zahlreichen Modellprojekte zugrundeliegt, ist Bezugspunkt und Maßstab für die Bewertung der vom Täter erbrachten Wiedergutmachungsleistungen die zwischen Täter und Opfer rein subjektiv ausgehandelte Vereinbarung[578]. Dies sollte aus Gründen der Rechtssicherheit und Rechtsklarheit auch im Gesetzeswortlaut zum Ausdruck kommen. Dafür spricht auch, daß die zwischen Täter und Opfer erreichte Leistungsvereinbarung als Ausdruck und Ergebnis des zwischen den Tatbeteiligten abgelaufenen kommunikativen Ausgleichsprozesses ein taugliches Abgrenzungskriterium zwischen der „Wiedergutmachung der Tat" im Rahmen des Täter-Opfer-Ausgleichs (§ 46 a Nr. 1 StGB) und der ohne kommunikativen Kontakt zustandegekommenen, rein materiellen „Schadenswiedergutmachung" (§ 46 a Nr. 2 StGB) liefert. Dies würde die oftmals nicht ganz einfache Zuordnung der vom Täter erbrachten Leistungen unter eine der Tatbestandsalternativen des § 46 a StGB erleichtern, wodurch die Norm insgesamt klarere Konturen erhielte.

Wenn man nun die Leistungen des Täters zur Wiedergutmachung der Tat an der von den Beteiligten autonom getroffenen Vereinbarung mißt, mutet es inopportun an, bereits das ernsthafte Erstreben der Wiedergutmachung als hinreichend im Sinne einer Erfüllung der Wiedergutmachungskomponente anzusehen; schließlich ist dieses gleichbedeutend mit der Nichterfüllung der zuvor eingegangenen Verpflichtung. Die Belange des Opfers, die der Gesetzgeber stärker in den Mittelpunkt des Interesses rücken wollte[579], würden in diesem Falle denen des Täters untergeordnet - ein Aspekt, der der Akzeptanz der Vorschrift bei den Befürwortern einer stärkeren Opferorientierung des Strafrechts nicht eben förderlich ist.

Die auf diese Thematik bezogene Vorgabe des Gesetzgebers, dem Täter „auch in Fällen, in denen eine vollständige Wiedergutmachung nicht möglich wäre"[580], eine realistische Chance auf die Rechtsfolgen des § 46 a StGB einzuräumen, muß deshalb nicht notwendigerweise unerfüllt bleiben. Sie darf jedoch - über die in begründeten Ausnahmen konzidierte Anerkennung lediglich zum überwiegenden Teil erbrachter Wiedergutmachungsleistungen hinaus - wegen der gegenüber dem Täterinteresse an einer milden Bestrafung grundsätzlich vorrangigen Restitutionsinteressen des Opfers nicht über dessen Kopf hinweg, sondern nur im Einvernehmen mit diesem umgesetzt werden. Denkbar ist insoweit ein in der getroffenen Vereinbarung zum Ausdruck kommender, worauf auch immer bezogener (Teil-)Verzicht des Opfers, beispielsweise in dem vom Gesetzgeber[581] genannten Fall der Verursachung eines hohen Schadens durch relativ geringes Verschulden.

---

[578] Vgl. oben Zweiter Teil, B I 3 b dd, ff.
[579] Vgl. BT-Drs. 12/6853, S. 21.
[580] Vgl. BT-Drs. 12/6853, S. 21.
[581] Vgl. BT-Drs. a.a.O.

Mit dem Verzicht auf das Merkmal des ernsthaften Erstrebens der Tatwiedergutmachung in § 46 a Nr. 1 StGB ginge, wie die vorangegangenen Ausführungen deutlich machen, eine Stärkung der Position des Tatopfers einher. Dadurch hinge aber die Erfüllung der Voraussetzungen des § 46 a Nr. 1 StGB (neu) letztendlich von der Mitwirkungsbereitschaft des Opfers ab. Dies ist aber angesichts der gesetzgeberischen Intention einer Stärkung der Opferinteressen durchaus akzeptabel und würde - auch aufgrund der Tatsache, daß dem Täter mit § 46 a Nr. 2 StGB ein anderer Weg zu den Rechtsfolgen der Norm offensteht, bei dem er auf eine Mitwirkung des Opfers nicht angewiesen ist - dem Tatopfer keine unangemessene Machtposition einräumen.
Die vorgeschlagene maßvolle Erhöhung der Anforderungen an den Täter auf Tatbestandsebene kann darüber hinaus, worauf noch einzugehen sein wird, Akzeptanz für eine dem Täter zugute kommende Reform der Rechtsfolgenseite der Norm schaffen. Außerdem sei noch einmal der Hinweis gestattet, daß auch Leistungen des Täters, die lediglich als ernsthaftes Wiedergutmachungsbestreben bzw. als noch nicht überwiegende Tatwiedergutmachung zu werten sind und deshalb den erhöhten Anforderungen des § 46 a Nr. 1 StGB (neu) nicht genügen, im Rahmen der allgemeinen Strafzumessung gemäß § 46 StGB zu honorieren sind.

Die von Teilen der Literatur[582] kritisierte Trennung zwischen der materiell und ideell zu bewirkenden „Wiedergutmachung der Tat" gemäß § 46 a Nr. 1 StGB und der reinen „Schadenswiedergutmachung" gemäß § 46 a Nr. 2 StGB sollte nach Meinung des Verfassers beibehalten werden. Auch wenn Schadensersatzleistungen in aller Regel in die Vereinbarung zur „Wiedergutmachung der Tat" einfließen, bleibt die separat in Aussicht gestellte Honorierung unter besonderen Umständen erbrachter reiner Schadenskompensationsleistungen durchaus sinnvoll. Diese Trennung kann nämlich letztendlich sowohl dem Täter als auch dem Opfer der zugrundeliegenden Straftat zugute kommen. Dem Täter können sich bei Erfüllung der in § 46 a Nr. 2 StGB genannten Voraussetzungen die Rechtsfolgen der Norm auch dann eröffnen, wenn eine Ausgleichsvereinbarung - etwa wegen der Mitwirkungsverweigerung des Tatopfers - von vornherein außer Frage stand oder an unvereinbaren Standpunkten gescheitert ist.
Das Tatopfer, dem an einer Kommunikation und Konfrontation mit dem Täter durchaus nicht immer gelegen ist, erhält auf diesem Wege zumindest eine rasche, den Unwägbarkeiten des Zivilrechtsweges enthobene Schadenskompensation.

Im Hinblick auf die Vorschrift des § 46 a Nr. 2 StGB besteht denn auch nach diesseitiger Auffassung wenig Änderungsbedarf. Das Merkmal der „erheblichen persönlichen Leistungen" bzw. des „persönlichen Verzichts" bietet durchaus Gewähr dafür, daß der Täter nicht allein aufgrund rein rechnerischer Schadenskompensation in den Genuß der Rechtsfolgen des § 46 a StGB gelangen kann. In

---

582 Vgl. z.B. Rössner/Klaus in TOA in Deutschland, S. 109; Brauns, S. 315 f.

Abgrenzung zu § 46 a Nr. 1 StGB sollte dem Wortlaut des § 46 a Nr.2 StGB aber die Klarstellung zu entnehmen sein, daß dieser Regelung der Fall fehlender oder gescheiterter Ausgleichsbemühungen zugrunde liegt.

Die Anwendungsrelevanz des aktuellen § 46 a StGB wird schließlich insbesondere durch die Ausgestaltung der Rechtsfolgenseite der Norm geschmälert. Hier räumt die derzeitige „Kann"-Regelung dem Gericht einen derart großen Ermessensspielraum ein, daß die Entscheidung über die Rechtsfolgen aus Tätersicht nahezu unvorhersehbar ausfällt; auch bei Erfüllung der tatbestandlichen Voraussetzungen des § 46 a StGB bleiben die Aussichten des Täters auf eine Strafmilderung nach § 49 Abs. 1 StGB oder gar ein Absehen von Strafe höchst ungewiß[583]. Dem Anreiz des Täters, durch sein Verhalten auf eine Erfüllung der Normvoraussetzungen hinzuarbeiten, ist diese Regelung nicht förderlich[584].
Um hier - nicht zuletzt zum Wohle des Tatopfers, dem die in § 46 a StGB vorausgesetzten Täteranstrengungen ja zugute kommen - einen größeren Anreiz für Ausgleichsbemühungen und Schadenswiedergutmachung zu schaffen, sollte die fakultative „Kann"-Regelung des § 46 a StGB durch eine obligatorische ersetzt werden[585]. Vor dem Hintergrund der vom Verfasser vorgeschlagenen erschwerten Tatbestandsvoraussetzungen (Verzicht auf das Merkmal des ernsthaften Erstrebens der Tatwiedergutmachung in § 46 a Nr. 1 StGB) erscheint eine solche auch dem Täter entgegenkommende Reform der Rechtsfolgenebene vertretbar.
Der vom Gesetzgeber als Argument für die fakultative Ausgestaltung des § 46 a StGB angeführte Raum zur „Berücksichtigung der jeweiligen besonderen Umstände des Einzelfalles"[586] dürfte angesichts der generellen Weite der gesetzlichen Strafrahmen in aller Regel auch bei Heranziehung des nach § 46 a i.V.m. § 49 Abs. 1 StGB gemilderten Strafrahmens noch in hinreichendem Maße vorhanden sein.

Hingegen erscheinen die vom Gesetzgeber für die Möglichkeit des Absehens von Strafe festgelegten Anwendbarkeitsgrenzen zu weit gefaßt. Zumindest theoretisch eröffnen diese für mehr als 95 % aller abgeurteilten Taten[587] die Sanktionsalternative des Absehens von Strafe. Dadurch wird der falsche und für die Akzeptanz des § 46 a StGB schädliche Eindruck erweckt, die Vorschrift verfolge den Zweck einer Abschaffung des Strafens und diene in erster Linie den Interessen

---

583 Dies kritisiert auch Brauns, S. 302, 307.
584 Ebenso Brauns, S. 307, der den insoweit von § 46 a StGB ausgehenden Anreiz „allenfalls als gering" einschätzt.
585 In diesem Sinne bereits Brauns, S. 302; Rössner/Klaus in TOA in Deutschland, S. 109; Lee, S. 110, 136.
586 Vgl. BT-Drs. 12/6853, S. 22.
587 Vgl. Kilchling, NStZ 1996, S. 311; Rössner/Klaus in TOA in Deutschland, S. 54.

des Täters. Außerdem wird der aus dem Prinzip, daß eine verwirkte Strafe auch zu verhängen ist[588], abgeleitete Ausnahmecharakter der Sanktionsalternative „Absehen von Strafe" bei derart weit gefaßten Anwendbarkeitsgrenzen nicht ausreichend deutlich.
Nach diesseitiger Auffassung sollten deshalb die in § 46 a StGB für die Möglichkeit des Absehens von Strafe festgesetzten Anwendbarkeitsgrenzen halbiert werden. Eine solche Restriktion entzieht der Möglichkeit des Absehens von Strafe nicht den Boden und dürfte „aus generalpräventiven Gründen und im Sinne eines angemessenen Schuldausgleichs"[589] eine schlüssigere Grenzziehung zwischen den Sanktionsalternativen der Norm ermöglichen als die bisherigen Anwendbarkeitsgrenzen. Daß diese allzu weit gefaßt sind, wird insbesondere vor dem Hintergrund der durch § 153 b StPO eröffneten Einstellungsmöglichkeiten deutlich; im Zusammenspiel mit § 46 a StGB und dessen derzeitigen Anwendungsgrenzen ist nach dieser Norm selbst bei verwirkter Freiheitsstrafe von einem Jahr eine Einstellung sogar vor Anklageerhebung und damit ohne Durchführung einer Hauptverhandlung möglich.

B) Eigener Reformansatz: § 46 a StGB de lege ferenda

Als Konsequenz aus den zuvor angestellten Überlegungen soll nunmehr ein eigener Vorschlag für eine geänderte Fassung des § 46 a StGB zur Diskussion gestellt werden. Die Terminologie dieses Reformvorschlages ist bewußt eng an die bisher geltende Fassung des § 46 a StGB angelehnt, da ansonsten die von Rechtsprechung und Schrifttum sowie auch vom Verfasser selbst entwickelten Kriterien zur Auslegung der inzwischen etablierten Begrifflichkeiten entwertet würden.

Reformvorschlag für § 46 a StGB de lege ferenda:

---

588 Vgl. LK/Hirsch, § 60, Rdn. 2.

589 Diese Argumente zog der Gesetzgeber zur Festlegung der bisher in § 46 a StGB vorgesehenen Grenzen heran, vgl. BT-Drs. 12/6853, S. 22.

§ 46 a Täter-Opfer-Ausgleich, Schadenswiedergutmachung

Hat der Täter

1. im Bemühen um einen Tatfolgenausgleich mit dem Verletzten (Täter-Opfer-Ausgleich) mit diesem Leistungen zur Wiedergutmachung der Tat vereinbart und diese ganz oder zum überwiegenden Teil erbracht oder
2. im Falle fehlender oder gescheiterter Ausgleichsbemühungen das Opfer ganz oder zum überwiegenden Teil entschädigt, wobei die Schadens-wiedergutmachung von ihm erhebliche persönliche Leistungen oder persönlichen Verzicht erfordert hat,

so mildert das Gericht die Strafe nach § 49 Abs. 1 StGB oder sieht, wenn keine höhere Strafe als Freiheitsstrafe bis zu sechs Monaten oder Geldstrafe bis zu einhundertachtzig Tagessätzen verwirkt ist, von Strafe ab.

Literaturverzeichnis

Alternativ-Entwurf Wiedergutmachung (AE-WGM):
Entwurf eines Arbeitskreises deutscher, österreichischer und schweizerischer Strafrechtslehrer (Arbeitskreis AE), vorgelegt von Jürgen Baumann u.a., 1992
zitiert: AE-WGM, §, Rdn.

Bannenberg, Britta:
Wiedergutmachung in der Strafrechtspraxis, Eine empirisch-kriminologische Untersuchung von Täter-Opfer-Ausgleichsprojekten in der Bundesrepublik Deutschland, 1993 (Schriftenreihe der Deutschen Bewährungshilfe e.V., Bd. 30)
zitiert: Bannenberg, S.

dieselbe:
Täter-Opfer-Ausgleichsprojekte im allgemeinen Strafrecht - Empirische Ergebnisse,
in: Hering, Rainer-Dieter / Rössner, Dieter (Hrsg.), Täter-Opfer-Ausgleich im allgemeinen Strafrecht, Theorie und Praxis konstruktiver Tatverarbeitung: Grundlagen, Modelle, Resultate und Perspektiven, 1993 (Schriftenreihe der Deutschen Bewährungshilfe e.V., Bd. 28), S. 183 - 212
zitiert: Bannenberg in Hering/Rössner, S.

Bannenberg, Britta; Weitekamp, Elmar G. M.; Rössner, Dieter; Kerner, Hans-Jürgen:
Mediation bei Gewaltstraftaten in Paarbeziehungen, Eine Gemeinschaftsarbeit der Universitäten Marburg und Tübingen, 1999
zitiert: Bannenberg/Weitekamp/Rössner/Kerner, S.

Blesinger, Karl:
Zur Anwendung des Täter-Opfer-Ausgleichs nach § 46 a StGB im Steuerstrafrecht, Zeitschrift für Wirtschafts- und Steuerstrafrecht (wistra) 1996, S. 90 - 91
zitiert: Blesinger, wistra 1996, S.

Brauns, Uwe:
Die Wiedergutmachung der Folgen der Straftat durch den Täter, Ein Beitrag zur Neubewertung eines Strafzumessungsfaktors de lege lata und de lege ferenda, Kölner Kriminalwissenschaftliche Schriften, herausgegeben von Klaus Bernsmann, Hans Joachim Hirsch, Günter Kohlmann, Michael Walter, Thomas Weigend, Band 19, 1996
zitiert: Brauns, S.

derselbe:
Zur Anwendbarkeit des § 46 a StGB im Steuerstrafrecht, Zeitschrift für Wirtschafts- und Steuerstrafrecht (wistra) 1996, S. 214 - 219
zitiert: Brauns, wistra 1996, S.

Breidenbach, Stephan:
Mediation - Komplementäre Konfliktbehandlung durch Vermittlung, in: Mediation für Juristen, Konfliktbehandlung ohne gerichtliche Entscheidung, herausgegeben von Stephan Breidenbach und Martin Henssler, 1997, S. 1 - 11
zitiert: Breidenbach in Breidenbach/Henssler, S.

Briel, Olaf G. von:
Anmerkung zum Beschluß des BayObLG vom 28.2.1996 - 4 St RR 33/96, Neue Zeitschrift für Strafrecht (NStZ) 1997, S. 33 - 34
zitiert: von Briel, NStZ 1997, S.

Briel, Olaf G. von; Ehlscheid, Dirk:
Steuerstrafrecht, 1997
zitiert: von Briel/Ehlscheid, §, Rdn.

Brunner, Rudolf; Dölling, Dieter:
Jugendgerichtsgesetz, 10. Auflage, 1996
zitiert: Brunner/Dölling, §, Rdn.

Bruns, Hans-Jürgen:
Das Recht der Strafzumessung, Eine systematische Darstellung für die Praxis, 2. Auflage, 1985
zitiert: Bruns, S.

Däubler-Gmelin, Herta:
Verbrechensbekämpfung, Strafrecht und Strafverfolgung - Wo bleibt das Opfer ?, Zeitschrift für Rechtspolitik (ZRP) 1994, S. 338 - 342
zitiert: Däubler-Gmelin, ZRP 1994, S.

Dahs, Hans:
Das Verbrechensbekämpfungsgesetz vom 28.10.1994 - ein Produkt des Superwahljahres, Neue Juristische Wochenschrift (NJW) 1995, S. 553 - 557
zitiert: Dahs, NJW 1995, S.

Dierlamm, Alfred:
Anmerkung zum Urteil des BGH vom 18.11.1999 - 4 StR 435/99, Neue Zeitschrift für Strafrecht (NStZ) 2000, S. 536 - 537
zitiert: Dierlamm, NStZ 2000, S.

Dölling, Dieter:
Der Täter-Opfer-Ausgleich, Möglichkeiten und Grenzen einer neuen kriminalrechtlichen Reaktionsform, Juristen Zeitung (JZ) 1992, S. 493 - 499
zitiert: Dölling, JZ 1992, S.

Dreher, Eduard; Tröndle, Herbert:
Strafgesetzbuch und Nebengesetze, erläutert von Herbert Tröndle, 47. Auflage, 1995
zitiert: Dreher/Tröndle (47. Aufl.), §, Rdn.

Eisenberg, Ulrich:
Jugendgerichtsgesetz, 8. Auflage, 2000
zitiert: Eisenberg, §, Rdn.

Eser, Albin:
Hundert Jahre deutscher Strafgesetzgebung,
in: Rechtsstaat und Menschenwürde, Festschrift für Werner Maihofer zum 70. Geburtstag, herausgegeben von Arthur Kaufmann, Ernst-Joachim Mestmäcker, Hans F. Zacher, 1988, S. 109 - 134
zitiert: Eser, Maihofer-FS, S.

Frehsee, Detlev:
Schadenswiedergutmachung als Instrument strafrechtlicher Sozialkontrolle, Ein kriminalpolitischer Beitrag zur Suche nach alternativen Sanktionsformen, 1987
zitiert: Frehsee, S.

Frühauf, Ludwig:
Wiedergutmachung zwischen Täter und Opfer, Eine neue Alternative in der strafrechtlichen Sanktionspraxis, 1988
zitiert: Frühauf, S.

Haft, Fritjof:
Verhandlung und Mediation, Die Alternative zum Rechtsstreit, 2. Auflage, 2000
zitiert: Haft, S.

Hartmann, Arthur:
Schlichten oder Richten, Der Täter-Opfer-Ausgleich und das (Jugend-)Strafrecht (Neue Kriminologische Studien, herausgegeben von Friedrich Schaffstein, Heinz Schöch, Horst Schüler-Springorum; Band 13), 1995
zitiert: A. Hartmann, S.

derselbe:
Die Entwicklung des Täter-Opfer-Ausgleichs im Spiegel der „Bundesweiten TOA-Statistik“, 1996

Hartmann, Arthur; Stroezel, Holger:
Die Bundesweite TOA-Statistik,
in: Täter-Opfer-Ausgleich in Deutschland, Bestandsaufnahme und Perspektiven, herausgegeben vom Bundesministerium der Justiz, 1998, S. 149 - 202
zitiert: Hartmann/Stroezel in TOA in Deutschland, S.

Hartmann, Ute Ingrid:
Täter-Opfer-Ausgleich im Spannungsfeld von Anspruch und Wirklichkeit, Eine rechtstatsächliche Untersuchung auf der Grundlage staatsanwaltschaftlicher Ermittlungsakten, 1995
zitiert: U.I. Hartmann, S.

Hassemer, Elke:
Praktische Erfahrungen mit dem Täter-Opfer-Ausgleich - Befunde und Konsequenzen -,
in: Täter-Opfer-Ausgleich in Deutschland, Bestandsaufnahme und Perspektiven, herausgegeben vom Bundesministerium der Justiz, 1998, S. 373 - 432
zitiert: Hassemer in TOA in Deutschland, S.

Hettinger, Michael:
Das Doppelverwertungsverbot bei strafrahmenbildenden Umständen (§§ 46 Abs. 3, 50 StGB), 1982
zitiert: Hettinger, S.

Hirsch, Hans Joachim:
Wiedergutmachung des Schadens im Rahmen des materiellen Strafrechts, Zeitschrift für die gesamte Strafrechtswissenschaft (ZStW), 102. Band, 1990, S. 534 - 562
zitiert: Hirsch, ZStW 102 (1990), S.

Horn, Eckhard:
Anmerkung zum Beschluß des BayObLG vom 17.12.1997 - 2 St RR 273/97, Juristische Rundschau (JR) 1999, S. 41
zitiert: Horn, JR 1999, S.

Horstkotte, Hartmuth:
Zusammentreffen von Milderungsgründen (§ 50 StGB),
in: Festschrift für Eduard Dreher zum 70. Geburtstag am 29. April 1977, herausgegeben von Hans-Heinrich Jescheck und Hans Lüttger, 1977, S. 265 - 282
zitiert: Horstkotte, Dreher-FS, S.

Jescheck, Hans-Heinrich:
Lehrbuch des Strafrechts, Allgemeiner Teil, 4. Auflage, 1988
zitiert: Jescheck 1988, S.

Jescheck, Hans-Heinrich; Weigend, Thomas:
Lehrbuch des Strafrechts, Allgemeiner Teil, 5. Auflage, 1996
zitiert: Jescheck/Weigend, S.

Kaiser, Günther:
Täter-Opfer-Ausgleich nach dem SPD-Entwurf eines Gesetzes zur Reform des strafrechtlichen Sanktionensystems, Zeitschrift für Rechtspolitik (ZRP) 1994, S. 314 - 319
zitiert: Kaiser, ZRP 1994, S.

derselbe:
Kriminologie, Ein Lehrbuch, 3. Auflage, 1996
zitiert: Kaiser, Kriminologie, S.

derselbe:
Täter-Opfer-Ausgleich als moderne Konfliktlösungsstrategie strafrechtlicher Sozialkontrolle,
in: Gedächtnisschrift für Heinz Zipf, herausgegeben von Karl Heinz Gössel und Otto Triffterer, 1999, S. 105 - 121
zitiert: Kaiser, Zipf-GS, S.

Karlsruher Kommentar:
Kommentar zur Strafprozeßordnung und zum Gerichtsverfassungsgesetz mit Einführungsgesetz, herausgegeben von Gerd Pfeiffer, 4. Auflage, 1999
zitiert: KK/ Bearbeiter, §, Rdn.

Kilchling, Michael:
Aktuelle Perspektiven für Täter-Opfer-Ausgleich und Wiedergutmachung im Erwachsenenstrafrecht, Neue Zeitschrift für Strafrecht (NStZ) 1996, S. 309 - 317
zitiert: Kilchling, NStZ 1996, S.

Klawitter, Tim:
Der Täter-Opfer-Ausgleich (§ 46 a StGB) im Steuerstrafverfahren, Deutsche Steuer-Zeitung (DStZ) 1996, S. 553 - 555
zitiert: Klawitter, DStZ 1996, S.

Kleinknecht, Theodor; Meyer-Goßner, Lutz:
Strafprozeßordnung, Gerichtsverfassungsgesetz, Nebengesetze und ergänzende Bestimmungen, erläutert von Lutz Meyer-Goßner, 44. Auflage, 1999
zitiert: Kleinknecht/Meyer-Goßner, §, Rdn.

König, Peter; Seitz, Helmut:
Die straf- und strafverfahrensrechtlichen Regelungen des Verbrechensbekämpfungsgesetzes, Neue Zeitschrift für Strafrecht (NStZ) 1995, S. 1 - 6
zitiert: König/Seitz, NStZ 1995, S.

Kohlmann, Günter:
Steuerstrafrecht, Kommentar, Band I, Grundbegriffe, §§ 369 - 384 AO, 26. Lieferung (Nov. 98)
zitiert: Kohlmann, Teil bzw. §, Rdn.

Kommentar zur Strafprozeßordnung:
Reihe Alternativkommentare, Gesamtherausgeber Rudolf Wassermann, Band 3 (§§ 276 - 477), 1996
zitiert: AK/Bearbeiter, §, Rdn.

Kottke, Klaus:
Täter-Opfer-Ausgleich nach § 46 a StGB für Steuerhinterzieher ?, Der Betrieb (DB) 1997, S. 549 - 551
zitiert: Kottke, DB 1997, S.

Lackner, Karl:
Strafgesetzbuch mit Erläuterungen, herausgegeben von Karl Lackner, erläutert von Karl Lackner und Kristian Kühl, 21. Auflage, 1995
zitiert: Lackner (21. Aufl.), §, Rdn.

Lackner, Karl; Kühl, Kristian:
Strafgesetzbuch mit Erläuterungen, bearbeitet von Karl Lackner und Kristian Kühl, 23. Auflage, 1999
zitiert: Lackner/Kühl, §, Rdn.

Larenz, Karl:
Lehrbuch des Schuldrechts, Erster Band, Allgemeiner Teil, 14. Auflage, 1987
zitiert: Larenz, Schuldrecht AT 1, S.

Laue, Christian:
Symbolische Wiedergutmachung (Schriften zum Strafrecht, Heft 118), 1999
zitiert: Laue, S.

Lee, Jin-Kuk:
Symbolische Wiedergutmachung im strafrechtlichen Sanktionensystem, Auf der Suche nach der Möglichkeit einer weiteren konstruktiven Tatverarbeitung und Entkriminalisierung durch symbolische Wiedergutmachung (Europäische Hochschulschriften, Reihe II, Rechtswissenschaft, Band 2890), 2000
zitiert: Lee, S.

Leipziger Kommentar:
Strafgesetzbuch, Großkommentar,
in der 10. Auflage herausgegeben von Hans-Heinrich Jescheck, Wolfgang Ruß, Günther Willms, in der 11. Auflage herausgegeben von Burkhard Jähnke, Heinrich Wilhelm Laufhütte, Walter Odersky,
Erster Band, Einleitung, §§ 1 - 31, 1985 (10. Auflage),
18. Lieferung, §§ 44 - 51, 1995 (11. Auflage),
9. Lieferung, §§ 56 - 60, 1993 (11. Auflage)
zitiert: LK/Bearbeiter, §, Rdn.

Löschnig-Gspandl, Marianne:
Gedanken zur „Wiedergutmachung" in der Strafrechtspflege, Juristische Blätter (JBl) 1995, S. 766 - 779
zitiert: Löschnig-Gspandl, JBl. 1995, S.

Löwe, Ewald; Rosenberg, Werner:
Die Strafprozeßordnung und das Gerichtsverfassungsgesetz, Großkommentar, herausgegeben von Peter Rieß, 24. Auflage
Zweiter Band, §§ 112 - 197, 1989
Fünfter Band, §§ 374 - 474; Nachtrag; EGStPO, 1989
zitiert: LR/Bearbeiter, §, Rdn.

Loos, Fritz:
Bemerkungen zu § 46 a StGB,
in: Festschrift für Hans Joachim Hirsch zum 70. Geburtstag am 11. April 1999, herausgegeben von Thomas Weigend und Georg Küpper, 1999, S. 851 - 877
zitiert: Loos, Hirsch-FS, S.

Matt, Eduard:
Täter-Opfer-Ausgleich und „reintegration ceremony", Auf der Suche nach einer angemessenen Reaktion auf Jugenddelinquenz, Monatsschrift für Kriminologie und Strafrechtsreform (MschrKrim), 80. Jahrgang, 1997, S. 255 - 267
zitiert: Matt, MschrKrim 80 (1997), S.

derselbe:
Mediation statt Strafrecht ?, Für eine „restorative justice", Zeitschrift für Jugendkriminalrecht und Jugendhilfe (DVJJ-Journal) 1999, S. 44 - 49
zitiert: Matt, DVJJ-Journal 1999, S.

Maurach, Reinhart; Gössel, Karl Heinz; Zipf, Heinz:
Strafrecht, Allgemeiner Teil, Teilband 2, Erscheinungsformen des Verbrechens und Rechtsfolgen der Tat, Ein Lehrbuch, begründet von Reinhart Maurach, fortgeführt von Karl Heinz Gössel und Heinz Zipf, 7. Auflage, 1989
zitiert: Maurach/Gössel/Zipf, AT 2, §, Rdn.

Maurach, Reinhart; Zipf, Heinz:
Strafrecht, Allgemeiner Teil, Teilband 1, Grundlehren des Strafrechts und Aufbau der Straftat, Ein Lehrbuch, begründet von Reinhart Maurach, fortgeführt von Heinz Zipf, 8. Auflage, 1992
zitiert: Maurach/Zipf, AT 1, §, Rdn.

Meier, Bernd-Dieter:
Täter-Opfer-Ausgleich und Wiedergutmachung im allgemeinen Strafrecht, Juristische Schulung (JuS) 1996, S. 436 - 442
zitiert: Meier, JuS 1996, S.

derselbe:
Konstruktive Tatverarbeitung im Strafrecht - Bestandsaufnahme und Reformperspektiven - , Goltdammer's Archiv für Strafrecht (GA) 1999, S. 1 - 20
zitiert: Meier, GA 1999, S.

Müller-Dietz, Heinz:
Was bedeutet Täter-Opfer-Ausgleich im Strafrecht - notwendige Begriffsbestimmungen,
in: Hering, Rainer-Dieter / Rössner, Dieter (Hrsg.), Täter-Opfer-Ausgleich im allgemeinen Strafrecht, Theorie und Praxis konstruktiver Tatverarbeitung: Grundlagen, Modelle, Resultate und Perspektiven, 1993 (Schriftenreihe der Deutschen Bewährungshilfe e.V., Bd. 28), S. 7 - 24
zitiert: Müller-Dietz in Hering/Rössner, S.

Ostendorf, Heribert:
Jugendgerichtsgesetz, 5. Auflage, 2000
zitiert: Ostendorf, §, Rdn.

Pfeiffer, Christian:
Täter-Opfer-Ausgleich - das Trojanische Pferd im Strafrecht ?, Zeitschrift für Rechtspolitik (ZRP) 1992, S. 338 - 345
zitiert: Pfeiffer, ZRP 1992, S.

Rieß, Peter:
Die Rechtsstellung des Verletzten im Strafverfahren, Gutachten C für den 55. Deutschen Juristentag, 1984

derselbe:
Der Strafprozeß und der Verletzte - eine Zwischenbilanz, Juristische Ausbildung (Jura) 1987, S. 281 - 291
zitiert: Rieß, Jura 1987, S.

Rössner, Dieter:
Das Tübinger Gerichtshilfeprojekt - Ergebnisse der Begleitforschung,
in: Hering, Rainer-Dieter / Rössner, Dieter (Hrsg.), Täter-Opfer-Ausgleich im allgemeinen Strafrecht, Theorie und Praxis konstruktiver Tatverarbeitung: Grundlagen, Modelle, Resultate und Perspektiven, 1993 (Schriftenreihe der Deutschen Bewährungshilfe e.V., Bd. 28), S. 99 - 152
zitiert: Rössner in Hering/Rössner, S.

derselbe:
Verfahrenserledigung durch Täter-Opfer-Ausgleich im Allgemeinen Strafrecht,
in: 19. Strafverteidigertag vom 24. - 26. März 1995 in Freiburg, Aktuelle Probleme der Strafverteidigung unter neuen Rahmenbedingungen (Schriftenreihe der Strafverteidigervereinigungen), S. 163 - 185
zitiert: Rössner, 19. StrVTag, S.

derselbe:
Mediation und Strafrecht,
in: Mediation für die Praxis; Recht, Verfahren, Trends; herausgegeben von Dieter Strempel, 1998, S. 42 - 54
zitiert: Rössner in Mediation für die Praxis, S.

Rössner, Dieter; Bannenberg, Britta:
Das Prinzip des Täter-Opfer-Ausgleichs im Allgemeinen Strafrecht - Leitfaden für die Praxis,
in: Hering, Rainer-Dieter / Rössner, Dieter (Hrsg.), Täter-Opfer-Ausgleich im allgemeinen Strafrecht, Theorie und Praxis konstruktiver Tatverarbeitung: Grundlagen, Modelle, Resultate und Perspektiven, 1993 (Schriftenreihe der Deutschen Bewährungshilfe e.V., Bd. 28), S. 25 - 38
zitiert: Rössner/Bannenberg in Hering/Rössner, S.

Rössner, Dieter; Klaus, Thomas:
Rechtsgrundlagen und Rechtspraxis,
in: Täter-Opfer-Ausgleich in Deutschland, Bestandsaufnahme und Perspektiven, herausgegeben vom Bundesministerium der Justiz, 1998, S. 49 - 119
zitiert: Rössner/Klaus in TOA in Deutschland, S.

Rössner, Dieter; Wulf, Rüdiger:
Opferbezogene Strafrechtspflege, Leitgedanken und Handlungsvorschläge für Praxis und Gesetzgebung, 3. Auflage, 1987
zitiert: Rössner/Wulf, S.

Roxin, Claus:
Strafrecht, Allgemeiner Teil, Band I, Grundlagen, Der Aufbau der Verbrechenslehre, 3. Auflage, 1997
zitiert: Roxin, §, Rdn.

Schabel, Bernhard:
Erneut: Zur Anwendbarkeit des § 46 a StGB im Steuerstrafrecht, Zeitschrift für Wirtschafts- und Steuerstrafrecht (wistra) 1997, S. 201 - 206
zitiert: Schabel, wistra 1997, S.

Schadenswiedergutmachung im Kriminalrecht:
Untersuchung des Fachausschusses I „Strafrecht und Strafvollzug" des Bundesverbandes der Straffälligenhilfe e.V., Abschlußbericht, herausgegeben vom Bundesministerium der Justiz, 1988
zitiert: Schadenswiedergutmachung im Kriminalrecht, S.

Schäfer, Gerhard:
Praxis der Strafzumessung, 2. Auflage, 1995
zitiert: Schäfer, Rdn.

Schneider, Hans Joachim:
Viktimologie, Wissenschaft vom Verbrechensopfer, 1975
zitiert: H.J. Schneider, Viktimologie (1975)

Schöch, Heinz:
Die Rechtsstellung des Verletzten im Strafverfahren, Neue Zeitschrift für Strafrecht (NStZ) 1984, S. 385 - 391
zitiert: Schöch, NStZ 1984, S.

derselbe:
Empfehlen sich Änderungen und Ergänzungen bei den strafrechtlichen Sanktionen ohne Freiheitsentzug ?, Gutachten C zum 59. Deutschen Juristentag, 1992

Schönke, Adolf; Schröder, Horst:
Strafgesetzbuch, Kommentar, bearbeitet von Theodor Lenckner, Peter Cramer, Albin Eser, Walter Stree, 25. Auflage, 1997
zitiert: S-S/Bearbeiter, §, Rdn.

Schreckling, Jürgen:
Täter-Opfer-Ausgleich nach Jugendstraftaten in Köln - Bericht über Aufbau, Verlauf und Ergebnisse des Modellprojekts „Waage" - , herausgegeben vom Bundesministerium der Justiz, 1990
zitiert: Schreckling, S.

derselbe:
Bestandsaufnahmen zur Praxis des Täter-Opfer-Ausgleichs in der Bundesrepublik Deutschland, herausgegeben vom Bundesministerium der Justiz, 1991
zitiert: Schreckling, Praxis des TOA, S.

Schwedhelm, Rolf; Spatscheck, Rainer:
Täter-Opfer-Ausgleich und Schadenswiedergutmachung im Steuerstrafrecht, Deutsches Steuerrecht (DStR) 1995, S. 1449 - 1451
zitiert: Schwedhelm/Spatscheck, DStR 1995, S.

Schwind, Hans-Dieter:
Kriminologie, Eine praxisorientierte Einführung mit Beispielen, 10. Auflage, 2000
zitiert: Schwind, Kriminologie, §, Rdn.

Steffens, Rainer:
Wiedergutmachung und Täter-Opfer-Ausgleich im Jugend- und Erwachsenenstrafrecht in den neuen Bundesländern (Schriften zum Strafvollzug, Jugendstrafrecht und zur Kriminologie; Bd. 4), 1999
zitiert: Steffens, S.

Stein, Wolfgang:
Täter-Opfer-Ausgleich und Schuldprinzip, Überlegungen zur geringen Akzeptanz des Täter-Opfer-Ausgleichs für Erwachsene in der Praxis, Neue Zeitschrift für Strafrecht (NStZ) 2000, S. 393 - 397
zitiert: Stein, NStZ 2000, S.

Systematischer Kommentar zum Strafgesetzbuch:
von Hans-Joachim Rudolphi und Eckhard Horn, mitbegründet von Erich Samson, fortgeführt von Hans-Ludwig Günther, Gesamtredaktion: Hans-Joachim Rudolphi, Loseblatt, Stand: März 2000
zitiert: SK/Bearbeiter, §, Rdn.

Tolmein, Oliver:
Neue Hoffnung für den Täter-Opfer-Ausgleich ?, Zeitschrift für Rechtspolitik (ZRP) 1999, S. 408 - 411
zitiert: Tolmein, ZRP 1999, S.

Trenczek, Thomas:
Täter-Opfer-Ausgleich, Grundgedanken und Mindeststandards, Zeitschrift für Rechtspolitik (ZRP) 1992, S. 130 - 132
zitiert: Trenczek, ZRP 1992, S.

Tröndle, Herbert; Fischer, Thomas:
Strafgesetzbuch und Nebengesetze, erläutert von Herbert Tröndle und Thomas Fischer, 49. Auflage, 1999
zitiert: Tröndle/Fischer (49. Aufl.), §, Rdn.

dieselben:
Strafgesetzbuch und Nebengesetze, erläutert von Thomas Fischer, 50. Auflage, 2001
zitiert: Tröndle/Fischer, §, Rdn.

Walther, Susanne:
Vom Rechtsbruch zum Realkonflikt, Grundlagen und Grundzüge einer Wiedergutmachung und Strafe verbindenden Neuordnung des kriminalrechtlichen Sanktionensystems (Strafrecht und Kriminologie, herausgegeben von Hans-Heinrich Jescheck, Günther Kaiser, Albin Eser; Band 15), 2000
zitiert: Walther, S.

Weigend, Thomas:
Viktimologische und kriminalpolitische Überlegungen zur Stellung des Verletzten im Strafverfahren, Zeitschrift für die gesamte Strafrechtswissenschaft (ZStW), 96. Band, 1984, S. 761 - 793
zitiert: Weigend, ZStW 96 (1984), S.

derselbe:
Deliktsopfer und Strafverfahren (Strafrecht und Kriminologie, herausgegeben von Hans-Heinrich Jescheck und Günther Kaiser; Band 10), 1989
zitiert: Weigend, S.

Woring, Siegbert:
Täter-Opfer-Ausgleich im Steuerstrafrecht ?, Deutsche Steuer-Zeitung (DStZ) 1996, S. 459 - 461
zitiert: Woring, DStZ 1996, S.

Zwinger, Georg:
Zur Praxis der Konfliktregelung,
in: Hering, Rainer-Dieter / Rössner, Dieter (Hrsg.), Täter-Opfer-Ausgleich im allgemeinen Strafrecht, Theorie und Praxis konstruktiver Tatverarbeitung: Grundlagen, Modelle, Resultate und Perspektiven, 1993 (Schriftenreihe der Deutschen Bewährungshilfe e.V., Bd. 28), S. 259 - 289
zitiert: Zwinger in Hering/Rössner, S.

www.ingramcontent.com/pod-product-compliance
Ingram Content Group UK Ltd.
Pitfield, Milton Keynes, MK11 3LW, UK
UKHW021940290926
8980IPUK00016B/1732

9 783631 386101